国防科技图书出版基金

水面舰艇
综合防御鱼雷技术

Integrated Torpedo Defense Technology for Surface Ship

陈颜辉　著

国防工业出版社

·北京·

图书在版编目(CIP)数据

水面舰艇综合防御鱼雷技术／陈颜辉著. —北京：
国防工业出版社，2021.3
ISBN 978 - 7 - 118 - 12204 - 6

Ⅰ. ①水… Ⅱ. ①陈… Ⅲ. ①水面舰艇 - 防御系统
Ⅳ. ①U674.7

中国版本图书馆 CIP 数据核字(2020)第 239411 号

※

*国防工业出版社*出版发行

(北京市海淀区紫竹院南路23号　邮政编码100048)
三河市腾飞印务有限公司印刷
新华书店经售
*
开本 880×1230　1/32　印张 8¼　字数 225 千字
2021 年 3 月第 1 版第 1 次印刷　印数 1—2000 册　定价 88.00 元

(本书如有印装错误,我社负责调换)

国防书店:(010)88540777　　书店传真:(010)88540776
发行业务:(010)88540717　　发行传真:(010)88540762

致 读 者

本书由中央军委装备发展部**国防科技图书出版基金**资助出版。

为了促进国防科技和武器装备发展,加强社会主义物质文明和精神文明建设,培养优秀科技人才,确保国防科技优秀图书的出版,原国防科工委于1988年初决定每年拨出专款,设立国防科技图书出版基金,成立评审委员会,扶持、审定出版国防科技优秀图书。这是一项具有深远意义的创举。

国防科技图书出版基金资助的对象是:

1. 在国防科学技术领域中,学术水平高,内容有创见,在学科上居领先地位的基础科学理论图书;在工程技术理论方面有突破的应用科学专著。

2. 学术思想新颖,内容具体、实用,对国防科技和武器装备发展具有较大推动作用的专著;密切结合国防现代化和武器装备现代化需要的高新技术内容的专著。

3. 有重要发展前景和有重大开拓使用价值,密切结合国防现代化和武器装备现代化需要的新工艺、新材料内容的专著。

4. 填补目前我国科技领域空白并具有军事应用前景的薄弱学科和边缘学科的科技图书。

国防科技图书出版基金评审委员会在中央军委装备发展部的领导下开展工作,负责掌握出版基金的使用方向,评审受理的图书选题,决定资助的图书选题和资助金额,以及决定中断或取消资助等。经评审给予资助的图书,由中央军委装备发展部国防工业出版社出版发行。

国防科技和武器装备发展已经取得了举世瞩目的成就,国防科技图书承担着记载和弘扬这些成就,积累和传播科技知识的使命。开展好评审工作,使有限的基金发挥出巨大的效能,需要不断摸索、认真总结和及时改进,更需要国防科技和武器装备建设战线广大科技工作者、专家、教授,以及社会各界朋友的热情支持。

让我们携起手来,为祖国昌盛、科技腾飞、出版繁荣而共同奋斗!

国防科技图书出版基金
评审委员会

V

序

早在七年前,我曾审阅过陈颜辉博士所著的《水面舰艇防御鱼雷原理与应用》一书,这次他又写了续著。该书与前部著作共同构成了一套相对完整的理论体系,概念清晰、剖析深入、又有创新,有利于推动舰船水下防御理论的发展!

在水面舰艇防御鱼雷的研究中,当前急需解决的一个重要问题是:在态势信息不完全和不确定的情况下,如何快速生成多手段综合防御的优化策略。针对这个问题,该书从基础理论入手,重点阐述了多种对抗手段综合防御鱼雷的机理和实现方法,提出了一些颇具特色的深刻见解。例如:关于制导类型识别和弹道信息求解的两种瓶颈效应、基于弱化目标信息需求的防御技术发展方向、立足对抗目的整合方式的综合防御实施理念、对水下自防御技术的内容界定与辩证理解、关于反鱼雷鱼雷不同拦截方式的分析与比较、多手段综合防御的基本样式与关注重点等。这些内容在此前的公开文献中都难以见到。

水面舰艇防御鱼雷技术涵盖面宽广,涉及鱼雷技术、声纳技术、软硬杀伤技术、潜艇战术,还包含水面舰艇战术、数据融合、目标识别、作战系统、水声原理、计算机仿真等诸多领域的知识。该书与前部专著较好地将这些内容融为一体,揭示了鱼雷防御的本质特征和客观规律,对总结和传承鱼雷防御理论研究的新成果、指导防御装备的研发与应用都有积极作用。

长期以来,涉及水下战领域的研究工作都非易事,每一段进步的取得都要倾注大量的心血和汗水。作者经过近 20 年的不懈探索,构建了一套综合学术性、工程性和应用性于一体的鱼雷防御理论体系,这种执着的科研热情和严谨的治学态度值得称赞。当今世界正处于百年未有之大变局，强国之路任重而道远，国防建设需砥砺前行，借此机会也向在水下领域默默奉献、辛苦付出的同仁们致敬！

吴有生

吴有生，中国工程院院士、中国船舶集团公司第 702 研究所研究员。

序

自从世界上首枚真正意义的鱼雷——"白头鱼雷"问世至今,鱼雷武器已经存在了 150 余年,其间在两次世界大战中得到了广泛应用,并深刻影响了战争进程。近年来,随着科技的发展和新工艺、新材料的应用,现代潜射鱼雷的机动能力、毁伤威力、智能化程度以及隐蔽攻击能力都已远非昔比,如何有效防御潜射鱼雷攻击也成为水面舰艇最为头疼的问题。

从世界上在研和已列装的对抗器材来看,现代水面舰艇能够运用各型声诱饵、干扰器、悬浮深弹、拦雷网、反鱼雷鱼雷等软硬杀伤器材对抗来袭鱼雷,手段不可谓不多。但是受水下声学探测的瓶颈制约,所获信息的不完全、不确定等现象一直严重束缚着水面舰艇防御鱼雷效能的提升,这种情况下开展多手段综合防御鱼雷技术研究就成为一条现实而又迫切的应对途径。

陈颜辉博士在所著的《水面舰艇防御鱼雷原理与应用》一书中,曾系统阐述了水面舰艇运用规避机动、软硬杀伤等手段独立对抗 4 种确定类型鱼雷的基本原理,本书则针对多手段综合防御鱼雷理念、模型、技术、方法展开了深入探索,从而实现了水面舰艇防御鱼雷理论向深度与广度的进一步拓展。两部专著前后衔接,形成了对水面舰艇防御鱼雷基本理论与运用规律的系统阐述,可为该领域的技术研发与装备应用提供相对全面的理论参考。

需要指出,作为军事活动的两种基本形式,防御行动相比进攻一方通常处于弱势或被动的不利局面,《孙子兵法》中对此有关于"守则不足,攻则有余"的论述,克劳塞维茨在《战争论》也指出"防御是一种带有消极目的的作战形式"。因此,成功的防御实践往往是多种偶然因素与必然因素综合作用的结果,读者在阅读本书的过程中,也需要辩证地理解书中提出的方法和规律,并以发展的观点、从全局的视角来审视鱼雷防御理论研究的内涵,相信能够有所收获!

邱志明

邱志明,中国工程院院士、海军研究院研究员。

前　言

对潜射鱼雷的防御一直是水面舰艇作战能力提升的突出薄弱环节,其主要瓶颈就在于水下防御态势生成的模糊性和不确定性,而加强多手段综合防御鱼雷研究则是一种有效应对手段。在 2015 年出版的《水面舰艇防御鱼雷原理与应用》一书中,曾系统阐述了水面舰艇采取规避机动、软硬杀伤等手段独立防御 4 种明确制导类型鱼雷的基本原理,但受当时客观条件的制约,未能对综合防御鱼雷问题展开深入系统的论述。本书作为其续著,就是在单一手段防御鱼雷原理与模型的基础上,围绕水面舰艇综合防御鱼雷理论与技术展开论述,进一步探索"利用什么样的规律、采取什么样的策略、发展什么样的装备"等问题,具有前部专著阅读经历的读者更易理解本书内容。

全书共分 4 章:第 1 章介绍了水面舰艇采用多手段综合防御鱼雷的基础理论,围绕综合防御的器材分类、行动划分、技术发展、研究内涵与系统架构等内容展开了深层次探讨;第 2 章从实际弹道预测、似然弹道预测两个方向分析了对来袭鱼雷弹道信息的求解原理,这与前部专著中"鱼雷制导类型识别"内容相互衔接,共同构成了对鱼雷防御态势生成问题的完整表述;第 3 章论述了反鱼雷鱼雷(ATT)拦截 4 种确定类型鱼雷的基本原理,并定性探讨了硬杀伤器材拦截运用中的几个关键性问题,这是跟踪当前最新技术发展而对前部专著中单一手段对抗原理的补充和完善;第 4 章围绕多手段综合防御不同类型鱼雷的共性规律及相干因素展开了定性分析,旨在揭示不同态势下综合防御鱼雷的研究思路和关注重点。

本书内容与前部专著相互呼应,共同构成了从水下攻击到水面防御、从单一对抗到综合应用、从战技模型到作战系统的相对全面的理论阐述。这套理论的构建之路源自本人硕士期间对一个弹道问题的懵懂思考,即水面舰艇对来袭鱼雷的防御应以鱼雷航向线为基准,还是以鱼雷方位线为基准？带着这个问题一路走过 20 年风雨，得益于良师指点、领导关心、同事信任和亲友支持，让本人无论携笔从戎还是挥别军旅都始终初心未改，今天能在不惑之年厘清对专业发展的诸多困惑，终须感恩所遇人、感怀所经事！

本书能够顺利定稿，要特别感谢中国船舶集团公司第 709 研究所各级领导和专家的信任与支持，使本人有充裕的时间来完成对关键技术的思考和对全书内容的梳理。部分内容借鉴了本人二站博士后的研究成果，在此也要感谢中国船舶集团公司第 716 研究所各级领导和专家的大力支持。在海军工程大学、海军潜艇学院、海军大连舰艇学院、海军 92330 部队的求学和工作经历也赋予了本人较为丰富的知识结构，得以管窥鱼雷防御理论的主要脉络，并有幸站在前人的肩头构建起这套相对完整的理论体系。在此，谨向各阶段所遇的老师、领导、同学、战友和同事们致敬！

本书能够顺利出版，要特别感谢中央军委装备发展部"国防科技图书出版基金"的资助，国防工业出版社有关领导和工作人员也为本书高质量出版倾注了大量心血。海军研究院钱东高级工程师为全书的撰写提供了悉心指导并推荐申报基金，西北工业大学航海学院院长潘光教授针对书中部分章节提出了启发性修改建议，中国工程院院士、中国船舶集团公司第 705 研究所董春鹏研究员审阅了书稿并给予了系统指导，中国工程院院士、海军研究院邱志明研究员围绕书稿内容提出了宝贵的修改意见并作序，中国工程院院士、中国船舶集团公司第 702 研究所名誉所长吴有生研究员也特地为本书撰写了序言。国防科技图书出版基金的两次资助和业界名家的大力支持，既是鼓励，更是鞭策，本人不敢懈怠，唯有继续前行！

鉴于书中所述内容涵盖范围广、影响因素多，受学术水平所限难免存在错误与疏漏，还望读者能够谅解并不吝赐教！为了便于业内同仁的交流，在此留下本人联系邮箱：tordef@163.com，愿与大家携手共同推进舰船水下攻防理论的发展！

陈颜辉

2020 年 10 月

目　录

Contents

第1章 综合防御鱼雷理论基础

所谓综合,就是将对事物各个部分、方面、因素和层次的认识联结起来,形成对研究对象统一整体的认识[1]。从哲学意义上讲,综合是实践活动的本性,是从原理走向结论、从简单走向复杂的过程[2-3]。综合防御技术作为水面舰艇鱼雷防御领域的研究前沿,也就是通过合理规划软杀伤、硬杀伤以及规避机动等多种对抗手段,建立多层次、多形式的综合防御鱼雷对抗体系,从而最大程度上提高鱼雷防御效能。本书是《水面舰艇防御鱼雷原理与应用》[4]一书的续著,主要以前部书中的单一对抗原理与模型为基础,围绕大中型水面舰艇综合防御鱼雷技术的基础理论、信息处理方式以及综合运用规律等内容展开探讨,具有文献[4]阅读经历的读者更易理解本书内容。下面首先归纳鱼雷武器和鱼雷防御器材的分类方式,再围绕水面舰艇防御鱼雷的行动划分与技术发展、研究内涵与系统架构展开论述,以期进一步完善水面舰艇综合防御鱼雷基础理论。

1.1 鱼雷武器与鱼雷防御器材

鱼雷技术和鱼雷防御技术是个矛盾的统一体,两种技术在批判中继承、在对立中发展,共同构成了一种作战行动的两个方面。文献[4]中已经详细介绍了这两种技术的发展历程,并围绕国外典型的鱼雷武器和鱼雷防御器材进行了分析比较。下面针对鱼雷技术和鱼雷防御技术的分类情况加以归纳,旨在从攻防两面视角进一步加深对鱼雷防御技术的理解。

1.1.1 鱼雷武器的分类

自英国工程师怀特海德(Whitehead Robert)在 1866 年研制出"白

头鱼雷"开始,鱼雷武器逐渐登上了战争舞台并在两次世界大战中取得了辉煌战果,到第二次世界大战结束时,鱼雷武器的种类和性能已经相当完善。战后又经几十年的发展,涉及鱼雷的总体、自导、控制、动力、引信、战斗部、发射装置等技术取得一系列突破,新型鱼雷的机动性、隐身性、毁伤威力和智能化程度已远非昔比。进入信息社会,一些新概念鱼雷,如超空泡鱼雷、拖曳线列阵鱼雷、反鱼雷鱼雷(ATT)、远程巡航鱼雷甚至核动力鱼雷陆续问世,鱼雷武器家族在得到进一步扩充的同时,也不断被注入新的活力。

从图 1.1 可以看出[5-6],鱼雷武器根据特征不同可以有不同的分类方式,旨在满足不同平台在不同态势下的作战使用需求。但是,随着导弹武器的发展以及战争形态的演化,某些种类的鱼雷及其所代表的作战形式已逐渐退出了历史舞台,例如现代海战中的舰对舰、空对舰作战主要使用反舰导弹实施攻击,专用的舰对舰鱼雷、空对舰鱼雷已很难见到。然而在水下特殊环境中,潜射反舰鱼雷始终保持着旺盛的生命力,对水面舰船的战时安全依然构成严重威胁。

需要指出,当前一些新概念鱼雷提出和研制的目的在于拓展潜艇平台的水下突防能力,但潜艇鱼雷攻击各个环节是相互配合、密切协作的系统行为,若为了突出鱼雷某一方面性能而破坏了潜艇水下攻击的整体协调性,那么这种性能的提升对潜艇作战而言就会存有较大争议。例如:航速 200kn 以上的俄罗斯超空泡鱼雷(见图 1.2)要比传统鱼雷航速(一般为 30~60kn)快得多,但其航迹明显、噪声过大的固有特性却会严重破坏潜艇平台赖以生存的基础——隐蔽性,这一缺陷若不能从根本上获得改善,超空泡鱼雷就很难成为潜艇反舰的主战武器(但不排除会成为一种潜射反击武器,或在反舰导弹末段弹道、潜射鱼雷末段弹道等方面有所应用);另外,航程 140km 以上的德国 DM2A4 增程型鱼雷要比传统鱼雷航程(一般小于 50km)大得多,但却远超水下潜艇能够稳定跟踪和定位目标的探测距离,尤其对于航程达数百千米以上远程巡航鱼雷,更是弱化了平台直接对抗的交战特点,而类似于一种移动式的水雷或具有战斗部的无人潜航器(UUV)[7]。对其防御技术研究在某种意义上应属于猎、扫、灭水雷范畴的延伸。事实上,目前有些所谓新概念水下武器主要还是着眼于对传统鱼雷武器和水雷武器在

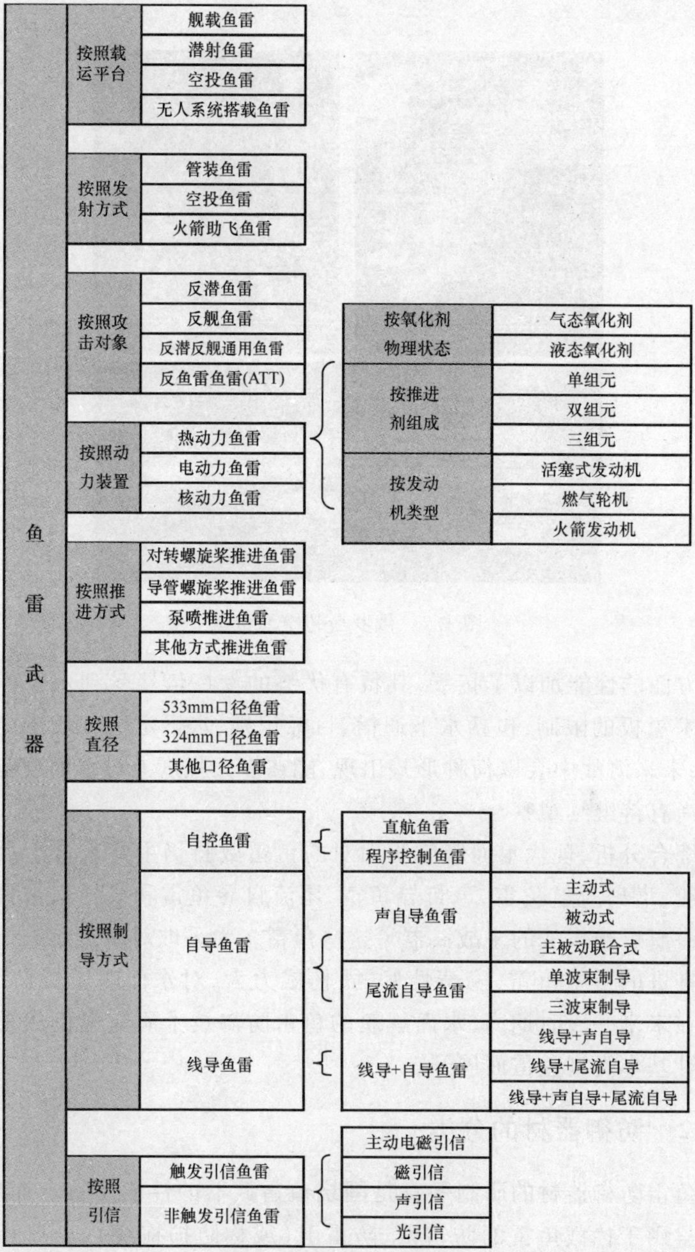

	按照载运平台	舰载鱼雷	
		潜射鱼雷	
		空投鱼雷	
		无人系统搭载鱼雷	
	按照发射方式	管装鱼雷	
		空投鱼雷	
		火箭助飞鱼雷	
	按照攻击对象	反潜鱼雷	
		反舰鱼雷	
		反潜反舰通用鱼雷	
		反鱼雷鱼雷(ATT)	
鱼雷武器	按照动力装置	热动力鱼雷	
		电动力鱼雷	
		核动力鱼雷	
	按照推进方式	对转螺旋桨推进鱼雷	
		导管螺旋桨推进鱼雷	
		泵喷推进鱼雷	
		其他方式推进鱼雷	
	按照直径	533mm口径鱼雷	
		324mm口径鱼雷	
		其他口径鱼雷	
	按照制导方式	自控鱼雷	直航鱼雷
			程序控制鱼雷
		自导鱼雷	声自导鱼雷: 主动式 / 被动式 / 主被动联合式
			尾流自导鱼雷: 单波束制导 / 三波束制导
		线导鱼雷	线导+自导鱼雷: 线导+声自导 / 线导+尾流自导 / 线导+声自导+尾流自导
	按照引信	触发引信鱼雷	非触发引信鱼雷: 主动电磁引信 / 磁引信 / 声引信 / 光引信

按动力装置子表：
- 按氧化剂物理状态：气态氧化剂 / 液态氧化剂
- 按推进剂组成：单组元 / 双组元 / 三组元
- 按发动机类型：活塞式发动机 / 燃气轮机 / 火箭发动机

图 1.1　鱼雷武器分类

3

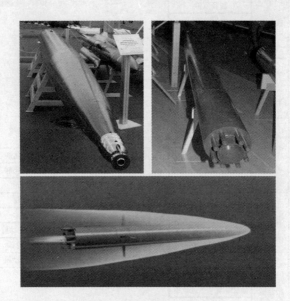

图 1.2　俄罗斯超空泡鱼雷

某些方面的性能加以了拓展,其特有优势的发挥依然受到水下作战传统技术短板的限制,包括水下通信、目标识别、水下定位和攻击要素解算等,未来海战中会以何种形式出现、能在多大程度上对水面舰艇构成威胁尚有待继续观察。

综合分析,现代水面舰艇所面对的鱼雷威胁仍主要来自于敌方水下潜艇,潜射直航鱼雷、声自导鱼雷、尾流自导鱼雷和线导鱼雷目前依然是潜艇反舰作战的主战武器。这些鱼雷多为采取对转螺旋桨推进或泵喷推进的重型鱼雷,隐蔽性好、毁伤威力大,对水面舰艇威胁严重。因此在未来一段时期内,水面舰艇的鱼雷防御技术研究也仍然是围绕这 4 种基本类型鱼雷而展开。

1.1.2　防御器材的分类

鱼雷防御器材的研制一直是围绕鱼雷武器的性能及特点而展开,从最早用于拦截鱼雷的防雷网、防雷卫(或称防护拖线)、小口径速射炮发展到现代各种水声对抗器材和新型硬杀伤器材,鱼雷防御器材的种类、性能和运用方式也经历了深刻变革。

在世界范围内,各国对舰载鱼雷防御器材的设计与研发一向是仁者见仁、智者见智的。在第二次世界大战结束后的相当长时期内,欧美各国曾一度把鱼雷防御器材的研发重点放在软杀伤方面,推出了各种声诱饵(见图 1.3)、噪声干扰器等水声对抗器材;苏联海军则把鱼雷防御器材的研发重点放在硬杀伤方面,最具代表性的就是 UDAV 1 - M(RKPTZ - 1)型火箭反鱼雷系统。进入 21 世纪,世界主要海军国家均将研发重心转向了火箭悬浮深弹、超空泡射弹、反鱼雷鱼雷(ATT)方面,从而将鱼雷防御器材的发展推向了高速、精确、智能化的硬杀伤新高度。

图 1.3　美国 AN/SLQ - 25 拖曳声诱饵

图 1.4 针对世界上常见的鱼雷防御器材从不同特征入手给出了分类示意。需要说明,水面舰艇防御潜射鱼雷的手段并不局限于各种软硬杀伤器材的使用,也包括本舰实施规避机动以及采取船体加固、消声降噪、尾流消除等非杀伤措施。本书所强调的综合防御技术不仅是运用多种对抗器材综合杀伤鱼雷,更是强调运用多种对抗手段综合防御鱼雷,包括利用本舰规避机动与软硬杀伤器材之间的关联效应来获得综合防御效能的最大化。

鱼雷防御器材	按照杀伤机理	软杀伤	压制型	如噪声干扰器
			诱骗型	如声诱饵、尾流模拟器
			屏蔽型	如气幕弹
		硬杀伤	如悬浮深弹、ATT、超空泡射弹	
		综合杀伤	如诱杀弹（引爆式声诱饵）	
	按照复用特征	消耗型	如火箭助飞（抛射、管装发射）式器材	
		非消耗型	如拖曳声诱饵、拖曳式拦雷网	
	按照搭载平台	潜用型	如潜用型气幕弹、干扰器、声诱饵等	
		舰载型	如舰载型干扰器、声诱饵、悬浮深弹等	
		机载型	如空投型声诱饵、机载超空泡射弹	
	按照布放方式	拖曳式	如拖曳声诱饵、拖曳式拦雷网	
		火箭式	如火箭助飞声抗器材、火箭动力ATT	
		抛射式	如抛射式拦雷网、抛射式声抗器材	
		管装式	如管装发射ATT、管装自航式声诱饵	
	按照运动状态	自航式	如自航式声诱饵、自航式尾流模拟器	
		悬浮式	如悬浮式声诱饵、悬浮深弹、气幕弹	
		拖曳式	如拖曳声诱饵、拖曳式拦雷网	
	按照工作频段	低频	如低频噪声干扰器	
		高频	如高频声诱饵	

图 1.4 鱼雷防御器材分类

1.2 鱼雷防御行动的划分

对于水面舰艇的鱼雷防御,按照设备功能可以划分为报警设备、控制系统、防御器材 3 类,按照作用机理又可划分为软杀伤、硬杀伤和非杀伤(如规避机动、消声降噪)3 种,如果按照防御纵深还可划分为远程防御、中程防御和近程防御 3 个层次。下面主要从现代水面舰艇防御鱼雷的基本特征入手,围绕防御过程、获取信息和组织规模 3 个方面来探讨防御行动的划分方式及研究架构。

1.2.1　基于过程的划分

如图 1.5 所示,从一次完整的实施过程来看,可将鱼雷防御行动大致划分为 5 个阶段,分别包括对来袭鱼雷的报警、识别、定位、决策和执行。下面对每个阶段所对应的研究内容加以概括,并在传统认知基础上结合现代防御特点赋予一定新内涵[4]。

1) 报警

对来袭鱼雷实现早期报警是防御成功的重要保障。为能及时捕获到鱼雷发射管前盖打开、高压水泵注水、鱼雷出管并启动航行等早期瞬态信号,必须借助于高灵敏度的水听器、先进的信号处理技术以及多平台协同防潜警戒行动来实现。与此同时,鱼雷报警声纳要时刻保持对鱼雷航行辐射噪声的监听以及对主动寻的脉冲信号的检测,确保在瞬态噪声未能及时捕获的情况下仍能尽早实现鱼雷报警。

2) 识别

与鱼雷报警的类间识别方式不同,这里主要是针对鱼雷制导类型进行识别,判来袭鱼雷属于直航鱼雷、声自导鱼雷、尾流自导鱼雷还是线导鱼雷的可能性。单纯依靠声纳传统的 LOFAR 图和 DEMON 图谱分析技术无法有效解决鱼雷制导类型识别问题,文献[4]从战技特征信息入手深入探讨了鱼雷制导类型识别的解决途径,通过分析目标特征、战场环境和作战态势等信息的连带关系,提取出了一系列识别证据并建立了融合算法,初步形成能在一定程度上反映来袭鱼雷制导类型特征的综合识别机制。

3) 定位

传统意义上的目标定位是指获取目标方位和距离数据,但水面舰艇依靠被动报警声纳只能获取鱼雷方位信息。在依靠纯方位信息解算目标运动要素时效性差、而主动声纳探测鱼雷距离又较近的条件下,制定软硬杀伤和规避机动策略所需的来袭鱼雷的距离、航速、航向等信息只能结合人工估测或估算方式求解,同时还要判断出鱼雷的制导类型及所处弹道阶段等信息,因此这里就将对来袭鱼雷的定位概念拓展到鱼雷弹道散布的求解范畴。

4) 决策

所谓决策就是在综合考虑目标信息、环境信息及态势信息的基础上,制定出软硬杀伤和规避机动的优化策略用于指导作战实践,形成对来袭鱼雷的综合防御能力。对潜反击也是鱼雷防御的一种外延概念,即充分挖掘潜艇攻击行动以及鱼雷弹道特征中所蕴涵的潜艇位置信息[8],并发挥协同反潜兵力和远程攻潜武器的优势、制定出防御态势下的对潜反击策略,力求从根本上消除本舰周围的水下威胁。

5) 执行

根据生成的决策迅速执行武器发控、转向规避和对潜反击等作战行动,并对毁伤效果进行评估和反馈,如果条件具备的情况下可以进一步调整对抗策略或实施二次打击。

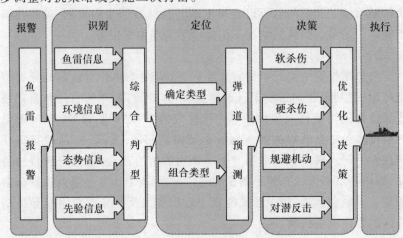

图 1.5　基于过程的划分

在水面舰艇的鱼雷防御行动中,以上 5 个阶段在理论上可以构成多次循环的防御执行过程,但在实际对抗中应立足于一次性防御成功的理念展开决策部署。这是因为在鱼雷报警声纳发现鱼雷来袭并持续跟踪过程中,一旦水面舰艇采取了软硬杀伤或规避机动后,就可能导致目标进入报警声纳探测盲区或导致探测误差的迅速增大,或者软硬杀伤器材工作噪声严重干扰报警声纳对目标的跟踪、进而导致来袭鱼雷信息丢失且短时间内难以恢复声纳接触。此外,有些消耗型防御器材的重新装填也往往难以满足短时间内的二次拦截需求。

1.2.2　基于信息的划分

受海洋环境的复杂性和战场态势的紧迫性影响,水面舰艇在鱼雷防御过程中所能掌握的目标信息具有不确定性,有些能通过直接探测获得,有些需要通过人工估测和估算获取。因此在当前技术条件下,有必要围绕不同的信息层面制定不同的综合防御策略[9](见图 1.6),这也是针对图 1.5 中报警、识别、定位阶段所获信息的一种精细划分方式,当然这种精细划分的粒度必须要满足态势上可识别的前提。

1)鱼雷报警

在未出现鱼雷报警之前,水面舰艇往往处于防潜观察警戒状态,这个阶段需要结合海区环境信息、敌情通报信息、本舰航行状态来分析敌潜艇发射鱼雷的可能性以及可能的威胁方向。在潜艇威胁严重的海区航行时还可采取一些不依赖报警信息的预防鱼雷攻击措施,例如保持曲折航行可降低潜射直航鱼雷和自导鱼雷的攻击风险、保持两舰近距平行尾流或交叉尾流航行可降低潜射尾流自导鱼雷的攻击风险。一旦发现鱼雷报警之后,水面舰艇就转入了具体的鱼雷防御决策制定与执行阶段。

2)鱼雷数量

现代潜艇主要以单艇水下独立作战为主,这就意味着在编队防潜警戒组织严密的情况下,水面舰艇通常很少会遇到多艘潜艇从多个方向同时发起鱼雷攻击的情形,但同一艘潜艇在同一方向上以齐射或连射方式对本舰实施鱼雷攻击的可能是存在的。因此现代水面舰艇应具备在同一方向或一定扇面内拦截多批次鱼雷的能力。当在某一方向或某一扇面内发现鱼雷报警后,如判断来袭鱼雷是单枚则应生成单雷防御策略;如判断是多枚则应生成多批次鱼雷防御策略。

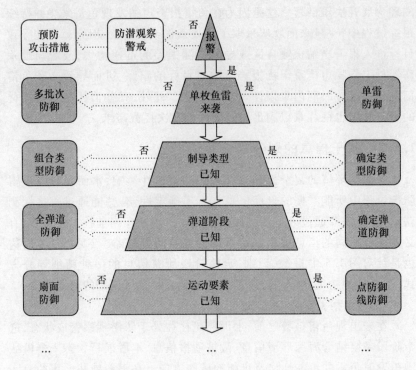

图 1.6 基于信息的划分

3）制导类型

识别来袭鱼雷制导类型是有针对性实施鱼雷防御的重要前提。水面舰艇如果能够唯一识别出鱼雷制导类型时，则应生成针对确定类型鱼雷的防御策略；如果无法唯一识别制导类型但可以排除某种或某些制导类型时，则应生成针对组合类型鱼雷的防御策略。例如在判断来袭鱼雷肯定不是直航鱼雷和线导鱼雷，但无法确定是尾流自导鱼雷还是声自导鱼雷时，就需要制定针对尾流自导鱼雷和声自导鱼雷同时有效的综合防御策略。

4）弹道阶段

当来袭鱼雷处于不同的弹道阶段时，例如自导鱼雷处于直航搜索段或自导追踪段、线导鱼雷处于线导导引段或自导追踪段，水面舰艇所能选择的鱼雷防御器材以及所制定的鱼雷防御策略也是有所区别的。

对于鱼雷所处的弹道阶段主要是参考雷舰距离因素而定,如能结合对雷舰距离的估测而判断出鱼雷所处的弹道阶段,则应生成针对确定弹道的防御策略;如果无法预测鱼雷所处弹道阶段,则需兼顾全部可能弹道阶段制定防御策略。

5)运动要素

水面舰艇对距离较远的鱼雷主要通过声纳被动探测实现报警,而且只能获得鱼雷方位信息,关于鱼雷距离、航向、航速等运动要素只能通过人工估测或估算来求取,由此解算出的鱼雷航线散布往往是个较大的扇面范围,这种情况下必须投入更多防御器材方能对散布扇面构成有效遮拦。但若水面舰艇能够相对准确地探测/观测得到来袭鱼雷距离或航线信息,或主动声纳能够及时提供来袭鱼雷距离信息,则可将鱼雷定位到某一点域或某一线域,这种情况下就可投入少量对抗器材实施精确拦截。

以上所述信息中,制导类型识别和弹道信息求解是横亘在水面舰艇鱼雷防御决策面前的两座大山,也是制约鱼雷防御效能提升的两个主要瓶颈。就现有探测手段而言,对这两类信息是很难及时而准确获取的;就现有防御手段而言,对这两类信息又是无法完全回避的。如果将综合防御鱼雷研究比作一张网,那么制导类型识别和弹道信息求解就是"纲",软硬杀伤和规避机动策略就是"目",只有将制导类型识别和弹道信息求解问题逻辑理顺、研究透彻,方能构造出科学合理的综合防御研究架构并形成"纲举目张"的效果。

1.2.3 基于规模的划分

自第二次世界大战结束以来,从单一水声对抗器材长期占据主导地位,到多种软硬杀伤器材的研制和列装,再到信息技术的进步不断催生出新的防御鱼雷设备,水面舰艇的防御手段和防御理念也呈多样化趋势,并由此推动了防御行动组织规模的扩大。图 1.7 按照投入兵力兵器规模的不同,将水面舰艇鱼雷防御行动划分为单一防御、综合防御和协同防御 3 个层面,并在制导类型识别的基础上进一步加以区分[4,10],这种划分方式也体现了鱼雷防御技术发展到一定阶段所呈现出由量变向质变的跃迁。

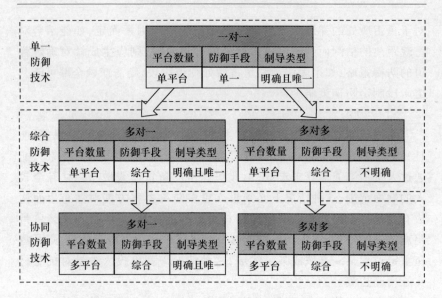

图 1.7　基于规模的划分

1. 单一防御

　　单一防御技术是指水面舰艇采用某种独立的对抗器材或规避方式防御明确制导类型鱼雷的技术。文献[4]分别针对不同制导类型鱼雷探讨了水面舰艇的纯机动规避策略以及各种对抗器材的独立运用原理,这些都属于单一防御技术。

　　单一防御技术具有"一对一"的防御特征,即由单平台实施,防御手段单一,鱼雷数量和制导类型明确且唯一。单一防御技术是综合防御鱼雷研究的理论基础,只有将各种对抗手段独立运用防御鱼雷时的作用机理研究透彻,才能使更高层次的综合防御鱼雷技术研究落到实处。

2. 综合防御

　　综合防御技术是指水面舰艇单平台同时采用多种对抗手段综合防御来袭鱼雷的技术。开展综合防御技术研究的主要原因在于:目前尚缺乏对抗来袭鱼雷最有效的通用化单一防御技术,亟待以多种对抗手段综合运用的方式来弥补单一防御能力的不足。

　　根据对来袭鱼雷制导类型识别结果的精确程度,又可将综合防御技术分为"多对一"的综合防御以及"多对多"的综合防御两种形式,这也是本书重点研究的内容。

"多对一"的综合防御技术指水面舰艇同时采用多种对抗手段防御明确制导类型鱼雷的技术。这种防御技术是水面舰艇综合防御鱼雷研究的基本形式,其特征是由单平台实施、采取多种防御手段、鱼雷数量和制导类型明确且唯一。

"多对多"的综合防御技术指水面舰艇同时采用多种对抗手段防御未明确制导类型鱼雷的技术,包括针对一枚鱼雷的多种不确定制导方式实施"多对二"、"多对三"以及"多对全选组合"等对抗形式,也包括综合防御多种已知制导类型鱼雷混合齐射情形。这种防御技术也是当前水面舰艇综合防御鱼雷研究的重点和难点,其特征是由单平台实施、采取多种防御手段、鱼雷制导类型不明确。

3. 协同防御

协同防御技术是指由多个作战平台同时采用多种对抗手段协同防御来袭鱼雷的技术。多平台协同防御鱼雷研究旨在充分利用编队分散配置的信息资源和武器资源,实现跨平台之间鱼雷探测信息的实时共享、鱼雷防御器材的协调分配以及鱼雷防御行动的协同实施。根据参与平台类型的不同可以划分为多舰协同、舰机协同、多机协同等组织形式,其中多舰协同防御鱼雷是业内最为关注的一个研究方向。

在当前装备技术条件下,多舰协同防御鱼雷仅能在初级协同层面有所体现,例如编队航行过程中护航舰艇按照防御潜艇鱼雷攻击的方式进行阵位配置,包括多艘舰船以近距平行尾流航行(见图1.8)、交叉尾流航行(见图1.9)等,都可达到以"预防"为主的简单协同防御效果①。而在已经发现鱼雷的情况下,若要实现多舰报警声纳协同定位鱼雷、多舰软硬杀伤器材协同拦截鱼雷的深层协同防御效果,则会面对水下作战中一系列固有难题。

1)探测能力方面

水下探测鱼雷往往距离较近且探测盲区较大,当编队航行间距较

---

① 文献[4]在190~194页指出,两舰保持近距平行尾流航行或交叉尾流航行时,均可对潜射尾流自导鱼雷追踪弹道的自导逻辑形成一定干扰。

图 1.8　航行补给中形成近距平行尾流

图 1.9　两舰构成交叉尾流航行

远或阵位配置不当时,难以满足多舰协同跟踪和定位鱼雷的队形需要。当编队航行间距较近且阵位配置适宜时,理论上具备交叉探测和概略定位的可能性,但实际定位精度不容乐观,而且概略定位之后如何区分鱼雷攻击哪艘目标、如何判断鱼雷弹道散布也是个难点。另从动态过程分析,编队中两舰或多舰出现同步鱼雷报警的情形很少见,通常是某艘舰艇首先发现鱼雷并立即通报给其他平台,随后整个编队都迅速采取转向机动,这就很容易破坏多舰协同跟踪和定位鱼雷的实施条件。关于协同探测鱼雷问题,有报道美国海军 AN/SLX – 1 MSTRAP 装置具有多平台多传感器探测鱼雷目标的数据处理能力[11 - 12],但实际中能否实现协同定位尚有待考证。

2）对抗器材方面

火箭助飞式软硬杀伤器材的射程普遍较近（国际上一般为 3km 以内）且作用范围较小，当编队航行间距较远时难以满足协同拦截鱼雷的需求。当编队航行间距较近时虽然具备协同拦截的可能性，但实施方式受到对来袭鱼雷的定位精度以及对其弹道散布、攻击目标的判断能力制约。对于远程协同拦截，进一步增加火箭助飞射程并不存在技术瓶颈，但防御器材的射程能否与对来袭鱼雷的探测距离和定位精度相匹配？远程投放的时间延迟与落点误差能否满足对鱼雷运动要素的遮盖需求？这些都是协同拦截技术研究中要重点考虑的因素。

1.3 鱼雷防御技术的突破方向

水面舰艇鱼雷防御研究中存在诸多瓶颈，业界对于如何破解这些瓶颈效应存在不同的理解与阐述[13-15]：有些文献提出将发展水面舰艇降噪隐身技术（包括采取综合电力推进）作为突破口，但水面舰艇的先天特征决定其正常航行时很难对敌潜艇平台形成声隐身优势（停车或低速航行时除外）；也有文献提出将发展多舰报警声纳协同探测和软硬杀伤器材协同运用作为突破口，但以现有技术水平要达到多平台密切协同防御鱼雷程度也是难以预期的。事实上，在将某些战术方面或技术方面的发展视为突破方向时，应能体现出针对关键瓶颈效应而寻求可行性、可预期的直接防御能力提升。下面围绕潜艇鱼雷攻击的隐蔽特征，尝试从两个方向加以概括：一是提高对鱼雷防御的态势感知与生成能力，二是提高弱信息背景下的鱼雷防御能力。

1.3.1 态势感知与生成能力

态势感知是指相关信息和数据从物理域、信息域映射到认知域的一种输入过程①，确保在特定时间内及时感知作战空间的当前状态与

---

① 美国军事信息化专家 Alberts 在其著作《理解信息时代战争》中，提出了指挥控制过程中的"三域"理论，即物理域、信息域与认知域，后来又加入了社会域。

发展趋势。作战过程中只有具备对态势的感知优势,才会形成后续的决策优势和行动优势[16]。态势生成则是态势感知的直观呈现结果,也是决策制定的基本前提,没有建立在态势感知与生成基础上的任何决策都属于无源之水、无本之木。在水面舰艇的鱼雷防御行动中,所谓态势生成可以是在指控系统中生成并显示的战场态势,也可以是指挥员经过观察和思考后在脑海中形成的战场态势;所谓决策制定可以是从指控系统自动推荐的作战策略中选定,也可以是由指挥员根据自身经验、直觉和辩证思维而做出的人工决策[9]。

1. 态势感知与生成的方式

根据所获战场信息进行目标识别、要素解算是实现鱼雷防御态势生成的主要手段,然而由于所获关键信息数量少、精度差且态势紧迫,导致水面舰艇对战场感知能力弱,依据传统意义上的目标识别方法和要素解算算法均难以及时构造出清晰完整的战场态势。当直接输入的信息和数据本身不能提供足够支持时,试图通过对传统算法的改进来强制实现态势生成,则可能导致所生成态势的失真、时机的延误甚至决策的失误。在这种情况下,展开合理预测就成为信息补充的必要手段,也就是在各种直接探测信息的基础上通过人工估测或综合解算方式而得出某些关键信息,这与文献[17]中潜艇平台实施紧急攻击时快速获取目标运动要素的方式相似,从而形成对战场态势相对客观、及时的描述。

具体分析,水面舰艇在鱼雷防御过程中的目标信息来源可按图1.10所示划分为3类,分别是直接探测信息、人工估测信息和综合解算信息。

① 直接探测信息包括由被动声纳直接获取的目标方位或噪声频谱、由主动声纳直接获取的目标距离或回波强度等信息,也包括由其他手段直接探测的目标声、光、磁等特征信息。

② 人工估测信息是依靠先验信息、环境信息、态势信息以及直接探测所获目标信息进行估测所得的信息,例如人工估测给出的目标航速、距离、自导距离等估值数据。

③ 综合解算信息是以直接探测信息和人工估测信息为基础构建数学模型或逻辑模型,推导出关于目标的其他衍生类信息,例如根据探测信息和估测信息综合求解出目标运动要素、弹道散布或制导类型等。

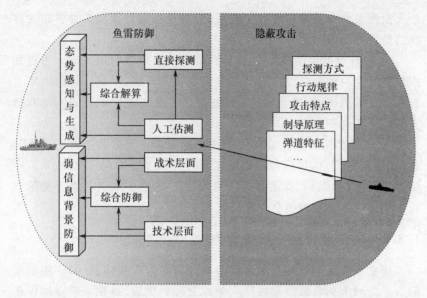

图 1.10 鱼雷防御技术发展示意

　　作为态势感知与生成的必要补充手段,应尽可能确保人工估测信息或综合解算结果的合理性,这就要求能对潜艇平台的行动规律、不同鱼雷的制导原理和弹道特征等约束条件有相当深入的了解。须知在水面舰艇防御潜射鱼雷这种以隐蔽攻击而著称的非对称作战行动中,充分认识和把握对方的装备特点及运用规律、并在此基础上展开合理预测与评估,其意义往往比单纯挖掘自身装备的作战潜力更重要,这也是提升非对称作战能力的一个普适性原则。

2. 态势感知能力的提升途径

　　通过以上对水面舰艇鱼雷防御过程中的目标信息来源展开分析,可考虑从以下 4 个方面着手寻求态势感知能力的提升。

　　① 加强新型探雷技术的研发。在完善包括拖曳声纳、舰壳声纳在内的传统被动型探雷技术基础上,加强主动探雷声纳、主被动探雷浮标、非声探雷器材等技术研究,并提升对较远距离鱼雷的定位能力,为弹道预测、决策制定提供相对准确的距离信息。

　　② 提高对鱼雷弹道散布的快速解算能力。利用被动探测设备提供的目标早期方位信息、结合目标距离或航速等估测参量建立起能够

快速预测鱼雷弹道散布的算法模型,为尽早生成防御决策提供相对客观的鱼雷弹道散布信息。

③ 提升当前声纳技术水平下的鱼雷探测信息利用效率。重点加强单舰舰壳声纳与拖曳声纳的综合定位技术研究,形成在较远距离上对来袭鱼雷的快速、被动交叉定位能力和信息处理能力,提高对远程鱼雷的估距精度和弹道预测效果。

④ 挖掘和拓展部分关键信息的获取渠道。充分利用海区环境信息、战场态势信息、目标特征信息之间的各种连带关系,建立战术水声估测、制导类型识别、弹道散布预测等信息处理技术,为战场态势感知与生成提供多维度的信息补充机制。

1.3.2　弱信息背景下防御能力

信息获取能力始终是水下攻防双方争夺的重要焦点,但即使水面舰艇能将对来袭鱼雷信息的获取手段发挥到极致,也往往难以确保态势生成的真实性以及决策制定的合理性,这就要求应将提高对弱信息背景下的鱼雷防御能力作为主要突破口[9]。

1. 弱信息背景下防御装备与技术的发展思路

目前水面舰艇对来袭鱼雷信息主要是依靠声纳设备获取,在英国海军波特兰水下战研究中心服务 40 年的 A. D. Waite 曾在他的总结性专著中指出:声纳是个成熟的学科,它似乎已经达到或者至少是现实的极限,……要想突破这种极限几乎是不可能的,不要为此白费力气[18-19]。这段论述也许会引起相关领域专家的一些争议,但也从侧面证实:与提高态势感知与生成的能力相比,立足于现有探测水平、提升基于弱信息背景下的鱼雷防御效能更具有现实意义,对此可按图 1.10 所示从技术和战术两个层面着手。

1) 技术层面

研制可满足弱信息背景下防御鱼雷作战需求的新型对抗装备。弱化对目标探测信息的精度需求一直是鱼雷防御器材研制的重要发展趋势,例如传统火箭深弹需要在对来袭鱼雷实现"点定位"的基础上实施拦截、火箭悬浮深弹可弱化为基于"线定位"信息实施拦截、反鱼雷鱼雷(ATT)和诱杀弹则具备一定的"面定位"拦截能力。以进一步弱化对来袭鱼雷的运动要素、制导类型、弹道特征等信息需求为目的,提出并研制基于更弱信息、甚至无目标信息背景下新概念对抗器材,这也许是破解鱼雷防御发展瓶颈的最具潜力方向。

2)战术层面

建立可满足弱信息背景下防御鱼雷作战需求的综合防御指挥控制方法体系。通过挖掘鱼雷攻防行动的内在规律,充分利用现有的信息资源和武器资源,在水面舰艇的指挥控制层面建立具有通用对抗能力的综合防御模型库,包括本舰规避机动模型和软硬杀伤器材综合运用模型,以降低鱼雷的制导类型、运动要素、弹道特征等不确定信息对防御效果的影响程度。由于软杀伤器材并不具备通用对抗各种类型鱼雷的能力,因此以新型硬杀伤器材为核心建立基于弱信息背景下的综合防御系统,将有望成为鱼雷防御技术的重点发展内容。

2. 综合防御指控功能的拓展

在弱信息背景下,加强多种对抗手段综合防御鱼雷技术研究对现代水面舰艇而言是一个现实而又迫切的问题。综合防御技术是以单一防御技术为基础构建的,并随着单一防御技术的发展而不断完善。在多种软硬武器一体化的装备形态已经具备条件下,单一防御层面和综合防御层面的指控功能、评估机制也存在着明显区别。

1)单一防御指控功能

单一手段防御鱼雷指控功能的构建侧重于从原理到模型的推导,即首先要建立能够客观描述对抗态势的声学模型、尾流模型、运动学模型或弹道预测模型等,再引入主要影响参数的误差因素进行仿真分析和规律提取。传统对抗模型的构建过程本身就是个严格的推理与验证过程,引入误差因素后的仿真结果能够直观揭示出主要影响因素的作用机理。通过对主要影响因素进行分析,可使建模仿真的工作量和复杂度大大降低,有些研究结论甚至可以直接用于指导作战实践。

但是,并非所有对抗手段和对抗态势都能抽象为传统的数学模型,也有部分关于单一手段的攻防对抗研究都是以构建作战模拟程序为基础的,再利用约束条件下的蒙特卡洛等随机方法进行仿真统计和误差分析,进而验证或推导出某些结论。这种方法在影响因素多的情况下会导致仿真任务量剧增,对规律的分析提取也不够直观、全面,但在无法构建出明确数学模型的防御策略研究中仍是一种有效的分析途径。

2）综合防御指控功能

多手段综合防御鱼雷指控功能研究中涉及大量的模糊性、不确定性因素,分析过程相对复杂。当对抗手段较少且都有明确的对抗模型时,将多个单一手段对抗模型整合为综合防御模型是具备可行性的。但是当对抗手段种类较多且涉及大量非结构化、半结构化信息(例如使命任务、兵力配置、指挥关系、作战原则等)时,就很难构造出明确的数学模型来支持综合防御决策的生成。这种情况下只能通过理论推导与仿真检验相结合、定性分析与定量计算相结合的方式探讨综合防御规律,并将综合防御规律进一步转化为具体态势下的综合防御规则,以此为基础调用单一对抗模型,最终完成综合防御决策的制定与输出。

3）综合防御评估机制

关于综合防御决策预案的评估可选择实验室环境下作战模拟或海上实装演练中进行。

如果要在实验室环境下对综合防御决策的合理性展开验证评估,可通过层次分析、过程分解等方式实施,还可利用大型分布式作战模拟系统。大型分布式作战模拟系统是以大量的原始数据和实际资料为依托,能详细刻画出不同攻防武器的战术性能和对抗机理,也包括双方指挥员的军事素养以及多种半结构化或非结构化因素的影响效果。对于这种大型分布式作战模拟系统的研发和维护,需要有人员和资金的大量投入,但相比海上实装验证的方式仍要经济得多。

事实上,无论对于单一防御技术还是综合防御技术,和平时期的最有效检验方式就是进行海上实装演练。但是对于造价昂贵的防御器材和潜射鱼雷(例如美国 MK48 鱼雷早在 20 世纪 90 年代的采购价就达 300 万 ~400 万美元 1 枚,考虑到通货膨胀和技术更新,如今已达 500 万 ~600 万美元 1 枚),恐怕很少有国家会为了获得一些纯统计学上的作战规律而进行大样本发射试验。在鱼雷防御研究中,如果态势分析是客观的、模型构建是合理的、仿真推演是严谨的,那么所得结论对实践而言就已经具备了指导意义,实装演练的一个主要任务就是对其中的部分结论有针对性地加以验证。

1.4　综合防御鱼雷技术研究内涵

综合防御鱼雷可包含两层含义:一是从探测、决策到交战控制等各种设备的纵向综合;二是关于规避机动、软硬杀伤等多种对抗手段的横向综合。这两层含义在国际上典型的鱼雷防御系统中均有体现,例如[11-12,20]:在美国新研的 AN/WSQ - 11 型鱼雷防御系统中,既包含能实施主被动探测鱼雷的大功率声源(High Powered Source, HPS)和接收阵(Tripwire Acoustic Intercept Receiver, TAIR),也包含 AN/SLQ - 25A 拖曳声诱饵和反鱼雷鱼雷(ATT)等对抗器材;俄罗斯 UDAV - 1M 火箭反鱼雷系统包括 111SO 火箭助飞声诱饵、111SZ 悬浮式水雷、111SG 深水炸弹以构成三层拦截屏障,并能对来袭鱼雷实施舰壳声纳与拖曳声纳的联合探测以及主动声纳的近程精确定位。从中可以看出,纵向综合是新型防御系统基本的功能配置,而横向综合则体现了新型防御系统的多样化研制特征[21]。下面主要从横向综合角度来分析综合防御鱼雷技术的多样性特点、相干性特点以及运用原则等内容[4,10]。

1.4.1　综合防御技术的多样性

在 1.2.3 节已指出,水面舰艇综合防御鱼雷技术可划分为“多对一”防御和“多对多”防御两种形式,也就意味着综合防御技术的基本特点在于防御对象的多样性以及防御手段的多样性。

1. 防御对象的多样性

水面舰艇在运用多种对抗手段综合防御潜射鱼雷时,如能唯一识别来袭目标为直航鱼雷 B_1、声自导鱼雷 B_2、尾流自导鱼雷 B_3 或线导鱼雷 B_4,就可有针对性地选择对抗手段。基于明确制导类型鱼雷实施“多对一”的对抗行动能够大大提高综合防御效能,但是类型识别毕竟是个不确定性推理过程,在无法唯一确定来袭鱼雷制导类型的情况下,水面舰艇面对的防御对象就可能是不同制导类型的假设组合形式。例如:经过最终推理确认来袭鱼雷不是直航鱼雷 B_1,但仍无法确认其究竟为声自导鱼雷 B_2、尾流自导鱼雷 B_3 还是线导鱼雷 B_4,这种情况下水面舰艇采取的对抗行动就要兼顾防御假设组合 $\{B_2 B_3 B_4\}$ 中所有类型鱼雷的情形,显然在这种"多对多"的综合防御行动中存在着更多的不确定性因素。

关于如何判断来袭鱼雷制导类型问题,笔者在文献[4]、[22-24]中提出并构建了基于战技特征层信息的 DS 证据推理模型,这是一种基于知识和经验数据的专家推理系统。研究过程中为了降低 DS 合成算法的复杂度和运算量,将传统制导类型的识别空间简化为{直航鱼雷 B_1,声自导鱼雷 B_2,尾流自导鱼雷 B_3,线导鱼雷 B_4,未知 Θ},同时还引入了基于"否定"概念的确定性推理技术,从而实现了将识别结果中的确定性信度与不确定性信度分开表述。为了降低实际作战中对鱼雷制导类型识别存在遗漏、误判的风险,可进一步剥离输出结果中的不确定信度表述,则实际输出结果如图 1.11 所示,分为单选、双选、三选和全选 4 组(共含 15 种)确定性组合形式。水面舰艇只有针对其中每一种识别结果都能形成相应的综合防御策略,方能确保综合防御决策适用空间的完整性,这也是提升鱼雷防御指控技术智能化水平、提高决策生成可信度的一条必经之路。

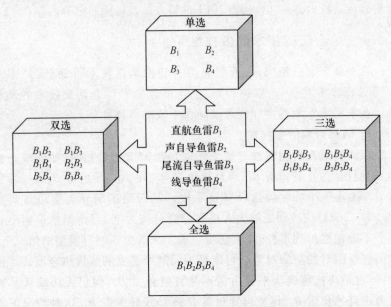

图 1.11　制导类型识别输出的确定性组合结果

2. 防御手段的多样性

无论是针对确定类型鱼雷实施"多对一"的防御,还是针对组合类型鱼雷实施"多对多"的防御,都会涉及多种防御器材和防御手段的综合运用问题,这是综合防御鱼雷技术研究应处理的核心工作,也是业内对于综合防御鱼雷概念的普遍理解。

1)规避机动的运用

规避机动是水面舰艇防御潜射鱼雷的一种基本对抗手段,文献[4]中系统分析了水面舰艇针对不同制导类型鱼雷的纯机动规避策略。在"多对一"的综合防御中,水面舰艇的规避方式主要由来袭鱼雷制导类型以及具体对抗态势所决定,必要时应结合软硬杀伤器材的投放来确保本舰规避机动的实施效果。在"多对多"的综合防御中,水面舰艇的规避方式同样要兼顾防御假设组合中所有制导类型的可能,并应与软硬杀伤器材的投放相结合,从中寻求最优的综合防御规避方式。

2)软杀伤器材的运用

软杀伤器材的设计与运用都是有针对性的,目前国际上常见的软杀伤器材主要是用于对抗声自导鱼雷和线导鱼雷的水声对抗器材,不具备通用对抗其他类型鱼雷的能力。因此在"多对一"的综合防御中,软杀伤器材选取与运用是由来袭鱼雷的制导类型所决定;在"多对多"的综合防御中,软杀伤器材选取与运用主要是由识别结果中是否包含该器材所对应的制导类型鱼雷所决定,而与识别结果的假设组合中是否包含其他类型鱼雷关联不大。例如:若经过制导类型识别后确认目标类型的假设组合为 $\{B_2B_3\}$,即声自导鱼雷或尾流自导鱼雷时,则水面舰艇可以选用火箭助飞声诱饵和拖曳声诱饵等软杀伤器材实施对抗,其使用方式是按来袭目标为声自导鱼雷 B_2 的假设进行规划,而与假设组合中是否包含尾流自导鱼雷 B_3 无关。

3)硬杀伤器材的运用

硬杀伤器材大多都具备通用对抗各种类型鱼雷的能力,例如火箭深弹、火箭悬浮深弹、超空泡射弹、反鱼雷鱼雷(ATT)对各种类型鱼雷均能构成有效杀伤,但其运用方式会根据不同类型鱼雷的弹道特点而有所不同。在"多对一"的综合防御中,鱼雷制导类型明确且弹道特征相对单一,硬杀伤器材的拦截使用也就更有针对性。而在"多对多"的综合防御中,鱼雷制导类型和弹道特征都不明确,在使用硬杀伤器材进行拦截时,就必须要考虑到对识别结果的假设组合中所有类型鱼雷均实施拦截的可能,这将对硬杀伤器材的投放数量以及遮拦宽度都提出更高要求。

另外,还有些集软硬杀伤功能于一身的防御器材,在防御其软杀伤功能所对应制导类型鱼雷时效果最佳,而在防御其他类型鱼雷时也可作为硬杀伤器材使用。例如火箭助飞诱杀弹或自航式诱杀弹在对抗声自导鱼雷时能够充分发挥软杀伤和硬杀伤的综合效果,而在对抗其他类型鱼雷时也可发挥硬杀伤功能,这些特点在多手段综合运用时都应兼顾考虑。

1.4.2　综合防御技术的相干性

在水面舰艇综合防御来袭鱼雷过程中,如果不同防御行动的对抗效果独立、对抗目的一致,则只需按照各自的最优方式叠加运用即可达到最佳的综合防御效果;如果不同防御行动的对抗效果之间存在相干性,就不能简单地叠加运用。事实上,综合防御过程中的相干因素并非都会带来不利影响,如能合理利用甚至可以达到 $1+1>2$ 的效果。综合防御研究的主要目的就是充分认识和有效把握多种防御行动之间的相干影响,通过合理规划来降低不同防御行动之间的相互冲突,并实现综合防御效能的最大化。

综合防御中的相干因素可以概括为不同对抗器材的选择、不同对抗手段的运用两种形式:导致不同对抗器材之间发生干扰和冲突的相干因素主要来自于工程设计方面,导致不同对抗行动之间发生干扰和冲突的相干因素主要来自于作战运用方面。

1. 工程设计方面

由工程设计原因所导致不同对抗器材之间的冲突与干扰是先天性的,冲突形式往往取决于不同产品在研发阶段的设计理念,一旦产品定型则难以更改。以下给出了这类冲突与干扰的几种表现形式。

1)发射种类与数量

综合防御鱼雷行动会在对抗器材的发射种类与发射数量方面提出更高要求,而水面舰艇上的某些对抗器材常常采取共架、共管或共控发射技术(见图 1.12),这样就可能存在发射冲突:若选择这种器材发射,就无法选择另一种器材发射;若增加这种器材的发射数量,就必须减少另一种器材的发射数量。由此导致在对抗过程中,对抗器材发射种类与发射数量可能无法满足综合防御的实际需求。

图 1.12　某型舰载多功能火箭发射器

2) 工作频率

不同对抗器材之间往往会由于工作频域相近而导致相互干扰和冲突,这属于声学兼容问题。例如:专门用于对抗声自导鱼雷的火箭助飞诱杀弹、火箭助飞声诱饵、拖曳声诱饵、高频噪声干扰器之间,由于工作频域相互接近甚至相互重叠,在同时工作情况下就可能存在相互间干扰,从而影响到综合防御鱼雷的效果。

3) 识别与互导问题

不同对抗器材可能来自于不同的研发机构,由于在设计论证阶段考虑不周或者由于某些工程技术问题难以解决,进而导致相互间发生识别冲突并引发互导现象,这也属于声学兼容问题。例如:在将悬浮深弹和反鱼雷鱼雷(ATT)综合运用时,悬浮深弹可能会将反鱼雷鱼雷(ATT)误认为来袭目标而实施摧毁,反鱼雷鱼雷(ATT)也可能将悬浮深弹等拦截器材视为来袭目标而予以攻击。

此外,诸如火控通道组织形式、发控装置在甲板的布局以及对抗器材射击盲区等因素,也可能会对多种防御器材综合运用形成技术方面的制约。在这些相干因素中,有些可以通过技术改进措施予以解决,而有些则是技术层面难以克服的,只能从运用层面寻求避免或减小相互冲突的解决途径。

2. 作战运用方面

运用多种对抗手段综合防御鱼雷时,可能会因时域或空域上协调不当而未能达到预期防御效果,导致甚至加剧不利态势的形成,这种冲突必须通过合理规划多种对抗手段的综合运用方式来加以避免。以下给出了这类冲突与干扰的几种表现形式。

1)整合对抗目的

各种对抗器材的工作原理和对抗目的不尽相同,在综合防御运用中必须将不同对抗目的加以整合,服务于综合防御效能的最大化。例如:火箭悬浮深弹按照直航鱼雷弹道散布确定落点时可获得最佳遮拦效果和最大毁伤概率,但若水面舰艇将鱼雷置于舰尾规避并沿舰尾方位投放时,尽管深弹阵毁伤鱼雷的概率未必最大,却能成功拦截其航线散布中会对本舰规避航线构成威胁的鱼雷,至于航线散布未遮盖本舰方位的鱼雷则不予理会①。

2)运用时机与次序

多种对抗器材和对抗手段的综合运用有时需要区分先后次序和运用时机,否则可能存在相互干扰甚至造成不利态势。例如:水面舰艇在声自导鱼雷距离较远情况下优先使用拖曳声诱饵,则可能提前暴露本舰所在方位;在对抗线导鱼雷时先于噪声干扰器而投放了火箭助飞声诱饵,则可能被敌潜艇提前识别为假目标。

3)布放位置

对抗器材的布放位置也是影响综合防御效能的重要相干因素。从技术冲突来讲,工作频率相近的对抗器材之间需要通过量化分析确定出最小干扰距离,例如悬浮深弹对鱼雷的探测距离就可能受到声诱饵或干扰器的辐射噪声影响,因此需要合理确定布放间距。从态势冲突来讲,如果水声对抗器材对鱼雷的诱骗方向与本舰所在方位以及规避

---

① 文献[4]在95~100页围绕直航鱼雷的弹道特征分析了火箭悬浮深弹、近程悬浮深弹的拦截运用原理,并指出了沿预测弹道拦截、沿方位线拦截的主要区别,本书后续章节对这两种拦截方式也有详细论述。

方向一致,则很可能诱使鱼雷接近本舰,加剧不利态势(见图 1.13 情景示意),因此需要合理确定发射方位及距离。

图 1.13 多手段综合对抗鱼雷情景示意

4)规避机动的连锁效应

本舰规避方式可能会影响到来袭鱼雷的弹道变化,进而影响对抗器材的使用时机与布放位置,这种影响在对抗线导鱼雷以及对抗处于自导攻击阶段的鱼雷时最为明显。例如水面舰艇将线导鱼雷置于舰尾方位实施机动、再沿舰尾方位布放悬浮深弹阵,不但能消除弹道预测偏差较大的不利影响,还能利用规避机动与硬杀伤之间的相干性提高综合防御对抗效果。

此外,降低各种防御行动对本舰声纳探测形成的干扰、根据制导类型识别结果合理选择对抗器材的种类、协调对潜反击与鱼雷防御之间的行动关系等问题,也是可能造成态势冲突的潜在相干因素,都需要在作战行动方面加以考虑并协调运用。

1.4.3 综合防御技术运用原则

相比单一防御技术,综合防御技术涉及范围更广,相干因素众多,研究过程更为复杂。可通过制定某些原则来缩小研究范围,简化设计流程,并为进一步的定量分析提供约束机制。以下提炼的原则并非要求在实际运用中得到全面的体现,主要是在干扰与冲突无法协调的情况下提供一种解决问题的思路。

1）综合优先

单一对抗行动的防御鱼雷效果有限,应尽量多地选择不同对抗器材和不同对抗手段综合防御来袭鱼雷。有些对抗器材或对抗手段之间可能存在冲突,但如果这种冲突的不利影响处于允许范围内,例如两种对抗器材或对抗手段的综合防御效果明显大于单一防御效果(假设 $1+1>1.5$),仍可考虑综合运用。

2）效费比最佳

在综合防御鱼雷过程中,相关对抗器材选择种类越多、投放数量越大、布放范围越广,则理论上的拦截成功概率也可能越高。但水面舰艇实际装备的对抗器材种类和数量往往有限,特别在虚警率较高时大量使用更会造成对抗器材的白白消耗。因此需要综合考虑来袭鱼雷制导类型与对抗器材贮备、相互冲突影响与综合防御效果等因素,遵循效费比最佳的原则来确定器材发射数量与配比。

3）硬杀伤优先

软杀伤器材作用范围相对较广,但不具备通用对抗各种类型鱼雷能力,对抗效果中存在很多不确定性因素,难以进行量化评估。硬杀伤器材虽然作用范围较小,但具备通用对抗各种类型鱼雷能力,且能从根本上消除来袭鱼雷威胁。在软硬杀伤器材之间存在发射冲突或频率干扰等情况下,可优先确保悬浮深弹、反鱼雷鱼雷(ATT)等智能型硬杀伤器材的作战使用与拦截效果,或者软杀伤器材的投放应兼顾提高硬杀伤器材拦截效果的可能。

4）威胁优先或信度优先

在"多对多"综合防御行动中的来袭鱼雷制导类型若为多种类型的假设组合情形,综合防御行动的实施需要兼顾防御假设组合中所有类型鱼雷的可能。如果在不同对抗器材或对抗手段之间发生的冲突与干扰无法协调时,或者因发射数量以及遮拦宽度等原因无法构成横向全覆盖时,也可考虑按照对本舰威胁大小的鱼雷制导类型顺序优先组织防御,或者考虑按照类型识别可信度大小的鱼雷制导类型顺序优先组织防御。

1.4.4　综合防御目的专题探讨

在 1.4.2 节提到了对抗目的整合问题,这在水面舰艇综合防御鱼雷研究中是相当重要的概念。对这一问题进行清晰界定,可避免综合防御决策制定以及效能评估中出现"多径效应①"。下面对此展开专题讨论[25]。

众所周知,水面舰艇采用多手段综合防御鱼雷时所追求的根本目标是获得最大生存概率,但这是一个笼统的概念,并不足以牵引鱼雷防御策略的制定与实施。实际的防御行动主要还是围绕具体对抗目的展开,运用不同手段独立对抗来袭鱼雷的原理不同、具体的对抗目的也存在各种差别。围绕水面舰艇所能采取的软杀伤、硬杀伤以及规避机动3 种主要对抗手段,图 1.14 给出了具体对抗目的之间的差别示意,例如:本舰规避机动可以将远离弹道散布作为对抗目的,也可以将延缓鱼雷命中时间作为对抗目的(还包括避免重要部位迎雷、增大鱼雷脱靶概率等应急规避目的);硬杀伤器材可以将毁伤鱼雷概率最大作为对抗目的,也可以将对本舰构成最强防护作为对抗目的;软杀伤器材中的声诱饵是将诱骗鱼雷偏离原航线作为对抗目的,噪声干扰器则是将压制潜艇声纳探测效果并增大线导鱼雷导引偏差作为对抗目的。

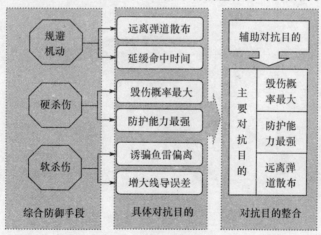

图 1.14　对抗目的整合示意

---

① 多径效应(Multipath Effect):在电磁领域的概念中,是指电磁波经不同路径传播后,各分量场因到达接收端时间不同,导致按各自相位相互叠加而造成干扰,使得原来的信号失真或产生错误。

由于对抗目的存在差别,在规划多种对抗手段的综合运用前,应首先结合具体对抗态势、作战任务、装备性能以及单一手段对抗原理等因素确定出主要对抗目的,在主要对抗目的得以保障的前提下再兼顾实现其他对抗目的。

1. 主要对抗目的

在正常航行态势下,综合防御行动中的主要对抗目的通常是以规避机动、硬杀伤拦截为基准确定的。根据水面舰艇采取规避机动和硬杀伤拦截的对抗原理及特点,可从毁伤概率最大、防护能力最强、远离弹道散布这3条具体目的中选定主要对抗目的。

由于具体的装备性能、任务使命以及战场态势的不同,水面舰艇可能选择的主要对抗目的也会有所不同,甚至在一次对抗过程中的不同阶段所选择的主要对抗目的也是不同的。对此,以悬浮深弹拦截阵拦截直航鱼雷和自导鱼雷为例分析如下(见图1.15):

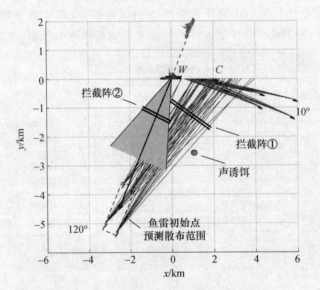

图 1.15 不同对抗目的下拦截阵布放示意

1) 毁伤概率最大

如果水面舰艇由于某些原因不宜采取规避机动、只能保持原状态航行时,就可将毁伤鱼雷概率最大作为主要对抗目的,而达到毁伤概率最大的一个重要前提就是确保拦截阵能对来袭鱼雷弹道散布构成有效遮拦。图 1.15 中布放的拦截阵①就可对直航鱼雷和自导鱼雷的直航弹道预测散布扇面构成最佳遮拦效果,在此基础上可获得最大毁伤概率,实际上这也是针对提前点 C 的散布范围构成的最强防护。

2）防护能力最强

如果水面舰艇能够采取规避机动时,就可将对本舰规避航线构成可靠防护作为主要对抗目的。如图 1.15 中沿鱼雷方位线布放的硬杀伤拦截阵②所示,拦截阵②对鱼雷的毁伤概率也许并非最大,但能够与规避机动相配合形成对本舰规避航向的有效遮拦,从而获得最强防护效果。

3）远离弹道散布

在雷舰距离较远且本舰未装备硬杀伤器材的情况下,水面舰艇依靠纯机动规避若能以较大概率远离鱼雷弹道散布,此时拖曳声诱饵就应严禁采用,以避免招致鱼雷接近本舰规避航向。而火箭助飞声诱饵对鱼雷的诱骗方向(见图 1.15)、噪声干扰器对敌潜艇声纳的压制方向,也都应以辅助本舰规避机动、远离弹道散布为目的而组织实施。

2. 辅助对抗目的

在主要对抗目的得以保障的前提下,水面舰艇也可兼顾实现其他对抗目的,即辅助对抗目的。例如在将"防护能力最强"作为主要对抗目的并付诸实施后,若对抗手段仍有富余,则可兼顾实现"毁伤概率最大""延缓命中时间"等辅助对抗目的。实现辅助对抗目的时必须要避免对主要对抗目的的实现造成不利影响,例如在将"毁伤概率最大"作为主要对抗目的而实施了硬杀伤拦截时,再投放软杀伤器材试图"诱骗鱼雷偏离"航线或"增大线导误差"时就应慎重考虑,这种情况下必须有前期的详细论证、并得到试验数据的支持后才能给出最终决定。

软杀伤器材在综合防御过程中通常处于辅助地位。软杀伤器材的优势在于作用范围相对较广、对目标定位精度要求低,但是对目标制导类型的依赖性大且无法从根本上消除来袭鱼雷威胁。尤其关于声诱饵的对抗效果评估在业内始终是一个研究难点,实际对抗效果在很大程度上是由来袭声自导鱼雷的智能化程度决定的,即对某型鱼雷适用,而对另一型鱼雷可能就不起作用,且鱼雷被诱骗过程中也存在识别出假目标并恢复原航向的可能,对这种"一厢情愿"式的防御手段很难给出统一的评价机制和客观的评估结果。因此,在正常航行态势下的综合防御行动中,软杀伤器材应以不降低主要对抗目的实现效果为前提下酌情采用,例如声诱饵的使用不得将鱼雷诱向本舰的规避方向、干扰器材的使用不得对硬杀伤器材的有效探测拦截造成干扰,诸如此类。但是在非典型态势下,例如本舰处于停车或锚泊状态受到鱼雷攻击且不具备硬杀伤能力时,就只能寄托于软杀伤器材的作战使用了。

应该看到,以声诱饵为主的软杀伤器材是在声自导鱼雷占据主导地位、硬杀伤手段存在较多缺陷的时代背景下出现的,在历史上曾发挥过积极作用。进入现代信息社会,面对来袭鱼雷制导方式的多样化、复合化的特征,曾以水声对抗为主要防御手段的欧美国家纷纷将研发重点转为以反鱼雷鱼雷(ATT)为核心的硬杀伤拦截系统,曾以火箭深弹为主要防御器材的俄罗斯也致力于研发反鱼雷鱼雷(ATT)、诱杀弹等新型拦截器材。预示了随着未来智能化程度更高、拦截效果更好并能满足全新作战理念的硬杀伤拦截系统陆续问世,软杀伤器材在水面舰艇综合防御鱼雷行动中的地位可能会有所弱化。

1.5 综合防御鱼雷系统概述

大中型战斗舰艇的鱼雷防御任务需要由专门的鱼雷防御系统承担,目前世界上典型的舰载鱼雷防御系统有美国新研 AN/WSQ – 11 鱼雷防御系统、法意 SLAT 鱼雷防御系统、英国 SSTD 鱼雷防御计划、俄罗斯 UDAV 1 – M(RKPTZ – 1)型火箭反鱼雷系统等,这些也都属于综合防御鱼雷系统。综合防御鱼雷系统广义概念包含实施鱼雷防御作战所需的探测设备、控制设备及软件、各种软硬杀伤器材及发射装置、相关操作人员等要素[26],狭义上则特指能够综合控制多种软硬杀伤器材实施拦截的鱼雷防御指控系统。在现代水面舰艇上,综合防御鱼雷系统是舰载作战系统中的一个重要组成部分,那么,舰载作战系统的基本概念和功能划分是什么?不同子系统之间具备怎样的逻辑关系和信息流程？综合防御鱼雷系统在其中处于怎样的指挥层次、包括哪些功能模块、具备怎样的发展趋势？通过对这些内容的分析与讨论，可拓展鱼雷防御技术的研究视野，加深对鱼雷防御作战环境的理解，并有利于在作战系统的大格局中把握综合防御鱼雷技术的发展方向。下面首先介绍水面舰艇作战系统的基本概念、发展概况和体系架构，再围绕水下作战任务模块和水下自防御系统展开探讨。

1.5.1　舰艇平台及作战系统

对于现代大中型战斗舰艇，全舰可划分为舰艇平台和作战系统两大部分[27-28]。

舰艇平台包括船体及属具、动力系统、电力系统、船舶保障系统、舰载机航空保障系统（见图1.16）以及操作这些系统和设备的相关人员。舰艇平台赋予了水面舰艇从事航海活动的基本功能，对作战系统起着支撑和保障作用。

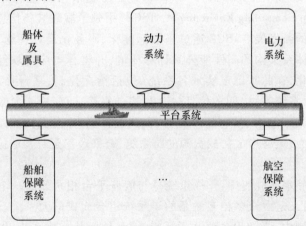

图 1.16　水面舰艇平台的构成

作战系统（Combat System）是指"军用平台上用于执行警戒、跟踪、目标识别、数据处理、威胁估计及控制武器完成对敌作战功能的各要素及人员的综合体[26]"。作战系统是现代水面舰艇执行作战任务的基本保证，也是水面舰艇区别于民用船只的根本标志，其研制周期长、复杂度高、经费昂贵，占全舰建造费用的 40% 左右[29]。

国外水面舰艇于 20 世纪 60 年代初期开始配备作战指挥系统,并逐渐发展为作战系统。随着计算机技术的发展,舰载作战系统体系架构大体上经历了独立式、集中式、分开式(或联邦式)和分布式 4 个阶段[30-31]:

① 独立式是指早期作战系统中的作战指挥系统与火控系统各自独立,每种武器都有自己的火控计算机,即单机单控。

② 集中式是由一台或一组计算机统一接收或处理各种原始数据,集中实现作战指挥或武器控制功能。

③ 分开式是由多台相互独立的计算机组成,作战指挥和武器控制分别由各自系统的计算机实现,计算机之间可通信并有部分的功能交叉。

④ 分布式出现于 20 世纪 70 年代后期,采用计算机网络实现各战位的资源共享、分散处理,并完成作战指挥和武器控制。

进入 21 世纪,美国海军 DDG1000 驱逐舰采用的全舰计算环境(Total Ship Computing Environment, TSCE)引领了舰载装备信息管理与系统集成的新发展。TSCE 通过采取标准化、服务化设计理念,构建基于开放式体系架构的高性能公共计算环境,并将各类应用软件与网络服务构件化,在此基础上实现各系统(包括指挥控制、平台控制、动力系统、武器系统等)之间的信息融合与综合集成。TSCE 能大幅提升舰船的数据共享能力、信息处理能力、资源配置能力、人机交互能力和升级扩展能力,最终形成作战资源的跨系统、跨平台甚至跨领域协同作战的能力。

在一艘水面舰艇中,作战系统是与舰艇平台相并列的一个重要分系统,同时又是由众多相互联系的子系统组合而成的大系统。在作战系统的研制中,强调设备服从子系统、子系统服从作战系统、作战系统服从舰船使命任务。相比舰艇平台而言,作战系统更新换代速度要快得多,其改装周期大致是 7 ~ 10 年[28]。因此作战系统并没有统一的模式,对于不同时期、不同使命的水面舰艇,甚至同一艘水面舰艇的改装前后,其作战系统也会存在很大差别。图 1.17 以现代大中型战斗舰艇的主要作战方向为例,给出了作战系统的功能划分及信息传输示意。

["

1. 指控系统

指控系统(Command and Control System)是整艘舰艇的"大脑"和"中枢神经",广义概念包括舰上实施作战指挥、控制所必需的设备、软件和人员的总称[26];狭义概念则是指舰上以计算机和软件为核心进行战术数据处理、提供辅助指挥决策并实施作战指挥和作战过程控制的电子信息系统装备。图1.18和图1.19分别为美国"乔治·华盛顿"号航母和"阿利·伯克"级驱逐舰的战情中心(Combat Information Center, CIC)。

图1.18　美"乔治·华盛顿"号航母战情中心

图1.19　美"阿利·伯克"级驱逐舰战情中心

软件是指控系统的重要组成部分,其研制费用往往占整个指控系统建设费用的 70% ~ 80% 。指控系统软件一般分为系统软件和应用软件两大类,应用软件又可分为技术应用软件、作战应用软件和作战保障软件 3 类,具体划分如图 1. 20 所示[32] 。

舰载指控系统按照指挥层次可分为本舰指控系统、编队指控系统,美国海军的主要舰船还可连接到全球指挥控制系统(Global Command and Control System, GCCS)以及在 GCCS 基础上研发的联合指挥控制系统(Joint Command and Control, JC2)。

性能先进的本舰指控系统需要具备以下 8 种主要功能:

① 信息获取:协调和管理各类传感器资源,以获取战场信息。

② 信息处理:对所获战场信息进行综合处理,以形成清晰的战场态势和各类作战保障数据。

③ 信息传输:组织和管理舰艇通信系统,传输、共享各类情报和指挥信息。

④ 人机交互:为指挥员提供战场态势、系统状态、作战计划、指挥命令等信息的显示和交互。

⑤ 辅助决策:实现威胁判断、方案拟制和效能评估,辅助指挥员分析战场态势并做出科学决策。

⑥ 综合指挥:针对选定的作战方案实施指挥引导、进程监控、态势预测以及必要的方案调整。

⑦ 交战控制:根据对抗态势拟定打击方案,并向武器系统发送目指参数和交战命令。

⑧ 资源管理:协调空域、海域、时域、频域的作战资源和作战行动,减少相互冲突、提高作战效能。

此外,本舰指控系统还应具备模拟训练、检测诊断、记录重演、辅助导航等功能。

2. 火控系统

火控系统(Fire Control System)的主要功能是控制武器设备对目标实施攻击,包括目标探测装置、火控计算机、接口设备和系统控制台等设施[26]。现役舰载火控系统大多采用"烟囱式"设计结构,即每种类型的舰载武器都由专门的火控系统进行控制,例如舰炮火控系统、导弹火控系统、鱼雷火控系统、深水炸弹火控系统、火箭炮火控系统、激光武

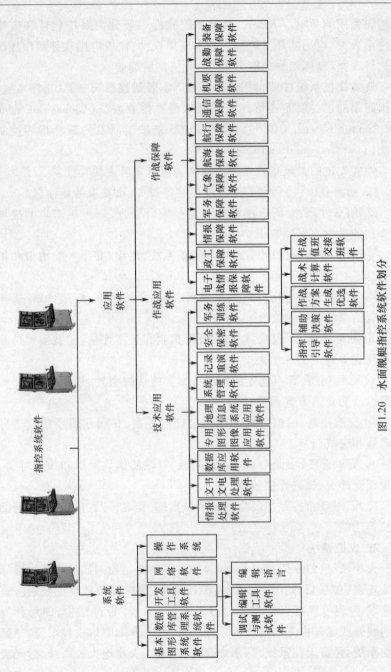

图1.20 水面舰艇指控系统软件划分

器火控系统等[33]。其中,舰炮火控系统和导弹武器火控系统还可根据武器口径或用途进一步划分。

新研大中型战斗舰艇的火控系统正在向综合火控系统(Integrated Fire Control System)方向发展,即"综合使用观察器材,综合控制多种同类型或不同类型武器,且能自行做出目标指示的火力控制系统[26]"。按照水面舰艇对空、对海、水下、对岸(陆)4 个方向的作战任务,舰载综合火控系统也可分为对空作战、对海作战、水下作战和对岸支援(对陆攻击)4 个方向的火控系统[33]。若对岸支援(对陆攻击)功能较弱且武器系统可以共用时——例如舰炮既可对海攻击也可对岸支援,其火控技术也可如图 1.17 所示与对海作战火控系统整合在一起。

综合火控系统定义中"能自行做出目标指示"是指具备情报处理、敌我识别、威胁判断、通道组织及火力控制等一系列功能,也就是把相应的指挥控制功能和火力控制功能集成在一起,使系统具有一定的独立作战能力[33]。大中型战斗舰艇需要承担多种使命任务,所装备传感器和武器的种类、数量众多,除了个别独立性很强的子系统(例如对空自防御系统)外,其作战系统中指控功能和火控功能的任务及战位都分工明确,但全舰计算环境(TSCE)的出现有望改变这种传统分工格局。小型战斗舰艇或勤务保障舰艇任务单一,传感器和武器的种类、数量有限,为了减少战位、节省空间、缩减人员并提高反应速度,可将指控功能与火控功能集成为一体,实现对某一方向、甚至多个方向作战资源的综合控制。

美国海军的舰艇自防御系统(Ship Self‑Defense System, SSDS)是综合控制思想的典型代表。SSDS 是为了提高非"宙斯盾"水面舰艇防御反舰导弹能力而研发的,采取开放式体系架构和多传感器数据融合技术,能够统一管理舰上与防御反舰导弹有关的各种传感器资源和武器资源,形成对硬杀伤器材和电子战设备的综合火力控制,具备对反舰导弹的快速反应和分层拦截能力[33‑34]。这一设计思想对舰艇水下自防御系统的研制也有很好的借鉴意义。

3. 探测系统

舰载探测系统主要包括雷达系统、声纳系统和光电系统 3 大部分,可将收集到的目标信息传送给指控系统和火控系统,并接受和响应返回指令[27]。

雷达系统承担本舰对海、对空探测任务,根据战术用途可分为对空搜索雷达、对海搜索雷达、舰空导弹制导雷达、弹载雷达、火控雷达、航海雷达、舰载机引导雷达、空管雷达、敌我识别雷达等,不同舰型会根据自身需求有选择地加以配备。

声纳系统承担本舰对水下探测任务,主要包括舰壳声纳、拖曳式变深声纳、拖曳线列阵声纳、猎雷声纳、通信声纳、侦察声纳、鱼雷报警声纳等。猎潜艇或扫雷舰一般装备1~2部声纳,大中型战斗舰艇则可装备多部声纳。

光电系统是指利用光电技术实现对目标搜索、定位和跟踪的光学探测设备总称,包括光电侦察、警戒、跟踪、识别、火控、制导、导航、通信等系统。光电系统体积小、重量轻、抗电磁干扰能力强,但作用距离近,探测效果受天气影响大。

4. 通信系统

舰载通信系统包括内部通信系统和外部通信系统,内通外通一体化就构成了现代舰艇综合通信系统,相当于作战系统的神经网络[27,35]。

舰艇内部通信以电缆、光缆等有线手段为主,包括闭路电视、监视电视、指挥电话、日用电话、声力电话、总动员铃、扬声设备以及广播设备等。另外,古老的管路传话器在现代舰艇的内部通信中也保留有一席之地。

舰艇外部通信主要以无线手段为主,包括采用低—中—高频收信、高频发信、甚高频/特高频通信、卫星通信、控制管理、数据传输、文电处理、机要保密通信、舰载机引导通信、应急通信、遇险救生通信以及旗语、灯光等。

近年来,数据链在历次局部战争中大显身手,舰艇战术数据链利用无线信道在舰舰、舰机、岸舰等作战指挥系统之间构建一体化的数据通信网络,按照统一的信息格式实时、自动、保密、准确地传输各种战术情报和指挥引导数据,以确保编队的态势感知与指挥作战能力远超单一平台能力的简单累加。

5. 电子战系统

电子战是指运用电磁能或定向能控制电磁频谱或对敌实施攻击的各种军事行动。电子战系统按照作战对象可分为雷达对抗系统、通信对抗系统、光电对抗系统。舰载电子战系统主要以防御为目的，用于监视舰船周围电磁环境、及早发现敌方信号并提供威胁告警；制造电磁假目标、干扰敌反舰导弹的使用决心并迟滞其攻击行动；以有源/无源、光电等措施干扰或破坏敌反舰武器的制导功能，降低其攻击效果；与硬杀伤器材相配合，进一步提高舰艇或编队防御作战的整体效能[27]。

舰载电子战系统既可作为独立的舰载武器系统，也可融入不同的作战方向中。舰载防空软武器系统就属于电子战系统。水声对抗也属于电子战的一种特殊形式，但鉴于水下对抗环境的特殊性，通常将其置于水下武器系统中讨论。无论水下防御还是对空防御，当前一个共同的发展趋势都是将多种软杀伤系统与多种硬杀伤系统整合为具备快速反应和综合控制能力的多手段综合防御系统。

6. 导航系统

舰载导航系统有天文导航设备、无线电导航设备、卫星导航设备、惯性导航设备、雷达导航设备，也包括诸如磁罗经、气象仪、测深仪、计程仪、航迹仪等普通导航设备。舰载导航系统可用于确定本舰的舰位、航向、航速、横摇、纵摇等运动和状态参数，并引导本舰正确执行航海计划、可靠实施战术机动、保障舰载机安全飞行和着舰，还可作为指控系统与武器系统的信息校准源[27,36]。

1.5.2　水下方面作战任务划分

对海、对岸、对空和对水下是现代水面舰艇作战能力建设的 4 个主要方面，其中：对海和对岸方面强调攻击能力建设，对空方面强调防御能力建设，对水下方面则兼顾反潜能力建设与鱼雷防御能力建设。除了反潜和鱼雷防御之外，水下方面作战也包括水雷防护、反蛙人、反UUV 等任务形式，但反潜和鱼雷防御一直是大中型战斗舰艇水下作战研究的主要内容，也是两个既有联系又相对独立的任务通道。图 1.21 给出了本舰指控系统中反潜任务和鱼雷防御任务的模块划分示意。

1. 反潜任务及模块划分

按照作战过程分析,可依据无潜艇和有潜艇 2 种情形来划分反潜任务及模块。

当水面舰艇航行过程中未发现潜艇信息、也未接收到相关的敌情通报时,所执行与反潜有关的战术行动主要有 3 种:防潜警戒、巡逻搜潜、检查搜潜,对应本舰指控系统中的 3 个模块则为防潜警戒模块、巡逻搜潜模块、检查搜潜模块。不考虑编队协同作战情形,则这部分行动可由本舰独立实施、舰载机独立实施或者舰机协同实施,以此为基础可划分出下级模块如图 1.21 所示。

当水面舰艇航行过程中发现了敌潜艇信息或接收到敌情通报时,首先需要对所获信息进行甄别、处理和态势评估,再结合作战使命和装备情况制定攻防决策并组织实施。这一过程中与反潜有关的战术行动主要有 3 种:应召搜潜、对潜攻击/反击、对潜防御,对应本舰指控系统中的 3 个模块则为:应召搜潜模块、对潜攻击/反击模块、对潜防御模块。不考虑编队协同作战情形,则应召搜潜可由本舰独立实施、舰载机独立实施或者舰机协同实施;对潜攻击/反击行动包括本舰占位攻击、舰机引导攻击以及本舰发射火箭深弹、管装鱼雷、火箭助飞鱼雷等器材攻潜;对潜防御行动包括本舰规避机动以及投放声抗器材。以此为基础划分出下级模块如图 1.21 所示。

2. 鱼雷防御任务及模块划分

按照作战过程分析,鱼雷防御任务及模块也可依据无鱼雷和有鱼雷 2 种情形划分,但未发现鱼雷情况下的防御行动已经包含在对潜艇平台的防御行动中,这里重点针对已发现鱼雷情形展开分析。

当确认鱼雷报警后,由于所获关键信息的数量少、精度差且态势紧迫,难以及时构造出清晰、完整的战场态势,因此需要利用各种探测和估测信息快速推算出目标的可能属性及运动特征,以支持对来袭鱼雷的威胁评估、类型识别、弹道预测及防御决策。图 1.21 给出了按照这一过程划分的鱼雷防御任务模块,其中:鱼雷制导类型识别结果为图 1.11 所述的 15 种情形之一,鱼雷弹道预测散布可采用实际弹道预测模型或似然弹道预测模型求解(详见第 2 章),鱼雷防御决策内容包括纯机动规避、单一器材对抗以及多手段综合防御(详见第 4 章)。

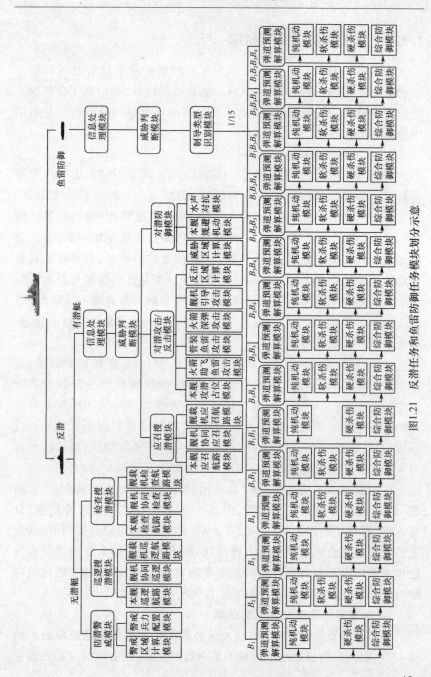

图 1.21　反潜任务和鱼雷防御任务模块划分示意

43

1.5.3　水下自防御系统初探

"自防御"技术近些年来已成为水面舰艇作战系统研发领域的一个全新概念,下面结合国外对空自防御系统的设计,探讨水下自防御系统的研究范畴,并分析其指控技术设计的指导思想以及在研发与运用中的一些辩证理解[9,37]。

1. 水下自防御概念的由来

舰艇自防御系统(Ship Self - Defense System,SSDS)是由美国海军首先提出的,特指装备于非"宙斯盾"级舰艇上的一种近程防空系统。在美国海上编队中,区域防空任务主要由"提康德罗加"级巡洋舰、"阿利·伯克"级驱逐舰等装备了"宙斯盾"系统的作战舰艇承担,而武备较弱的被保护舰船除了接受"宙斯盾"舰的外层防护外,自身也要具备一定的近程防空能力,SSDS的研发就是为了满足这些舰船自身的防空需求。1997年,"阿西兰"号船坞登陆舰成为第一艘装备有SSDS mk1系统的水面舰艇,之后的改进系统又陆续装备到更多的两栖攻击舰、船坞登陆舰以及航空母舰上[34]。

SSDS的典型结构如图1.22所示,广义SSDS包含传感器系统、指控系统、武器系统;而装备形态的SSDS则特指新型的指挥控制系统(包括控制模块、识别模块、跟踪模块和决策模块)[38]。SSDS采取开放式的体系架构对相关传感器资源、软硬武器资源和指挥控制单元进行系统集成,通过对装备性能、系统功能以及指挥流程的优化设计,形成对来袭导弹的自动化分层拦截能力,大大缩短了系统反应时间。

可以看出,"自身防御"和"自动化、智能化防御"是SSDS中"自防御"概念的2项基本特征,以此为基础可实现对来袭导弹的快速、分层、优化的多武器综合防御。随着SSDS的研制成功和大量列装,其先进的设计思想也影响到了水下作战领域,水下自防御系统的研发成为近年来舰船水下装备建设的一项重要内容,而如何界定这一概念的内涵与外延则是开展功能设计前需要首先明确的问题。

2. 水下自防御系统的研究范畴

将自防御概念从SSDS中引入到水下作战领域并不是简单的机械式套用,而是应与舰船水下防御的基本特征相结合,形成对这一领域变

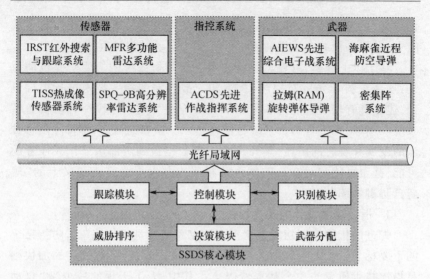

图 1.22　SSDS 系统结构图

革式发展阶段的形象描述。下面从舰船水下作战中 2 项主要任务——
反潜作战和鱼雷防御的角度来探讨水下自防御系统的研究范畴。

　　水面舰艇反潜作战大体可分为搜潜、攻潜和防潜 3 个任务方向,也
可分为单舰反潜、编队反潜 2 个组织层面,单舰反潜作战相对而言更能
体现"自身防御"的某些特征。但是无论从哪种组织层面或哪个任务
方向分析,反潜作战的重点都在于强调对反潜兵力的部署、探潜器材的
运用以及反潜武器的使用,其中的"自动化、智能化防御"需求既不突出、
也不迫切,人员指挥艺术在低效的反潜行动中始终扮演着决定性作用。
因此,将反潜作战视为水下自防御系统的主要应用场景未免有些牵强。

　　水面舰艇的鱼雷防御与导弹防御存在较多相似性,两者均强调对
紧迫态势的快速反应、对多种手段的综合运用、对防御决策的优化制
定,也都具备实现"自身防御"与"自动化、智能化防御"的技术需求,因
此可将水下自防御系统视为对综合防御鱼雷技术智能化水平发展到一
定阶段的定性描述。需要说明的是,SSDS 中"自防御"概念主要是相
对于编队区域防空而提出的,而水面舰艇的鱼雷防御技术长期以来都
是聚焦于单平台作战层面,若要体现出与传统鱼雷防御系统的"自防
御"特征区别,就要在水下自防御系统设计中更加突出"自动化、智能

化防御"的基本特征,包括实现对威胁态势快速且可靠的感知与生成能力、对多手段综合运用的相干性处理与自动优化能力等。

基于以上理解,可界定现阶段水下自防御系统的主要研究范畴就是:从系统科学角度对探测、决策和交战控制的相关技术进行顶层设计,建立具有较高智能化水平和快速反应能力的多手段综合防御鱼雷系统。当然,水下自防御系统目前还是一个全新的概念,不排除随着技术的发展和观念的更新,其外延的拓展会覆盖到全部水下作战任务的可能,甚至可能与对空自防御系统相集成并发展为真正意义上的"舰艇自防御系统"。

3. 指控功能设计的基本思路

先进的指挥控制功能是水下自防御系统区别于传统鱼雷防御系统的重要标志,而人工干预的减少、优化决策的生成、系统反应的加快则是指控技术研发的 3 个基本着眼点。其中,人工干预的减少是"自动化、智能化防御"特征的根本体现,受水下作战环境的特殊性制约,人工干预的减少程度要与系统构成和防御理念密切相关。对于"报警声纳—控制设备—拖曳式水声对抗器材"这种非消耗型的简单对抗系统,构建全自主型任务通道的难度并不大。而对于包含有多种消耗型对抗器材或需与规避机动相配合的复杂对抗系统,必要的人工干预则是不可缺少的,保障系统高速运行的关键就在于能多大程度上降低人工干预的频率、减少人工干预的时间。

根据鱼雷防御的一般过程分析,在自防御系统已经具备从传感器、控制设备到各种软硬武器一体化的装备形态下,人工干预措施主要集中在信息处理、辅助决策两个指控环节,如图 1.23 所示:一是在信息处理阶段需要人员提供必要的数据补充;二是在决策生成阶段需要人员采取必要的修正和确认。因此可将这两个节点作为减少人员干预、加快系统运行的主要突破口。

1)信息处理阶段

在 1.3.1 节已指出,水下作战通常无法及时获得精确、完备的数据支持,要生成真实性强、可信度高的对抗态势,就必须建立一套科学合理的信息补充机制,尤其以人机结合方式展开估测和解析为主要手段。例如将估测数据与探测数据输入到所建立的数学模型中,并通过指控计算机快速判断出来袭鱼雷的制导类型和弹道散布(见图1.21),这就是人机结合进行信息补充和态势生成的典型方式。为了减少人工干预的频率、提高信息补充的合理性,在水下自防御系统指控功能设计中引入关键参数的战术水声计算模型、构建科学的目标行为预测模型是完全有必要的。

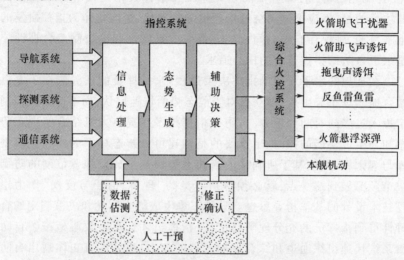

图 1.23 水下自防御系统的人工干预示意

2)辅助决策阶段

在1.2.1节已提到,水面舰艇在鱼雷防御过程中一旦实施了规避机动和软硬杀伤,就很可能导致目标信息的丢失或探测误差的增大,而且有些防御器材的重新装填也往往难以满足二次拦截的时限要求。因此,基于稳定而持续性的跟踪、定位与杀伤机制很难适用于鱼雷防御态势,实际中的防御鱼雷效能在更大程度上依赖于首次执行的对抗策略。这就要求在自防御系统指控功能设计中能够提前构建出周密细致、涵盖全面的行动预案,确保一次生成的对抗策略快速、合理、可信度高。例如图1.21针对鱼雷制导类型识别的15种结果分别构建出本舰纯机动规避、单一器材对抗和多手段综合防御等功能模块,这就形成了构建指控技术所需的核心方法库、模型库、规则库,实际对抗中可根据本舰装备情况和具体战场态势调用相应模块,从而生成针对性强、可信度高的作战决策。

4. 指控技术设计的指导思想

与图 1.22 中 SSDS 的系统结构相似,水下自防御系统也需要具备从传感器、控制设备到各种软硬武器一体化的装备形态,而其"自动化、智能化防御"的基本特征主要体现在指控技术的设计方面。但需要注意的是:不应把试图绕过指挥员的自动化、智能化作为指控研发的根本目的,确保在有限时间内的态势生成真实性和决策制定合理性才是水下自防御指控技术的核心追求。

在理想的水下自防御指挥决策过程中,指挥员的任务应在于人机结合地实现态势生成,以获得对当前态势的快速确认,而不应为决策制定投入过多的时间和精力;自防御指控技术在提供人机结合实现态势感知与生成功能的同时,更重要的是构建可分辨态势下的精细化模型库与规则库,并能基于所确认的当前态势快速生成较强置信度的防御决策。要做到这一点,就必须将指挥员的"理解、信任与授权"作为指控技术设计的基本指导思想。只要态势生成的真实性和决策制定的合理性得到指挥员的充分理解与信任,指挥员才会真正放心地授予自防御系统快速组织通道和综合控制武器的权力,也才能真正体现出自防御系统快速、自主、高效的防御能力。

5. 对指控技术研发与运用的辩证理解

自防御指控技术的研发与运用是围绕一种短暂而激烈的对抗态势展开,集中了从技术到战术、从理论到实践、从方法到理念等各个层面的矛盾问题。分析不同矛盾的组成特点、影响机理和内在联系,是揭示鱼雷防御行动规律、优化指控系统功能设计、提高综合防御鱼雷效能的必由之路,其中有些问题甚至需要从哲学高度来辩证地理解与把握。

1) 决策制定的时效性和成熟度

鱼雷来袭态势紧迫,水面舰艇不可能在有限时间内对影响决策制定的各种因素展开深入系统的理性研判,很多本该通过定量分析和滤波计算来解决的问题将不得不依靠经验甚至直觉来处理,因此防御行动中所生成的态势和执行的决策往往未能达到充分的成熟度。但是在涉及生死存亡的紧要关头,依据人机结合快速生成一个及时而不太成熟的决策要远比一个成熟但却过时的决策重要得多[39]。

2）关于多种对抗目的的整合问题

水面舰艇采用多手段综合防御鱼雷时所追求的根本目的就是使本舰生存概率最大，但各种手段对抗原理不同、对抗目的也各不相同，因此在预案制定和决策生成过程中就要将不同对抗目的加以整合。整合的首要准则就是确保主要对抗目的得以实现，主要对抗目的需要结合具体态势、作战任务、装备性能以及不同手段对抗原理等因素人为确定，而且主要对抗目的和辅助对抗目的在一定条件下还会相互转化，这也体现了对主要矛盾和次要矛盾的辨识问题。

3）鱼雷防御和对潜反击的辩证统一

防御的概念是抵御进攻，防御的特征是等待进攻，但这种抵御和等待都不是绝对的，当条件具备时适时发起对敌反击才能最终达到战胜的目的[40]。已知良好的隐蔽性是潜艇平台最具突出的作战优势，及时而准确地发现敌潜艇平台始终是困扰各国海军的主要难题，但无论现代潜艇隐身技术有多先进，其发起攻击时刻也往往是自身隐蔽性能最为脆弱时候，水面舰艇在加强鱼雷防御的同时，也应发挥兵力协同优势积极组织对潜反击。关于这一矛盾规律的利用价值已在过往战例中得到了充分证实（详见文献[4]的第7章），因此对潜反击也应作为自防御系统指控功能拓展的一个重要内容。

4）最优策略与风险承担

鱼雷防御具体策略的适用范围都是有限制条件的，只有在明确某种态势后才能制定出相对优化的决策，追求通用化最优决策只能是基于形而上学的理解。例如：距离的不确定是影响鱼雷防御决策的重要因素，当距离很远时，可选择策略多、成功概率大；随着距离的接近，可选择策略减少、成功概率降低；当距离接近到一定值后，可能任何策略都不会起作用。那么在报警方位明确、鱼雷距离模糊的典型态势下，能成功对抗最近距离上鱼雷的防御策略往往就是最优策略：这一策略对更远距离的鱼雷未必最优、但有效，对更近距离的鱼雷无效、但其他任何策略也都难奏效①——除非对抗目的发生了变更。可见，所谓最优

———————————

① 对此可参考文献[4]中116页"最小可规避预警距离"以及"最优规避策略的物理意义"内容来理解。

策略都是相对而言的,在执行过程中同样会面临很大的风险隐患,这种风险由战争迷雾和战争阻力①综合决定,决策者要做的就是充分认识并勇于承担这种风险。

5)合理把握人—机结合的决策关系

态势紧迫程度、态势感知与生成能力是决定指控系统方面作战自动化水平的两个重要因素(此外,也与武器装备特点、决策复杂程度等因素有关)。例如:水面舰艇对海攻击和对陆打击的作战行动相对而言并不紧迫,指挥员往往有足够时间进行预案制定、态势推演和数据装填,因此构建全自动闭环指控系统的需求并不迫切;水面舰艇防空作战则具有紧迫性,且探测信息实时性强、准确性高,态势生成清晰、可信度大,因此具备形成全自动闭环指控系统的客观条件及应用场景;水面舰艇防御鱼雷作战虽然同样态势紧迫,但信息获取模糊、态势生成的清晰度和可信度差,这成为构建全自动闭环自防御系统的主要瓶颈。因此,在鱼雷防御行动中指挥员的作用是必不可少的,合理设计并优化人工干预的节点及功能才是确保自防御系统高效运行的关键。

6)防御理论研究的两种目的

对于水面舰艇而言,无论是遂行反导行动还是防御鱼雷行动,都是从弥漫的死局之中寻求尚未闭合的生门过程,所谓生门不单体现在既有装备条件下的防御策略制定中,也蕴含在未来装备的需求论证与设计研发中。上面提到,当来袭鱼雷与水面舰艇接近到某一临界距离时,可能采取任何策略都无法对抗成功,这种背景下开展鱼雷防御理论研究旨在达成两种目的:一是解决"有什么样装备打什么仗"的问题,即立足当前装备技术水平,通过挖掘、认识和有效利用作战规律,确保在尚存一线生机的时候能够做出正确选择;二是探索"打什么样仗需要什么装备"的问题,即面向需求牵引,为相关装备技术的论证、设计与研发提供系统的理论指导,并围绕当前的无解态势探寻到破解之道。

---

① 克劳塞维茨在《战争论》中指出了制约战争发展的两大因素:一是战争迷雾,二是战争阻力。所谓战争迷雾就是指战场上空好像笼罩了一层浓雾,指挥员看不清战场;所谓战争阻力就是指战争行动像是在阻力重重的介质中运动,指挥员无法预见和控制战争的进程。在鱼雷防御研究中,这两项因素分别对应着态势的生成问题以及决策的制定与执行问题。

《论语》有云:"工欲善其事,必先利其器",在鱼雷防御行动中,只有建立科学的理论体系并以先进的装备技术为依托形成完善的防御机制,才有望能最大程度地实现破局。

7)指挥员主观能动性的发挥

指挥员的理论素养和实践经验在作战中扮演重要作用,甚至直觉和灵感也常常成为决策制定的重要依据,这种主观能动性的可靠发挥取决于对知识的长期积累。尤其在鱼雷防御这种非对称作战行动中,更应深谙潜艇平台装备特点及潜射武器运用规律,以期熟练把握"破彼之破,攻防互寓"之精要①。举例来讲:潜射直航鱼雷具有不可诱骗性,但命中概率低,尤其从目标首尾方向入射时概率最低;被动声自导鱼雷捕获概率高,但依赖于对目标噪声的探测、抗干扰能力弱;主动声自导鱼雷抗干扰能力强,但易被目标远距离识别、受目标反射截面影响大,且攻击高速机动目标受限;尾流自导鱼雷不受水声对抗器材影响,但难以攻击低速或锚泊目标,而且自导追踪弹道可预测性强、易被拦截或受假尾流干扰;线导鱼雷具有"人在回路中"的导引优势,但导引艇机动受限且鱼雷对导引艇所在方位的暴露非常明显……,可见一种全新攻击方式提出的背后往往也蕴含着相应的破解之道。指挥员通过不断拓展对鱼雷攻防知识的认知广度与深度,可在临机决策时扬长避短、趋利避害②,而指控技术的研发则应为这种主观能动性的可靠发挥提供必要的支撑环境。

8)关于鱼雷防御理论与实践

实践是检验理论正确性的唯一标准,单纯的实践总是以教训的形式实现事物的自我进化,表现在军事行动中则往往是代价惨痛的过程,理论探索的价值就在于通过批判反思、规范矫正、科学引导的方式缩短

---

① 明末清初军事理论家揭暄在其经典著作《兵经百字》(法篇·累)中指出:"我可以此制人,即思人亦可以此制我,而设一防;我可以此防人之制,人即以此防我之制,而增设一破人之防;我破彼防,彼破我防,又应增设一破彼之破;彼既能破,复设一破乎其所破之破,所破之破既破,而又能固我所破,以塞彼破,而申我破,究不为其所破。递法以生,踵事而进,深乎深乎!"

② 克劳塞维茨在《战争论》中指出:"不积累一定数量的观念,就不可能进行智力活动,这些观念大部分不是先天带来的,而是后天通过学习获得的,这些观念就是知识。"

并减轻这种痛苦。实装演练是和平时期军事实践的一种表现形式,但在鱼雷实装攻防对抗这种昂贵且不充分的小样本实践中,很难围绕指挥员自发形成的某些防御策略给出客观的检验结果,类似的实践活动只有建立在系统深入的理论分析基础上才更能发现规律、说明问题,否则难以及时发现和纠正认识上的误区。而若理论研究长期好高骛远、脱离实际,在指导相关实践过程中就会失去应有的威信,这也是当前一些军事理论和技术研究中应该反思的。另外,军事理论探索的意义不仅在于明确"应该做什么",也在于告诫"不要做什么",经过实验室条件下的理论分析证明为可行的,实践中未必可行,但理论分析证明为不可行的,实践中往往很难行得通,明白这个道理就可以减少鱼雷防御决策过程中的一些不必要失误。

总之,成功的防御行动离不开正确的防御决策以及对不确定因素的有效应对。正确的防御决策是指挥员的主观意愿与客观规律之间的内在协调结果;对不确定因素的有效应对则是指挥员的主观意愿与战争迷雾中各种偶然现象的外在作用效果[39]。以上几点辩证分析虽不涉及具体的防御技术和方法,但有助于从宏观的视角、以理性和客观的态度来看待鱼雷防御装备技术的设计、研发与运用。透过表象去认识和把握鱼雷防御行动的内在规律、深入理解不同矛盾之间的辩证关系,这对于推动水下自防御系统指控功能的完善乃至整个水下方面作战的理论发展都有重要意义。

第2章 来袭鱼雷弹道信息求解

前面提到,弹道信息求解是横亘在水面舰艇鱼雷防御决策面前的两座大山之一。对于弹道求解问题,文献[4]围绕4种基本类型鱼雷建立了一套较为实用的弹道预测理论及模型,本章将其称为似然弹道预测模型。这种弹道预测模型的逻辑清晰、背景明确,但也存在一定局限性,为了满足不同态势下鱼雷防御作战的需求,有必要进一步拓宽鱼雷弹道信息的求解渠道。众所周知,潜艇作战系统可通过累积时间－方位序列来被动求解目标运动要素,鉴于鱼雷防御态势的紧迫性以及信息获取的模糊性,业内普遍认为水面舰艇在求解来袭鱼雷运动要素时难以借鉴潜艇平台的解算模型,但这种观点只是基于精确求解目标运动要素为目的。事实上,水面舰艇从发现水下快速移动小目标、到因采取对抗行动而导致目标丢失的过程中,如果能够对所录入少量的时间－方位序列加以利用、进而推导出来袭鱼雷弹道散布的一定扇面范围,这对鱼雷防御的态势生成和决策制定而言仍然是具有重要价值的。基于此,本章首先归纳来袭鱼雷弹道信息的获取方法,再分别论述实际弹道预测法和似然弹道预测法的基本原理,最后探讨两种方法的综合运用规律。

2.1 弹道信息的获取途径

距离、航速和航向是描述来袭鱼雷运动特征的3个基本要素,通过这3个基本要素就可推断出鱼雷弹道的散布特征。一直以来,水面舰船主要是运用光学和声学两种手段(见图2.1)获取来袭鱼雷特征信息,进而确定鱼雷的位置分布和弹道散布。

1. 光学手段

早期鱼雷多为蒸汽瓦斯鱼雷,噪声大、航迹明显,而且潜艇常常在

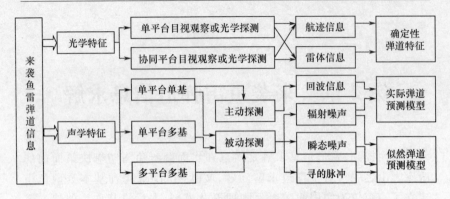

图 2.1 对来袭鱼雷弹道信息的获取途径

视距以内浮出水面或保持潜望状态发射鱼雷、发射完毕后迅速下潜。暴露的平台特征和明显的鱼雷航迹中(见图 2.2)蕴含了鱼雷距离、方位和航向等确定性信息,能够为水面舰船的鱼雷防御提供重要参考。

图 2.2 热动力鱼雷末端航迹

目前的新型鱼雷航行深度大、无痕性好,特别是电动力鱼雷几乎没有航迹,而且现代潜艇能够在水下实施远程隐蔽攻击,加之反舰鱼雷在自控航行段或自导搜索段通常采取有利于隐蔽和探测的较大深度航行,因此水面舰艇及其协同兵力很难再通过目视观察或利用普通光学器材对较远距离的鱼雷实现早期预警。但是,当反舰鱼雷接近目标到一定距离后或自导装置捕获目标后,则会上浮到较浅深度航行,在海况良好的情况下,水面舰艇及其协同兵力对近距鱼雷也具备光学发现的可能性,并可用于指引近程拦截器材的投放。

除了借助普通光学器材观察外,蓝绿激光技术正在成为当前水下探测的一种新手段。由于海水对 $0.47 \sim 0.58 \mu m$ 波段的蓝绿激光衰减较小,利用蓝绿激光探测水下目标的穿透力强、方向性好、探测精度高,目前在国外已经有成功应用。据报道,在 1991 年的海湾战争中,由美国 Kaman 公司研制的直升机载"魔灯"激光水雷探测系统就表现出色,目前美军正在列装的则是更加先进的 AN/AES – 1 型机载激光水雷探测系统[41-42]。随着相关技术不断取得进步,未来也有望会形成激光探测和定位来袭鱼雷的能力。

2. 声学手段

对来袭鱼雷声学特征的探测是现代水面舰艇获取鱼雷信息的主要途径。目前装备水面舰艇的专用鱼雷报警声纳主要有两类:一类直接安装于舰首壳体,或者与舰壳声纳合二为一,如法国海军水面舰艇 SATAR 舰首鱼雷报警声纳;另一类拖曳于舰尾,可能拥有独立的拖曳基阵,也可能与反潜拖曳声纳或拖曳线列阵声纳整合在一起,如法国海军水面舰艇 ALBATROS(信天翁)拖曳式短阵声纳。

鱼雷报警声纳大多是以被动方式工作,也有部分国家装备有主动式鱼雷探测声纳。被动式鱼雷报警声纳可通过三种信息获取途径实现报警[4,43]:第一种途径是探测鱼雷航行时的辐射噪声;第二种途径是探测声自导鱼雷发射的主动寻的脉冲;第三种途径是探测鱼雷发射准备和发射出管过程中的一些瞬态噪声。其中,探测鱼雷航行辐射噪声是最典型的被动信息获取途径。

1)单基被动声纳定位

利用单基声纳被动探测信息进行水下目标定位的方法主要有:匹配场处理(Matched Field Processing,MFP)、垂直波束形成、聚焦波束形成、目标运动分析(Target Motion Analysis,TMA)等。

MFP 技术是利用声源、信道和接收阵之间的匹配效果来估计水下目标的位置信息,但定位结果受海区环境和系统状态的影响明显,且对匹配模型的误差敏感性问题一直没有很好的解决途径。垂直波束形成是通过垂直线阵探测得到目标俯仰角,再结合线阵深度进一步解算出目标的距离信息,可应用于静止平台对水面目标的定位,而对水下目标则定位误差较大。聚焦波束形成是通过把距离信息引入到时延补偿中,再对目标声源信息进行扫描和距离比对,定位结果容易受到多途效应的干扰影响[44-45]。这些定位方法目前多处于理论探索或技术完善阶段,在鱼雷防御态势生成过程中的应用前景尚不明朗。

TMA 方法目前在被动目标定位与运动要素求解中有着成熟的工程运用基础。单基被动声纳能够提供相对可靠的目标方位信息,将所获时间 – 方位序列代入 TMA 模型求解可以得到目标距离、航向、航速等要素信息,但解算时间较长、约束条件较多,主要在潜艇平台指控系统中用于水下被动求解目标运动要素。鉴于水面舰艇鱼雷防御态势的紧迫性,利用较短时间内被动探测获取的目标方位序列、再引入部分估测数据进行综合解算,所得出的鱼雷弹道散布范围对防御决策而言也具有参考价值,这项技术是本章即将探讨的一个重点。

2)多基被动声纳定位

利用双/多基被动声纳的交叉定位、时差定位等方法可以直接获取目标的距离信息。应用到鱼雷防御场景中,主要就是依靠舰首声纳和舰尾拖曳式报警声纳实现交叉定位、或者利用多个平台之间的被动声纳系统实现交叉定位。

要实现单平台多基声纳对来袭鱼雷的被动交叉定位,当前技术条件下需要首先解决两个问题:一是同艘水面舰艇上装备的舰首声纳和拖曳声纳均具备鱼雷报警和跟踪能力;二是需要解决两套鱼雷探测系统的距离匹配、航迹关联等数据融合问题,以及时间同步、相位同步等信号处理问题[46]。此外,还要考虑到两个基阵较大间距带来的时延影响、不同测向误差影响、不同探测盲区影响以及本舰机动所造成的影响[47]。

相比单平台多基声纳交叉定位技术,实现多平台多基声纳交叉定位鱼雷不但面对更深的技术层面问题,还要面对一系列作战层面问题(1.2.3 节对此有分析)。

3)主动声纳定位

除了多基被动声纳交叉定位技术外,利用主动探测技术也能获得鱼雷距离信息,但由于鱼雷体积较小、反射强度很弱,主动探雷声纳的发现距离往往要比被动报警声纳近的多。受防御态势的紧迫性和水声探测的模糊性影响,水面舰艇在被动报警声纳确认鱼雷来袭后就要迅速生成防御策略并快速展开防御行动,一般不会等到鱼雷进入主动探雷声纳作用范围后才采取措施,因此目前世界上的主动探雷声纳都是作为一种辅助探测手段来使用。未来随着鱼雷在降噪技术方面取得更大突破,主动探雷也有望成为鱼雷报警的典型方式,但持续的主动脉冲是否会导致潜艇或鱼雷在更远距离上发现本舰并实施攻击? 这也是需要关注的问题。

在当前技术条件下,主动探雷声纳的一种典型应用场景是与被动报警声纳相互配合以提高对中远程鱼雷的估距精度。例如:当鱼雷较远时,主动探雷声纳没有发现目标、而被动报警声纳发现了目标,则可大概率排除鱼雷处于近程范围,再按照两种声纳标称值及战术水声模型进一步估测出鱼雷的距离区间,就可为中远距离的鱼雷防御态势生成提供较好支持,这要明显优于单纯依靠被动报警声纳的估测效果。只有当鱼雷继续接近到主动探雷声纳的作用范围后,方可直接获取相对准确的鱼雷距离信息,并进一步求解出鱼雷速度和航向信息,从而为近距离精确拦截提供支持,前提是主动探测效果未受本舰机动、尾流气泡或软硬对抗等因素的明显影响。

从国外典型装备看,主动探雷声纳作用距离一般为 3000m 左右[12]。对这一距离上的声制导鱼雷(包括声自导鱼雷和线导 + 声自导鱼雷),当水面舰艇依次完成了类型识别、弹道预测、转向规避以及软硬杀伤器材投放时,鱼雷可能已经捕获本舰并由直航搜索状态或线导导引状态转为了自导追踪状态。这种转变必然会影响一些对鱼雷弹道敏感器材(尤其是硬杀伤器材)的对抗效果,第 3 章中"ATT 拦截方式变更的临界雷舰距离"概念就是基于此类情形而提出的。

4) 弹道预测求解方法

声纳系统探测到的鱼雷信息只有转化为对来袭鱼雷弹道特征的定量描述后,才能更有效地服务于防御决策,这种转化过程目前只能借助于指控系统中的 TMA 模型和相关软件来实现。前面提到,在鱼雷来袭的紧迫态势下,被动声纳直接探测所获关键信息的种类少、精度差,难以支撑对目标运动要素的精确求解,因此引入估测数据以及利用其他途径所获信息进行综合解算是求解来袭鱼雷弹道信息的必要手段。当

前技术条件下,利用单基被动声纳探测信息求解来袭鱼雷弹道散布的 TMA 方法可分为以下两类:

① 实际弹道预测法是指利用相对少量估测参数以及声纳系统一段时间内持续提供的目标时间 – 方位序列求解来袭鱼雷弹道散布的数学方法。这种方法的战术运用条件比较苛刻,但能获得相对客观的输出结果。

② 似然弹道预测法是指利用相对较多估测参数以及声纳系统提供某一时刻的目标方位信息、逆向运用潜艇鱼雷射击原理来预测鱼雷弹道散布的数学方法。这种方法的战术运用条件比较灵活,但输出结果包含较多主观因素。

本章主要以单基被动报警声纳探测到的来袭鱼雷辐射噪声为例,分析实际弹道预测法和似然弹道预测法的建模原理并进行仿真比较。

2.2　实际弹道预测法

实际弹道预测法主要是借鉴了潜艇平台水下求解目标运动要素的基本原理并作具体分析而形成,其核心思想就是在估测目标距离、航速等参数的基础上,利用声纳系统持续提供的目标时间 – 方位信息求解来袭鱼雷直航段弹道的散布特征。下面首先以潜艇火控系统中的工程应用为例概括介绍目标运动要素的解算方法,再从中选择适合水面舰艇求解来袭鱼雷弹道散布的主要模型做详细探讨[48]。

2.2.1　潜艇解算目标运动要素方法概述

潜艇利用声纳探测信息求解目标运动要素时,首先要假定目标始终保持匀速直航状态。根据误差处理特点的不同,可以分为确定性算法和滤波算法两大类[49-50]。

确定性算法是指在不考虑声纳探测误差、导航设备误差等因素的情况下,利用几何原理构建能够描述对抗态势的数学模型并进行目标运动要素的求解。确定性算法有解的必要条件是需要输入不同时刻目标的 4 个不相关参数,具体的数学模型包括两方位两距离、两方位一距离一速度、两方位一距离一舷角(航向)、两方位一速度一航向模型,或三方位—距离、三方位—速度、三方位—舷角（航向）模型，或四方位（即纯方位）模型。

滤波算法的出现旨在降低声纳探测误差、导航设备误差对目标运动要素解算带来的不利影响，目前应用最广泛的就是最小二乘滤波和卡尔曼滤波。采用最小二乘滤波的典型算法包括方位平差、一距离方位平差、一速度方位平差、一舷角（或航向）方位平差和方位距离平差；采用卡尔曼滤波技术的算法包括扩展卡尔曼滤波、修正增益卡尔曼滤波、修正极坐标卡尔曼滤波等。

以上算法及模型在潜艇平台的火控系统中大多有成熟的应用基础，理论上也都可移植到水面舰艇对水下目标运动要素的求解方面。但在用于求解来袭鱼雷弹道散布时必须要考虑到鱼雷防御态势的特殊性，具体包括以下 5 个方面。

① 防御态势紧迫、信息获取量少。考虑到鱼雷攻击均为接近运动，从进入报警声纳探测范围到鱼雷自导装置捕获本舰的时间相对较短（捕获后将会改变直航状态）。而从报警声纳发现水下快速移动小目标并跟踪录入数据、到确认鱼雷报警后迅速采取对抗措施而导致目标丢失（或探测误差显著增大），其间可持续稳定录入目标信息的时间窗口更短、信息量更少。这会对三方位一要素法的中间时刻选取造成不利影响，也难以满足纯方位法要求探测平台至少实施一次机动航行的前提条件，从而将相当一部分算法及模型排除在外。

② 方位变化率小、解算速度慢。目标方位变化率是影响滤波算法收敛速度的一个重要因素，潜射直航鱼雷和自导鱼雷都是按照相遇三角形或相遇三边形求解射击提前角的，这导致所探鱼雷在直航行进过程中的方位变化并不明显。尤其直航鱼雷按照提前角攻击时的方位变化率在理论上为零，更不利于滤波解算收敛速度。本节在后面将以一距离方位平差法为例进行滤波解算对比分析，从中将能看出，即使估测的目标距离或航速较为准确情况下，要达到稳定收敛状态也往往需要较长时间，难以满足鱼雷防御的时限性要求。

③ 测向误差大、解算精度低。拖曳式报警声纳的测向误差较大，而且越偏离正横、则误差越大，最终在本舰首尾两端形成一定扇面的探测盲区。因此当运用拖曳式报警声纳提供目标的时间－方位序列进行

解算时,确定性算法的解算精度以及滤波算法的收敛速度都会受到很大影响。相比拖曳式报警声纳,舰首固定式报警声纳测向误差要小得多,但探测距离往往又近很多,这也是个难以调和的矛盾。

④ 部分参数估值受主观因素影响较大。目前的舰载报警声纳均无法对较远的鱼雷实现主动定位,对于确定性算法中需要输入的目标距离、舷角或航速等参数只能通过人工估测录入,估测误差受主观因素影响较大。分析这些参数的可获取性能够发现,来袭鱼雷的初距和航速这两个参数是能够在一定偏差范围内由人工估测给出的,这就为确定性算法中两方位一距离一速度法的运用创造了条件。

⑤ 弹道特征多变,算法适用条件苛刻。无论确定性算法还是滤波算法,解算目标运动要素时都需要假定目标保持匀速直航运动。而声自导或尾流自导鱼雷捕获目标后的自导追踪弹道、线导鱼雷的线导导引弹道都不属于匀速直航状态。因此确定性算法和滤波算法主要适用于直航鱼雷弹道、声自导鱼雷和尾流自导鱼雷的直航搜索弹道求解,对于自导追踪弹道和线导导引弹道则需要通过其他方式进行预测求解。

经过初步筛选,可剔除一些明显不适用鱼雷防御态势的算法及模型,下面首先探讨确定性算法中两方位一距离一速度法的建模原理,并以拖曳式报警声纳探测信息为依据、分析仿真结果对鱼雷真实弹道的遮盖情况,再与滤波算法中的一距离方位平差法和确定性算法中的三方位一距离法进行比较。

2.2.2 实际弹道预测解算原理

两方位一距离一速度法以导航设备提供的本舰航速 V_W、航向 H_W 作为已知条件,利用对目标航速 V_T 的估测值 V_{Te}、声纳系统在两个不同时刻提供的时间和方位信息(t_0、F_0、t_i、F_i)以及其中某一时刻目标距离(真值 D_0 或 D_i 的估测值 D_{0e} 或 D_{ie})构建数学模型,以此求解目标的运动要素。文献[49]以潜艇平台水下解算目标运动要素为例给出了两方位一距离一速度法的建模原理,本节将这一模型引入到对来袭鱼雷运动要素的解算中并作仿真分析。为了与下一节的似然弹道预测模型相比较,这里以潜艇从本舰右舷实施攻击为例分析模型的构建原理。

如图 2.3 所示,假设来袭鱼雷处于直航搜索状态,t_0 时刻水面舰艇位于 W_0 点,测得 T_0 点的鱼雷方位 F_0,t_i 时刻水面舰艇位于 W_i 点、测得 T_i 点的鱼雷方位 F_i。则 t_0 时刻的水面舰艇相对于来袭鱼雷的方位 F_0' 为

$$F_0' = \begin{cases} F_0 + \pi & 0 < F_0 \leqslant \pi \\ F_0 - \pi & \pi < F_0 \leqslant 2\pi \end{cases} \tag{2.1}$$

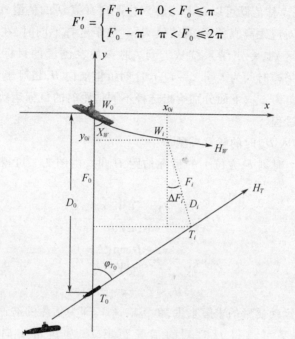

图 2.3 两方位一距离一速度模型推导示意

以 W_0 点为原点、以 F_0' 方位为 y 轴正向(即以 F_0 为 y 轴负向)建立如图 2.3 所示的直角解析坐标系。则当本舰位于 W_i 点时,从 t_0 到 t_i 时刻累积位移线在 x 轴和 y 轴上的投影 x_{0i}、y_{0i} 可由下式求得:

$$\begin{cases} x_{0i} = \sum_{i=1}^{n} V_{W_i} \sin(F_0 - H_{W_i}) \Delta t \\ y_{0i} = \sum_{i=1}^{n} V_{W_i} \cos(F_0 - H_{W_i}) \Delta t \end{cases} \tag{2.2}$$

式中:V_{W_i}、H_{W_i} 是导航系统输入本舰在 t_i 时刻的航速与航向,当本舰保持匀速直航且不考虑导航误差时为固定值 V_W、H_W;Δt 是导航系统在 t_0,

$t_1,\cdots,t_i$ 时刻的固定采样周期。对于图 2.3 描述的态势,有 $x_{0i}\geqslant 0$、$y_{0i}\leqslant 0$。

两方位一距离一速度法需要人工输入目标航速估值 V_{Te} 和一个距离估值,距离估值既可以是 F_0 方位对应距离真值 D_0 的估值 D_{0e},也可以是 F_i 方位对应距离真值 D_i 的估值 D_{ie}。估距选择不同时,在模型构建上也有所区别,令声纳系统从 t_0 到 t_i 时刻两次测量的目标方位差为 ΔF_i,累积采样时间为 $t_{0i}=t_i-t_0$,t_0 时刻鱼雷航向 H_T 相对于 F_0 方位的初始提前角为 φ_{T_0},下面分别给出选择不同估距时的目标运动要素解算模型推导过程。

1)输入 D_{0e} 时的解算模型

输入 t_0 时刻 F_0 方位上的目标估距 D_{0e} 时,由图 2.3 可得如下数学模型:

$$D_i=\frac{D_{0e}+y_{0i}-t_{0i}V_{Te}\cos\varphi_{T_0}}{\cos(\Delta F_i)} \tag{2.3}$$

$$\sin\varphi_{T_0}=\frac{x_{0i}+D_i\sin(\Delta F_i)}{t_{0i}V_{Te}} \tag{2.4}$$

$$H_T=F_0'+\varphi_{T_0} \tag{2.5}$$

对于运动要素的求解来讲,鱼雷航速 V_T 即为估测的航速 V_{Te},根据以上模型又可求得 t_i 时刻的雷舰距离 D_i 和鱼雷航向 H_T,因此式(2.3)~式(2.5)即为输入估距 D_{0e} 时的鱼雷运动要素解算模型(注意其中 $y_{0i}\leqslant 0$)。需要说明的是,若鱼雷航速 V_T 的估值 V_{Te} 大小选取不当则可能导致模型无解,将式(2.3)代入式(2.4)可推导出估值 V_{Te} 的约束条件,即

$$\sin(\varphi_{T_0}+\Delta F_i)=\frac{D_{0e}\sin(\Delta F_i)+y_{0i}\sin(\Delta F_i)+x_{0i}\cos(\Delta F_i)}{t_{0i}V_{Te}} \tag{2.6}$$

若式(2.3)~式(2.5)有解,则要求输入的目标航速 V_{Te} 必须满足

$$V_{Te}\geqslant\frac{D_{0e}\sin(\Delta F_i)+y_{0i}\sin(\Delta F_i)+x_{0i}\cos(\Delta F_i)}{t_{0i}} \tag{2.7}$$

另外,当按照式(2.6)计算目标初始提前角 φ_{T_0} 时,理论上存在两个根。令式(2.6)右端为 A,则两根 $\varphi_{T_{01}}$ 和 $\varphi_{T_{02}}$ 分别为

$$\begin{cases} \varphi_{T_{01}} = \arcsin A - \Delta F_i \\ \varphi_{T_{02}} = \pi - \arcsin A - \Delta F_i \end{cases} \tag{2.8}$$

在由式（2.8）两个根解算出的目标航向 H_T 中：一个为接近本舰方向，即 $|\varphi_{T_0}| < \pi/2$；另一个为远离本舰方向，即 $|\varphi_{T_0}| \geqslant \pi/2$。对于潜射鱼雷正常射击情形，显然应取接近本舰的初始提前角作为实际解。

2）输入 D_{ie} 时的解算模型

输入 t_i 时刻 F_i 方位上的目标估距 D_{ie} 时，由图 2.3 可得如下数学模型：

$$\sin\varphi_{T_0} = \frac{x_{0i} + D_{ie}\sin(\Delta F_i)}{t_{0i}V_{Te}} \tag{2.9}$$

$$D_0 = D_{ie}\cos(\Delta F_i) - y_{0i} + t_{0i}V_{Te}\cos\varphi_{T_0} \tag{2.10}$$

$$H_T = F_0' + \varphi_{T_0} \tag{2.11}$$

对于运动要素的求解来讲，鱼雷航速 V_T 即为估测的航速 V_{Te}，根据模型又可求得 t_0 时刻雷舰距离 D_0 和鱼雷航向 H_T，因此式（2.9）～式（2.11）即为输入估距 D_{ie} 时的鱼雷运动要素解算模型。同理，该组模型有解的充分条件是输入的目标航速 V_{Te} 必须满足下面条件：

$$V_{Te} \geqslant \frac{x_{0i} + D_{ie}\sin\Delta F_i}{t_{0i}} \tag{2.12}$$

当按照式（2.9）计算目标初始提前角 φ_{T_0} 时也存在两个根，令式（2.9）右端为 B，则两根分别为

$$\begin{cases} \varphi_{T_{01}} = \arcsin B \\ \varphi_{T_{02}} = \pi - \arcsin B \end{cases} \tag{2.13}$$

从式（2.13）中选取与本舰保持接近状态的初始提前角作为实际解，即确保 $|\varphi_{T_0}| < \pi/2$。

2.2.3　仿真分析

前面已经指出，水面舰艇从发现水下快速移动小目标并跟踪录入数据、到确认报警后立即采取对抗行动而导致目标丢失过程中，信息录入的时间紧迫、累积的 $t_i - F_i$ 序列少，难以实现对目标运动要素的精确求解。在这种情况下，可以利用两方位一距离一速度模型求解出鱼雷

弹道的散布扇面,也就是用散布扇面替代精确弹道来支撑鱼雷防御态势的生成。下面就基于这种思路来进行仿真分析。

以 t_0 时刻水面舰艇的位置点 W_0 为原点,以正北为 y 轴正向、正东为 x 轴正向建立二维直角坐标系(见图 2.4)并编译仿真程序。按照上述的两方位一距离一速度模型仿真求解目标运动要素时,需要将这一真北坐标系中的坐标 (x', y') 转换为图 2.3 中直角解析坐标系的坐标 (x, y),坐标转换关系式为

$$\begin{cases} x = x'\cos\theta + y'\sin\theta \\ y = y'\cos\theta - x'\sin\theta \end{cases} \quad \theta = \pi - F_0 \qquad (2.14)$$

令水面舰艇以航速 $V_W = 18\text{kn}$ 沿 x 轴正向保持匀速直航,忽略本舰导航误差影响。以拖曳式报警声纳提供的 $t_i - F_i$ 序列为基础,取声纳测向误差 $|\delta_F| \leqslant 3°$,利用输入 D_{0e} 时的两方位一距离一速度模型仿真求解目标运动要素,针对本舰右舷 X_W 为 $30°$、$60°$、$90°$、$120°$、$150°$这 5 个初始舷角上入射鱼雷的探测信息进行仿真。

令鱼雷按照提前角 φ 接近水面舰艇,鱼雷航速 $V_T = 45\text{kn}$,t_0 时刻的雷舰距离 $D_0 = 6000\text{m}$。水面舰艇对鱼雷估速 V_{Te} 与实际航速 V_T 相差 $|\varepsilon_V| \leqslant 5\text{kn}$,估距 D_{0e} 与实际初距 D_0 相差 $|\varepsilon_D| \leqslant 800\text{m}$。

根据仿真结果提取鱼雷解算航向 H_T 与实际航向的差值 ΔH,并按照 $|\Delta H| \leqslant 5°$、$|\Delta H| \leqslant 10°$、$|\Delta H| \leqslant 15°$、$|\Delta H| \leqslant 20°$的标准分别统计仿真程序经 l 次运行后的收敛率 K。为了降低误差影响,对声纳系统输入的 $t_i - F_i$ 序列按照最小二乘法滤波平滑之后再参与模型运算,对解算得到 $t_i - H_{T_i}$ 序列也按照最小二乘滤波平滑之后判断其收敛性。

1. 仿真说明

图 2.4 是水面舰艇对从本舰右舷 X_W 为 $30°$、$60°$、$90°$、$120°$、$150°$入射的鱼雷各实施了一次较长时间解算后,得到 20～40s、40～60s、60～80s、80～100s 时段内的航向散布收敛示意——须知图中描述的航线长度仅用于定性区分不同时段的航程变化以及航向变化,并非是指鱼雷航程的具体量度(下同)。从图中可以看出,利用两方位一距离一速度模型求解目标运动要素时,在一次攻击过程中得到的目标航线是围绕同一个初始点形成的航线簇,这个航线簇随解算时间的推移而向目标真实航向收敛。

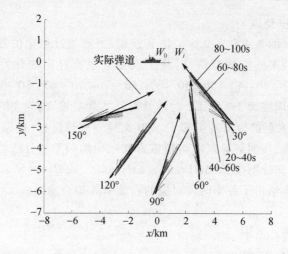

图 2.4　解算时间为 100s 内的航向预测分段收敛示意

　　图 2.5 是水面舰艇对从右舷 X_w 为 30°、60°、90°、120°、150° 入射的鱼雷各实施了 5 次较短时间解算时，得到 40 ～ 60s 时段内的航向散布示意。从图中可以看出，利用两方位一距离一速度模型求解目标运动要素时，受声纳测向误差和人工估距误差影响，每一次解算得到的初始点都是不同的。图中在每一个报警方位上围绕 5 个不同初始点形成了 5 组航线簇，每组航线簇随解算时间的推移都能向真实航向收敛。

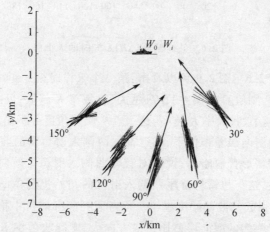

图 2.5　针对 40 ～ 60s 内的 5 次攻击航向预测收敛示意

2. 数据处理

根据对图 2.4 和图 2.5 的仿真原理,下面通过细化仿真时段和提高仿真次数来进行数据统计:将 1 次要素解算过程细分为 10～20s、20～30s、30～40s、40～50s、50～60s、60～70s、70～80s、80～90s 这 8 个时段,采样周期为 2s;在每个时段针对从本舰右舷 X_W 为 30°、60°、90°、120°、150° 入射的鱼雷各实施 $l = 400$ 次独立解算过程;根据 $|\Delta H|$ 的不同评估标准,按照解算航向与鱼雷真实航向的偏差统计收敛个数。图 2.6～图 2.9 分别按照 $|\Delta H| \leqslant 5°$、$|\Delta H| \leqslant 10°$、$|\Delta H| \leqslant 15°$、$|\Delta H| \leqslant 20°$ 这 4 个标准给出了各个时段对应的收敛率 K 拟合曲线。

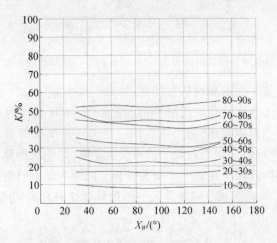

图 2.6　航向偏差 $|\Delta H| \leqslant 5°$ 时的 K 曲线

比较图 2.6～图 2.9 可以看出:第二个采样时刻 t_i 距离初始时刻 t_0 的间隔越短,则解算的偏差 $|\Delta H|$ 越大、收敛率 K 越低;反之,则解算的偏差 $|\Delta H|$ 越小、收敛率 K 越高,这一点从误差角度分析是很好理解的。在相同声纳测向误差条件下,靠近首尾两侧入射鱼雷的收敛率 K 比正横附近入射情形普遍略高,说明对首尾两侧入射鱼雷航向解算的精确度要好一些,这与鱼雷从首尾两侧入射时的初始提前角 φ_{T_0} 较小有关:φ_{T_0} 越小,则引起的波动幅度越小。但考虑到实际对抗中拖曳式报警声纳偏向首尾两侧的测向误差比正横方向大、实际收敛率 K 的解算结果也未必会高于正横方向,对此需要结合具体装备性能来分析,这里不做

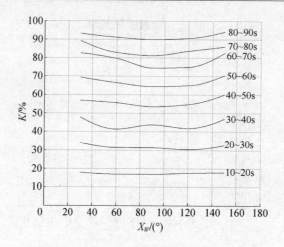

图 2.7　航向偏差 $|\Delta H| \leqslant 10°$ 时的 K 曲线

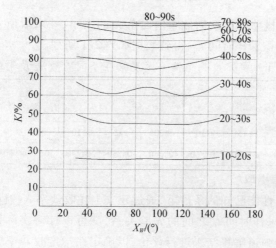

图 2.8　航向偏差 $|\Delta H| \leqslant 15°$ 时的 K 曲线

深入讨论。

　　根据以上数据,可利用相同条件(即相同的采样时间 t_{0i} 和报警舷角 X_{w})仿真得出的航向散布扇面角 $\lambda_{j} = 2|\Delta H|$ 判断来袭鱼雷的弹道散布。对确定性算法来讲,来袭鱼雷的航向散布扇面角 λ_{j} 应放在概率范围内讨论,这通过仿真结果统计是可以得出的。在图 2.6 ~ 图 2.9 中取每条拟合曲线的最低点为参考值,按照收敛率 K 大于 70% 、80% 、

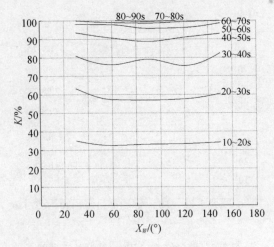

图 2.9 航向偏差 $|\Delta H| \leqslant 20°$ 时的 K 曲线

90% 的标准概略计算航向散布扇面角 λ_j 的大小，并求取所对应目标方位信息的累积采样时间 t_{0i}，得到数据如表 2.1 所列。

表 2.1 两方位一距离一速度法在不同收敛率 K 下的 λ_j

收敛率 K	≥70%			≥80%			≥90%		
$\|\Delta H\|$	≤20°	≤15°	≤10°	≤20°	≤15°	≤10°	≤20°	≤15°	≤10°
λ_j/t_{0i}	40°/30s	30°/40s	20°/60s	40°/40s	30°/50s	20°/70s	40°/50s	30°/60s	20°/80s

3. 规律提取

在装备性能已知的条件下，通过建立上述收敛率 K、航向散布扇面角 λ_j、累积采样时间 t_{0i} 之间的先验关系，就可以针对实际作战中两次采样数据的弹道解算结果进行评价，以确定在指定收敛率 K 下应该拦截的弹道散布扇面宽度 λ_j。下面结合图 2.6 ~ 图 2.9 的仿真结果以及表 2.1 的统计数据，归纳两方位一距离一速度法解算鱼雷弹道预测散布的一般规律：

① 航向偏差 $|\Delta H| \leqslant 20°$ 时对应的航向散布扇面角为 $\lambda_j = 40°$（见图 2.9），按照收敛率 K 大于 70%、80%、90% 的标准，此时对目标方位信息累积采样时间 t_{0i} 分别不得低于 30s、40s、50s 才能满足要求。否则，认为采样时间过短、输出结果发散。

② 航向偏差 $|\Delta H| \leqslant 15°$ 时对应的航向散布扇面角为 $\lambda_j = 30°$（见图 2.8），按照收敛率 K 大于 70% 、80% 、90% 的标准，此时对目标方位信息累积采样时间 t_{0i} 分别不得低于 40s、50s、60s 才能满足要求。否则，认为采样时间过短、输出结果发散。

③ 航向偏差 $|\Delta H| \leqslant 10°$ 时对应的航向散布扇面角为 $\lambda_j = 20°$（见图 2.7），按照收敛率 K 大于 70% 、80% 、90% 的标准，此时对目标方位信息累积采样时间 t_{0i} 分别不得低于 60s、70s、80s 才能满足要求。否则，认为采样时间过短、输出结果发散。

④ 在航向偏差 $|\Delta H| \leqslant 5°$ 范围内，采样 90s 之内的目标方位数据都不能满足收敛率 K 大于 70% 、80% 、90% 的标准（见图 2.6），也就是利用 90s 内采样信息所解算出的鱼雷航向散布扇面角 λ_j 不可能小于 10°（由 $\lambda_j = 2|\Delta H|$ 算得）。除非能进一步延长信息采样时间，但这无疑会挤压后续的防御决策制定与行动实施的宝贵时间，进而影响到整体的防御效能。

⑤ 当收敛率 K 的标准继续上调时，相同航向散布扇面角 λ_j 所对应的累积采样时间 t_{0i} 只有进一步延长才能满足要求；或者说，相同采样时间 t_{0i} 所对应的航向散布扇面角 λ_j 只有进一步增宽才能满足要求。

在实际运用中，可根据软硬杀伤器材对鱼雷定位精度要求的不同，有针对性地调整收敛率标准，并可结合具体装备性能对航向散布扇面角 λ_j 进行更细腻地划分及拟合，有助于提高态势生成的精确度。

2.2.4　模型比较及应用

参考前面的仿真想定与参数设置，下面来探讨其他算法模型与两方位一距离一速度法的对比，并给出两方位一距离一速度法的应用示例。

1. 与其他模型的仿真比较

从建模原理分析，滤波算法中的一距离方位平差法、确定性算法中的三方位一要素法也都具备求解鱼雷弹道散布的可能，下面就结合仿真情况进行对比分析。

1）一距离方位平差法

仿真想定同前，在声纳测向误差 $|\delta_F| \leqslant 3°$ 、输入初距 D_{0e} 无误差情

况下,针对从右舷 X_w 为 30°和 90°入射的鱼雷,图 2.10 和图 2.11 给出了水面舰艇利用一距离方位平差法(原理详见文献[49])解算的航向收敛过程。其中,图 2.10 是解算时间为 100s 的收敛示意,图 2.11 是解算时间为 10min 的收敛示意。

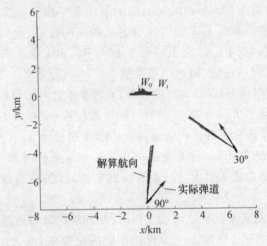

图 2.10 一距离方位平差法解算 100s 的航向收敛示意

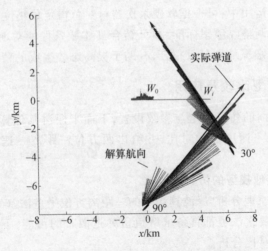

图 2.11 一距离方位平差法解算 10min 的航向收敛示意

分析仿真情况:图 2.10 经 100s 以内滤波解算的目标航向基本仍

停留在目标方位线附近、尚未进入稳定的收敛方向,这对解算要素的参考价值不大;图 2.11 经 10min 以上解算时间虽能满足一定精度的收敛要求,但明显不能适应鱼雷防御行动的紧迫态势。

2)三方位一距离法

仿真想定同前,在声纳测向误差 $|\delta_F| \leqslant 3°$、输入初距 D_{0e} 无误差情况下,针对从右舷 X_W 为 30° 和 90° 入射的鱼雷,图 2.12 和图 2.13 给出了水面舰艇利用三方位一距离法(原理详见文献[49])解算的航向收敛过程。其中,图 2.12 的 3 个方位采样时刻分别是 $t_0 = 0s$、$t_1 = 50s$、$t_2 = 100s$(t_2 递增至 15min 时解算结束),图 2.13 的 3 个方位采样时刻分别是 $t_0 = 0s$、$t_1 = 150s$、$t_2 = 300s$(t_2 递增至 15min 时解算结束)。

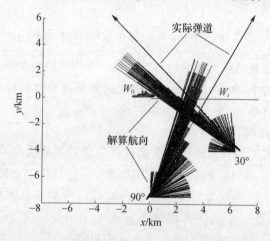

图 2.12　三方位一距离法解算 15min 的航向收敛示意($t_1 = 50s$)

分析仿真情况:当图 2.12 中水面舰艇利用累积至少 100s 的数据(其中第二个取样时刻为 $t_1 = 50s$)开始解算时,输出航向与实际航向偏离明显,而且解算初期的航向收敛性很差;当图 2.13 中水面舰艇利用累积至少 300s 的数据(其中第二个取样时刻为 $t_1 = 150s$)开始解算时,输出航向与实际航向比较接近,而且航向散布的收敛性较好,但是至少 300s 的解算时间显然不能适应鱼雷防御行动的紧迫态势。

可以看出,一距离方位平差法、三方位一距离法均不适用于被动解算来袭鱼雷的运动要素,进一步仿真可证实前述的其他滤波算法和确

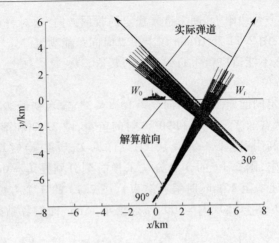

图 2.13   三方位—距离法解算 15min 的航向收敛示意($t_1 = 150$s)

定性算法也难取得令人满意的解算结果。在当前的各种解算水下目标运动要素算法中，两方位一距离一速度法相对而言能够较好地适应鱼雷防御态势需要，可作为首选解算方法。

2. 应用示例

当水面舰艇结合自身装备性能以及先验数据确定出不同时段内、不同收敛率 K 所对应的航向散布扇面角 λ_j，并据此建立数据库后，在实际对抗中就能以真实的累积采样时间 t_{0i} 内所获信息解算出的鱼雷航线为基准，进一步推导出相应收敛率 K 下的鱼雷实际弹道散布扇面，用以支持鱼雷防御的态势生成和决策制定。

1）具体步骤

实际弹道预测法的具体应用步骤就是：将发现水下快速移动小目标并跟踪录入信息、到当前仍能保持信息录入的时段作为累积采样时间 t_{0i}，进而解算出相应的鱼雷航线并作为基准；再以该基准航线为中心、以数据库中所对应时段和指定收敛率 K 下的航向散布扇面角 λ_j 为基础绘图，即得到在指定收敛率 K 下的鱼雷实际弹道散布扇面（见图 2.14）。

2）仿真分析

仿真想定同前，图 2.14 描述了鱼雷分别从右舷 X_w 为 30°、90°、

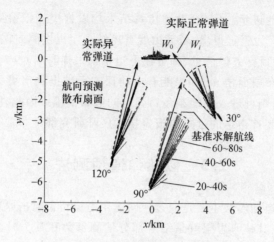

图 2.14　实际弹道预测法应用仿真示意

120°入射时求解实际弹道散布扇面的仿真示意。其中,鱼雷从 30°入射时为正常提前角攻击弹道,水面舰艇按照第 46s 解算出的鱼雷航线为中心绘出弹道散布扇面;鱼雷从 90°入射时也为正常提前角攻击弹道,水面舰艇按照第 72s 解算出的鱼雷航线为中心绘出弹道散布扇面;当鱼雷从 120°入射时为异常偏离弹道,水面舰艇按照第 72s 解算出的鱼雷航线为中心绘出弹道散布扇面。仿真中均按照收敛率 K 大于 80% 确定航向散布扇面角 λ_j,则由表 2.1 可知,信息累积 40 ~ 50s 时有 $\lambda_j = 40°$,信息累积 70 ~ 80s 时有 $\lambda_j = 20°$,图 2.14 即在此基础上标绘而成。

从图 2.14 可以看出,在给定条件下仿真所得鱼雷弹道散布扇面基本都能遮盖鱼雷的实际航向,而且还能反映出鱼雷实际弹道发生的异常偏离。当进一步与报警声纳测向误差区间、对来袭鱼雷估距误差区间相结合后,则能得到更加客观的鱼雷弹道散布扇面区域。

以上围绕来袭鱼雷实际弹道的预测原理及应用示例展开了分析,并证明了两方位一距离一速度法相对具有应用价值。不排除未来能够寻求到更可靠的解算方法或更有效的优化措施,但在原始数据存在众多不确定因素且态势异常紧迫的背景下,单纯依靠算法本身的改进也很难取得令人期待的成果,提高对鱼雷弹道散布解算精度的关键还是

在于技术上的进步。例如：上述仿真结果均以拖曳式报警声纳的测向误差 $|\delta_F| \le 3°$ 为想定得出，若能由舰首声纳稳定提供测向误差更小（如 $|\delta_F| \le 1°$）的目标方位信息，则可在更短累积采样时间 t_{0i} 内获得更高品质的航向散布扇面角 λ_j；如果能有主动探雷声纳提供出更为准确的目标距离信息，则可进一步缩小鱼雷弹道的散布范围。因此，围绕主动探雷声纳以及舰首声纳的远距离报警技术展开研究都是非常必要的。

2.3　似然弹道预测法

似然弹道预测法主要是通过逆向运用潜艇鱼雷射击原理来实现弹道散布预测，其核心思想就是结合部分估测参数和某个时刻的目标方位数据、并利用潜艇鱼雷射击三角形原理和线导导引规律推导来袭鱼雷的典型弹道特征，再结合估距误差以及测向误差等信息预测来袭鱼雷最具威胁的弹道散布范围。下面首先介绍似然弹道预测法的发展历程，并归纳 4 种确定类型鱼雷的弹道预测模型，再围绕确定类型鱼雷和组合类型鱼雷分别展开弹道预测仿真分析。

2.3.1　似然弹道预测法概述

在 2.2 节介绍的实际弹道预测法中，要求声纳系统能够在一段时间内稳定跟踪目标噪声并持续或间断提供时间 – 方位序列。但受防御态势的紧迫性、水声传播的模糊性以及对抗行动的干扰性影响，水面舰艇声纳系统往往只能相对准确地提供某一时刻的鱼雷方位数据或很短的时间 – 方位序列片断，也可能只是探测到潜艇实施鱼雷攻击前的主动声纳信号、鱼雷出管时的瞬态噪声特征、鱼雷主动寻的脉冲等非连续噪声的方位信息。如果将这种孤立数据代入到实际弹道预测模型中，则可能导致模型无解或因结果偏差过大而失去参考价值。似然弹道预测法的提出就是旨在提高对这类离散、孤立数据的利用效率，从而为态势生成以及决策制定提供必要的信息补充。

在鱼雷防御技术的发展历程中，并没有关于对"弹道预测"概念的明确阐述，但这种思想的形成至少可追溯到数十年前，或可能起源于第二次世界大战时期。当时为了对抗来自水下或水面平台的鱼雷攻击，通过分析潜艇、鱼雷艇或雷击舰(见图 2.15)等作战平台的占位攻击特点,运用射击三角形原理逆向推导来袭直航鱼雷的可能航向,从而建立起了针对抵近平台和来袭直航鱼雷的有利规避策略,并在之后的相当长时期内都将其作为水面舰船规避鱼雷的机动准则。

建国初从苏联引进了4艘雷击舰,后改装为导弹驱逐舰,至20世纪90年代初全部退役。

图 2.15　建国初从苏联引进的雷击舰

进入现代社会,随着新型制导鱼雷的大量列装,以防御直航鱼雷为背景的弹道预测方法和规避机动策略不再具备普适性,如何更有效地判断潜射声自导鱼雷、尾流自导鱼雷和线导鱼雷的弹道特征,成为摆在水面舰艇鱼雷防御面前的现实问题。对此,文献[4]中借鉴对潜射直航鱼雷弹道预测的分析思路,利用射击三角形原理以及线导导引原理分别探讨了潜射声自导鱼雷、尾流自导鱼雷和线导鱼雷的弹道预测模型,从而形成了一套实用性较强的似然弹道预测理论。

这里所谓的"似然弹道"可定义为是来袭鱼雷"最具威胁的可能弹道",相比前述至少需要 2 个以上时间 - 方位数据才能展开运算的确定性算法和滤波算法而言,似然弹道预测法只需要 1 个目标方位信息和几个估测参数即可进行解算,因此也可以理解为是确定性的"一方位目标运动要素算法"。但由于不同制导类型鱼雷具有不同的攻击原理和弹道特征,似然弹道预测法必须要与来袭鱼雷制导类型识别模型联合运用才能构成完整的信息处理逻辑。关于如何识别来袭鱼雷的制导类型问题,文献[4]中已做了系统阐述,从中可知在剥离了输出结果中的不确定信度后,则存在确定类型和组合类型的 15 种可能结果(见

图 1.21),因此水面舰艇对来袭鱼雷的似然弹道预测也可据此划分为确定类型和组合类型两类情形讨论。

2.3.2 确定类型鱼雷似然弹道预测

确定类型鱼雷弹道预测是组合类型鱼雷弹道预测的研究基础。下面介绍潜射直航鱼雷、声自导鱼雷、尾流自导鱼雷和线导鱼雷的似然弹道预测原理[51],这也是对文献[4]中零散论述相关内容的集中梳理。为了与实际弹道预测法的仿真结果作直观比较,在似然弹道预测仿真中也引入声纳测向误差区间的影响。

1. 直航鱼雷的似然弹道预测

根据潜射直航鱼雷射击原理可知,潜艇发射鱼雷前总是假定目标在做匀速直线运动,并且利用射击三角形原理解算出鱼雷与目标相遇的提前点(即图 2.16 中命中点 C),忽略潜艇对目标运动要素解算误差和鱼雷散布误差影响,则鱼雷航向始终是指向命中点 C。水面舰艇在推算来袭直航鱼雷航向时,也可以借助射击三角形的原理反推求取。

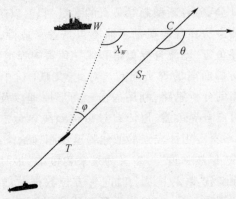

图 2.16　直航鱼雷航向预测求解示意

如图 2.16 所示,令水面舰艇以航速 V_W 匀速直航,某一时刻水面舰艇抵达 W 点时在 WT 方位发现鱼雷报警。令鱼雷航速 V_T、报警舷角 X_W,则水面舰艇只要能够推测出鱼雷射击提前角 φ,就能够结合报警舷角 X_W 得出具体攻击航向。

在图 2.16 中,观察由水面舰艇位置点 W、鱼雷位置点 T 和命中点

C 构成的 ΔWTC,存在下面关系式

$$\frac{\sin\varphi}{V_W} = \frac{\sin X_W}{V_T} \qquad (2.15)$$

整理得到鱼雷射击提前角 φ 的表达式为

$$\varphi = \arcsin\left(\frac{V_W \sin X_W}{V_T}\right) \qquad (2.16)$$

由式(2.16)可知,φ 的影响参数分别为 V_W、X_W、V_T,而与雷舰距离 D_T 无关。也就是说在速率比 $m = V_W/V_T$ 恒定的情况下,同一方位、不同距离的鱼雷航线都是平行线。

式(2.16)主要用于水面舰艇防御潜射直航鱼雷时的射击提前角预测,式中仅有 V_T 为未知变量,只要能够给出 V_T 的估测值,就能得到提前角 φ。对于水面舰艇而言,来袭鱼雷航速 V_T 可以根据战前对敌潜射鱼雷性能了解情况以及根据目标噪声特征进行估测,再结合对雷舰距离 D_T 的估测值就能预测出鱼雷来袭弹道。

2. 声自导鱼雷的似然弹道预测

不考虑潜艇采取二次转角的特殊射击方式,则针对潜射声自导鱼雷似然弹道的预测主要围绕其捕获目标前的直航搜索段弹道展开。如图 2.17 所示,令水面舰艇以航速 V_W 匀速直航,潜艇处于水面舰艇右舷并以有利提前角 φ 发射声自导鱼雷,此时鱼雷自导扇面的几何形心(或前端中点)A 将与水面舰艇构成相遇三角形[①],A 点对应的提前角为 φ_A。令鱼雷自导距离为 r,在捕获目标前以航速 V_T 沿着 TC 方向匀速直航。

观察图 2.17 可知,水面舰艇只要能够确定来袭鱼雷有利提前角 φ,就能够结合报警舷角 X_W 得出鱼雷的攻击航向,再结合对雷舰距离

[①]　关于声自导鱼雷有利射击提前角的定义存在多种解释(详见文献[52-53]),其值除了与目标散布、攻击舷角、目标声场、水文梯度等诸多因素有关外,最主要是受鱼雷自导扇面的直接影响。鱼雷自导扇面本身就是建立在概率意义上的一个估测区域,潜艇实施鱼雷攻击时并无法给出该区域边界的准确值,而往往是以设备的标称值近似替代并用于计算。因此有利提前角只是围绕诸多估测变量而对正常射击方式的一种修正,文献[53]中将其简化为以自导扇面形心($0.69r$)为基准求解相遇点的问题,本书也是借鉴这一定义并围绕 r 的估测值或修正值来做近似计算。

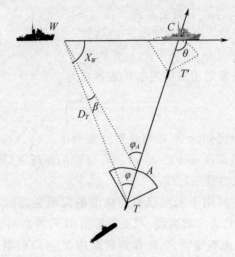

图 2.17 声自导鱼雷航向预测求解示意

D_T的估测值就能预测出鱼雷来袭弹道。

根据潜射声自导鱼雷的射击原理,分析 ΔWTC 和 ΔWAC 有

$$\begin{cases} \sin\varphi_A = \dfrac{V_W}{V_T}\sin(X_W - \beta) \\ \sin\varphi_A = \dfrac{D_T}{r}\sin\beta \end{cases} \qquad (2.17)$$

可以得到有利提前角 φ 的表达式为

$$\varphi = \arcsin\left(\frac{D_T\sin\beta}{r}\right) - \beta \qquad (2.18)$$

式中

$$\beta = \arctan\left(\frac{\sin X_W}{\dfrac{D_T V_T}{r V_W} + \cos X_W}\right)$$

根据式(2.18)可知,有利提前角 φ 的 5 个影响参数分别为 V_W、X_W、V_T、D_T、r,只要能够确定这 5 个变量就能得到鱼雷有利提前角 φ,进而求得鱼雷直航航向。这 5 个变量在可获取性方面具有如下特点:

V_W:实测值,即本舰航速 V_W 由导航设备提供,可视为已知变量。

X_W:实测值,鱼雷报警舷角 X_W 可由水面舰艇的鱼雷探测设备相对

准确地提供。

V_r:估测值,声自导鱼雷在不同攻击阶段往往采取不同航速,例如在自导搜索段可能采取低速航行,在自导追踪段可能采取高速航行。可根据战前对敌潜射鱼雷性能了解情况或者根据所探测到的鱼雷噪声特征进行估测。

D_r:估测值,依靠水面舰艇现有技术很难及时准确地提供雷舰距离信息,该值一般来自于对声纳报警距离的推测或由声纳听测人员根据经验给出,误差往往较大。

r:估测值,潜艇在发射声自导鱼雷前往往需要根据水声计算或经验数据估算鱼雷自导距离 r,从而确定有利发射提前角。水面舰艇在逆向运用时,也应结合海况、水文、本舰辐射噪声等因素综合估算出 r 的大小。确切地讲,这里的 r 并非是鱼雷实际的自导距离,而是对敌潜艇指挥员关于 r 的估算结果进行的逆向推测。

在这 5 个变量中,前 2 个变量 V_W、X_W 为实测值,均可相对准确地获取。后 3 个变量 V_r、D_r、r 均为估测值,可能与实际值偏离较大,是影响 φ 估算准确性的重要因素。

3. 尾流自导鱼雷的似然弹道预测

不考虑潜艇采取二次转角的特殊射击方式,则针对尾流自导鱼雷似然弹道的预测主要围绕其捕获尾流之前的直航搜索段弹道展开。如图 2.18 所示,令水面舰艇以航速 V_W 匀速直航,潜艇处于水面舰艇右舷并以提前角 φ 发射尾流自导鱼雷,期望瞄准点 C' 对应的尾流长度为 D_W,则鱼雷航向应指向 C' 的提前点 C,其余参数含义同前。

观察图 2.18 可知,水面舰艇只要能够测得鱼雷的提前角 φ,就能够结合报警舷角 X_W 得出鱼雷的攻击航向,再结合对雷舰距离 D_r 的估测值就能预测出鱼雷来袭弹道。

根据潜射尾流自导鱼雷的射击原理,分析 $\triangle WTC'$ 和 $\triangle WTC$ 的角度对应关系,可得到提前角 φ 的计算表达式如下:

$$\varphi = X_W - X'_W - \varphi' \tag{2.19}$$

式中:X'_W 为期望瞄准点 C' 对应的鱼雷舷角;φ' 为期望瞄准点 C' 与提前点 C 相对于鱼雷方位的开角。

须知在图 2.18 中,提前点 C 位于水面舰艇当前位置点 W 的后方。

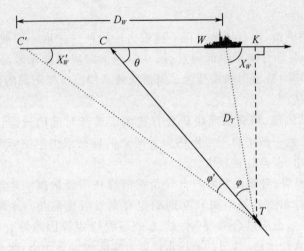

图 2.18　尾流自导鱼雷航向预测求解示意

当鱼雷报警距离比较远的情况下，提前点 C 也可能位于 W 点的前方，这与提前角 φ 存在如下对应关系

$$\varphi \begin{cases} >0 & C \text{ 点位于 } W \text{ 点后方} \\ =0 & C \text{ 点与 } W \text{ 点相重合} \\ <0 & C \text{ 点位于 } W \text{ 点前方} \end{cases}$$

在式（2.19）中，由于鱼雷报警时的舷角 X_W 为已知，因此只要求得 X_W' 和 φ' 两个变量就可得到鱼雷的提前角 φ，进而得到鱼雷航向。

从图 2.18 中的鱼雷位置点 T 向舰艇航线做垂线 TK 交于 K 点，则利用 $\Delta C'TK$ 的已知条件可求取 X_W' 的表达式为

$$X_W' = \arctan\left(\frac{|TK|}{|C'K|}\right)$$

$$= \arctan\left(\frac{D_T \sin X_W}{D_W + D_T \cos X_W}\right) \tag{2.20}$$

利用 $\Delta C'TC$ 中已知条件，可求取 φ' 的表达式为

$$\varphi' = \arcsin\left(\frac{|CC'| \cdot \sin X_W'}{|TC|}\right)$$

$$= \arcsin\left(\frac{V_W \sin X_W'}{V_T}\right) \tag{2.21}$$

将式（2.20）代入式（2.21），得到

$$\varphi' = \arcsin\left(\frac{V_W}{V_T}\sin\left(\arctan\left(\frac{D_T\sin X_W}{D_W + D_T\cos X_W} \right) \right) \right) \tag{2.22}$$

将式（2.20）和式（2.22）代入式（2.19）就可求得鱼雷提前角 φ，其中的 5 个自变量分别为 V_W、X_W、V_T、D_T、D_W。这 5 个变量在可获取性方面具有如下特点。

V_W：实测值，即本舰航速 V_W 由导航设备提供，可视为已知变量。

X_W：实测值，鱼雷报警舷角 X_W 可由水面舰艇的鱼雷探测设备相对准确地提供。

V_T：估测值，尾流自导鱼雷一般采取高速制攻击，可根据战前对敌潜射鱼雷性能了解情况或者根据所探测到的鱼雷噪声特征进行估测。

D_T：估测值，依靠水面舰艇现有技术很难及时准确地提供雷舰距离信息，该值一般来自于对声纳报警距离的推测或由声纳听测人员根据经验给出，误差往往较大。

D_W：估测值，尚无法准确获取。但由鱼雷攻击理论可知，潜艇在发射尾流自导鱼雷前，往往需要根据海况等级、目标类型以及航速等特征确定有效尾流的瞄点，从而求解有利发射提前角。水面舰艇在逆向运用时，也可按本舰有效尾流的中点确定 D_W 的最大期望值[①]。

在这 5 个变量中，前 2 个变量 V_W、X_W 为实测值，均可相对准确地获取。而后 3 个变量 V_T、D_T、D_W 均为估测值，可能与实际值偏差较大，是影响 φ 值估算准确性的重要因素。

4. 线导鱼雷的似然弹道预测

线导鱼雷采用的是"自控 + 线导 + 自导"的综合制导机制，当处于线导导引状态时，其航行姿态可由发射艇根据所测目标的方位线变化实时控制，鱼雷不断接收发射艇的遥控指令并改变航向，以确保时刻处在指定方位线上。这种方式导致线导鱼雷弹道无法满足"匀速直航"的预测前提，也就难以运用类似"发射后不管"鱼雷的似然弹道预测模

---

① 鱼雷尾流自导装置可检测到的有效尾流要比舰船整个尾流长度短得多，文献[49] 中 7.1 节指出：通常在一、二级海况条件下可按 $(200\sim300)V_W$(m/s) 估算有效尾流长度，在三级海况条件下可按 $180V_W$(m/s) 估算有效尾流长度，在四、五级海况条件下可按 $\leq120V_W$(m/s) 估算有效尾流长度。

型进行求解。尽管如此，水面舰艇仍可利用弹道模拟方法对线导鱼雷弹道进行预测，下面按照本舰始终保持原状态航行和本舰采取合理规避机动两种态势展开分析。

1）本舰始终保持原状态航行

根据文献[4]关于线导鱼雷各种导引方法综合运用的论述可知，现在方位法是潜艇平台引导线导鱼雷接近目标的最基本方法，其原理就是利用目标的当前方位或近似当前方位导引鱼雷实施攻击。水面舰艇在对线导鱼雷弹道进行仿真预测时，需要结合部分实测数据与估测数据来模拟敌潜艇的现在方位导引机制。现在方位法的导引模型较多，包括现在方位导引模型、现在方位形心导引模型、波束导引模型等[54]，水面舰艇运用不同模型模拟出的鱼雷弹道之间会有所偏差，但这种偏差相对于由距离估测偏差引起的弹道预测散布幅度而言是可以忽略的。

假设水面舰艇以航速 $V_W = 18\mathrm{kn}$ 向正东航行，报警声纳测向误差区间取 $-3° \sim 3°$、对来袭鱼雷的估距区间取 $6000 \sim 4400\mathrm{m}$；潜艇以航速 $V_Q = 4\mathrm{kn}$ 沿 $60°$ 方位行驶，分别在目标右舷 $30°$ 和 $90°$ 舷角上导引线导 + 声自导鱼雷实施攻击，初始射距均为 $14000\mathrm{m}$。令潜艇平台的导引声纳测向误差 $|\delta_Q| \le 1.5°$，导引间隔 $\Delta t = 10\mathrm{s}$；鱼雷航速 $V_T = 45\mathrm{kn}$，末制导采取尾追攻击，声自导距离 $r = 1300\mathrm{m}$。潜艇采取现在方位形心法导引鱼雷，导引模型为[55]

$$H_T = \beta_{QW_i} + \arcsin\left\{\left[r_{TQ}(\beta_{QW_i} - \beta_{QW_{i-1}})/\Delta t - V_Q\sin(H_Q - \beta_{QW_i}) - K_{Ty}r_{TQ}\sin(\beta_{TQ_i} - \beta_{QW_i})\right]/V_T\right\} \quad (2.23)$$

式中：H_T、H_Q 分别为鱼雷和潜艇的航向；r_{TQ} 为鱼雷到发射艇的距离；β_{TQ_i}、β_{QW_i} 分别为 t_i 时刻鱼雷及水面舰艇相对发射艇的方位；$K_{Ty} = 0.04\mathrm{s}^{-1}$ 为弹道品质的调整系数。

图 2.19 给出了水面舰艇始终保持原状态航行时预测现在方位导引弹道的仿真示意，可以看出，利用弹道模拟方法预测线导鱼雷的似然弹道具备一定可行性。但是，当水面舰艇鱼雷报警后始终保持原状态航行时，敌潜艇在导引鱼雷过程中可能会解算出本舰的运动要素，并转换为前置点法引导攻击。因此，水面舰艇也必须要考虑到敌潜艇采取前置点攻击时对鱼雷弹道预测造成的影响。

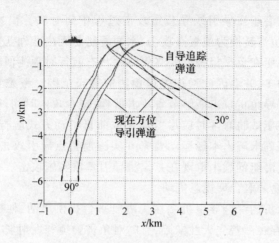

图 2.19　现在方位导引弹道预测仿真

　　图 2.20 描述了敌潜艇采取现在方位法导引以及在 $D_T = 6000\mathrm{m}$ 和 $D_T = 4000\mathrm{m}$ 时转换为前置点攻击的鱼雷弹道仿真示意,为了观察清晰,仿真中暂忽略了报警声纳测向误差以及对来袭鱼雷估距误差的影响。可以看出,当潜艇按现在方位导引过程中择机转换为前置点导引时,由正横附近方向入射鱼雷的转换后弹道与现在方位导引弹道的偏离比较明显,由首尾附近方向入射鱼雷的两种弹道则相对偏离不大,而且转换时机的早晚也会影响到弹道偏离效果。

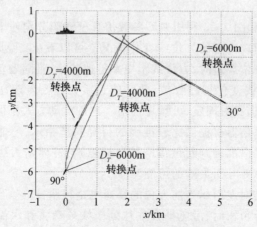

图 2.20　转换弹道预测仿真

关于敌潜艇在导引线导鱼雷攻击过程中何时解算出本舰运动要素、何时将鱼雷转换为前置点攻击,水面舰艇是无法准确获知的。这就导致水面舰艇在鱼雷报警后始终保持原状态航行时预测似然弹道的不确定因素增多,并会因此增加弹道预测的散布范围。考虑到潜艇采取前置点法引导鱼雷攻击能够节省攻击航程、减少攻击时间,因此水面舰艇在通过潜艇威胁海区时应尽可能采取曲折机动方式航行,这能降低被敌潜艇精确求解出本舰运动要素并实施前置点导引攻击的概率,但无法阻止敌潜艇继续采取现在方位法导引鱼雷实施攻击。

2)本舰采取合理规避机动

线导鱼雷的综合导引机制在为潜艇平台提供灵活、便捷攻击手段的同时,也存在一些先天性缺陷,有时对鱼雷弹道和发射艇方位的暴露程度要远大于"发射后不管"的直航鱼雷和自导鱼雷,这一规律对于水面舰艇实施鱼雷防御和对潜反击作战都是非常有价值的。

已知现在方位导引弹道主要由发射艇与目标之间的方位线变化来决定,如果水面舰艇利用这种关联特征采取原地旋回、停车或者将潜艇方位置于舰首、舰尾方向规避时,则导致方位线变化因素中由被攻击目标运动引起的分量会降至最低,起主导作用的将是由潜艇运动所造成的方位线变化。而潜艇导引线导鱼雷时通常保持较低航速,由此引起方位线间的距离变化率(距变率)也较小,鱼雷弹道的可预测性就会大幅增加。

图2.21和图2.22利用典型参数仿真了潜艇分别处于目标较大舷角和较小舷角攻击时的方位线变化情况。可以看出,当水面舰艇将鱼雷置于舰尾方位规避时,方位线距变率迅速减小,且随着鱼雷越接近水面舰艇,方位线变化越趋收敛,此时的鱼雷只能沿着舰尾方位导引攻击,其攻击弹道相对固定、可预见性强。这种机动方式不但能为水面舰艇投放软硬杀伤器材提供比较准确的目标弹道指示,还能使敌潜艇在导引过程中难以准确判断鱼雷所处目标舷别,进而增大线导鱼雷因穿越至本舰异舷并导引失败的可能。

线导鱼雷对发射艇当前方位的暴露也是很明显的。当采用现在方位法导引线导鱼雷时,潜艇平台往往处于线导鱼雷和水面舰艇方位连线的延长线附近。对于被攻击的水面舰艇而言,是否可认为鱼雷报警

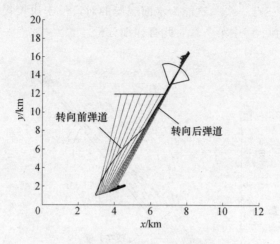

图 2.21 目标规避时大舷角导引弹道仿真

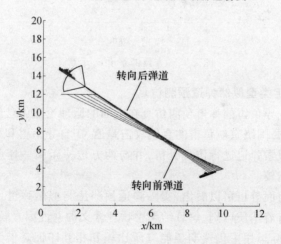

图 2.22 目标规避时小舷角导引弹道仿真

方位就是发射艇所在方位,这要取决于鱼雷和潜艇相对于水面舰艇方位偏差角大小,即图 2.23 中方位线 W_iT_i 和 W_iQ_i 之间的夹角 φ_i。若 φ_i 较小能够忽略,则可近似认为这三者处于同一条方位线上,若 φ_i 过大,则不能有此近似。文献[4,56]以现在方位形心导引法为例针对方位偏差角 φ_i 做了量化分析,证明水面舰艇在对来袭线导鱼雷实现报警后,可近似认为鱼雷方位也就是发射艇所在方位,即水面舰艇、潜艇、鱼雷近似于"三点一线",这能为水面舰艇的对潜反击决策提供重要的信息支持,文献[4]中第7章对此有详细分析。

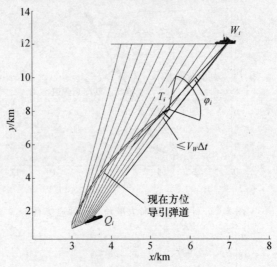

图 2.23   方位偏差角 φ_i 示意

5. 确定类型似然弹道预测仿真

鉴于线导鱼雷的弹道预测仿真在上面的原理论述中已经进行了说明,下面主要围绕直航鱼雷的直航攻击弹道、声自导鱼雷和尾流自导鱼雷的直航搜索弹道进行仿真分析,并与两方位—距离—速度法的仿真结果进行比较。

根据前面分析可以看出,实际弹道预测法与似然弹道预测法在建模原理上有着本质区别,解算结果中物理含义的共性因素较少、可比性差,但在实际运用中仍然期望能有所比较和相互印证。借鉴两方位—距离—速度法中航向散布扇面角 λ_i 的概念,这里也将似然弹道预测仿真中的航向散布扇面角 λ_y 作为一项评估标准。

1) 似然弹道预测仿真

以 t_0 时刻水面舰艇位置点 W_0 为原点,以正北为 y 轴正向、正东为 x 轴正向建立二维直角坐标系,并根据 3 种鱼雷的似然弹道预测模型编译仿真程序。令水面舰艇以航速 $V_W = 18\text{kn}$ 沿 x 轴正向匀速直航,忽略导航误差影响,潜射直航鱼雷按照正常提前角接近水面舰艇、声自导鱼雷和尾流自导鱼雷按照各自有利提前角接近水面舰艇。

令报警声纳测向误差区间为 $-3° \sim 3°$,对来袭鱼雷航速 V_r 的估测区间为 $40 \sim 50\text{kn}$、对雷舰距离 D_r 的估测区间为 $6000 \sim 4400\text{m}$,对鱼雷声自导距离 r 的估测区间取 $1300 \sim 2000\text{m}$,对尾流自导鱼雷瞄准点尾流长度 D_w 的估测区间取 $400 \sim 1200\text{m}$。分别以本舰右舷 $10°$、$30°$、$60°$、$90°$、$120°$、$150°$ 方向上探测的鱼雷方位信息为变量,连同各参数估测区间的边界值代入弹道预测模型进行仿真,得到如图 2.24 ~ 图 2.26 所示输出界面。

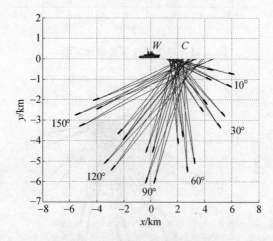

图 2.24　直航鱼雷弹道预测散布

其中,图 2.25 中给出了 $30°$、$90°$、$150°$ 三个方向上鱼雷声自导扇面的等比例概略标绘示意,为了避免界面过于杂乱,对 $10°$、$60°$、$120°$ 三个方向上鱼雷则未进行标绘。另外,图 2.26 中仿真了尾流自导鱼雷从 $10°$ 舷角入射的直航弹道,主要是为了与其他类型鱼雷弹道进行比较,但这并非是尾流自导鱼雷的有效攻击方式①。

观察图 2.24 ~ 图 2.26,受测向误差区间的 2 个边界值以及估距区

---

　　① 为了保证尾流自导鱼雷能可靠识别目标尾流,一般要求尾流进入角 θ 在 $30° \sim 150°$ 之间,因此当潜艇从较大或较小舷角展开攻击时通常采取带角(距离)的折线攻击方式,文献 [49,52,53] 中对此有详细论述。

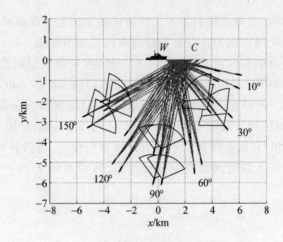

图 2.25　声自导鱼雷弹道预测散布

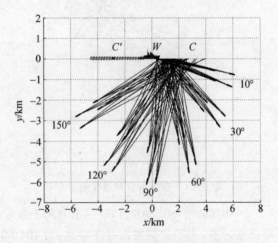

图 2.26　尾流自导鱼雷弹道预测散布

间的 2 个边界值影响,在每个报警方位上都形成了 4 个初始点,并以此为基础构成了 4 组航线簇。计算 4 组航线簇中最大航向与最小航向的偏差值就是所求的航向散布扇面角 λ_y,定量分析 3 种类型鱼雷航向散布扇面角 λ_y 随舷角 X_w 的变化,并作拟合曲线(见图 2.27)。

　　分析图 2.27 可以看出,在仿真给定的参数变化范围内,尾流自导鱼雷航向散布扇面角 λ_y 的拟合曲线处于最大位置、声自导鱼雷居中、直航鱼雷最小。另外,3 种鱼雷的 λ_y 均随报警舷角 X_W 呈一定规律性变化:当鱼雷从正横附近方向入射时 λ_y 最大,当鱼雷偏向舰首或舰尾两侧入射时 λ_y 趋小,但实际运用中必须要考虑拖曳式报警声纳在首尾两侧的测向误差会增大、甚至存在探测盲区的影响。

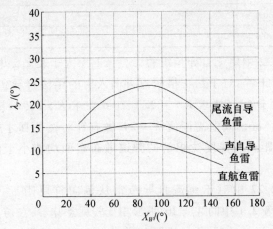

图 2.27　航向散布扇面角 λ_y 拟合曲线

2)λ_y 与 λ_j 的数值比较

表 2.2 中列出了 3 种确定类型鱼雷似然弹道预测的最大航向散布扇面角 λ_{ymax}、两方位一距离一速度法的部分航向散布扇面角 λ_j 及对应累积采样时间 t_{0i}。其中,λ_{ymax} 是按照图 2.27 中 3 种类型鱼雷 λ_y 拟合曲线的各自峰值给出,λ_j 是按照表 2.1 中 70%、80%、90% 收敛率下小于 λ_{ymax} 的对应值给出。

分析图 2.6 ~ 图 2.9、图 2.27,并比较表 2.1 和表 2.2 中数据,可以看出在仿真给定参数范围内存在以下规律:

① 表 2.2 中直航鱼雷和声自导鱼雷的 λ_{ymax} 分别为 13°、16°,均小于表 2.1 中的 $\lambda_j = 20°$ 情形。这就意味着:在仿真给定的参数范围内($t_{0i} < 80\mathrm{s}$),如果鱼雷实际弹道未发生明显异常变化,则按照似然弹道预测法求解的直航鱼雷和声自导鱼雷弹道散布扇面均小于两方位一距离一速度法。

表 2.2　确定类型鱼雷 λ_{ymax} 与 λ_j 的比较

制导类型		直航	声自导	尾流自导
λ_{ymax}		13°	16°	24°
λ_j / t_{0i}	70%	—	—	20°/60s
	80%	—	—	20°/70s
	90%	—	—	20°/80s

② 表 2.2 中尾流自导鱼雷的 $\lambda_{ymax} = 24°$，大于表 2.1 中 $\lambda_j = 20°$ 情形。这就意味着：对于从正横附近方向入射的尾流自导鱼雷，累积采样时间 t_{0i} 大于 60s（要求 $K > 70\%$）、70s（要求 $K > 80\%$）或 80s（要求 $K > 90\%$）时（准确阈值需围绕 $\lambda_j = 24°$ 做有针对性仿真才能得出），利用两方位一距离一速度法求解的弹道散布扇面均能小于似然弹道预测法。

③ 图 2.27 中对于尾流自导鱼雷从偏向首尾附近入射情形有 $\lambda_y < 20°$，与表 2.1 中的 $\lambda_j = 20°$ 情形相比较就意味着：在仿真给定参数范围内（$t_{0i} < 80s$），如果鱼雷实际弹道未发生明显异常变化，对于首尾附近方向入射的尾流自导鱼雷按似然弹道预测法求解的弹道散布扇面均小于两方位一距离一速度法。

2.3.3　组合类型鱼雷似然弹道预测

水面舰艇在鱼雷防御过程中，试图准确获知来袭鱼雷制导类型往往是主观期望的一种理想状态，对制导类型不完全已知或完全未知才是一种常态现象。因此，探讨针对组合类型鱼雷的弹道预测散布，并对相应 λ_y 进行拟合分析更具有实际意义。

1. 组合弹道预测基本原理

观察第 1 章中图 1.11 可知，除了直航 B_1、声自导 B_2、尾流自导 B_3 和线导 B_4 这 4 种基本类型鱼雷外，识别空间还包括 11 种组合类型鱼雷，即 $\{B_1B_2 \quad B_1B_3 \quad B_1B_4 \quad B_2B_3 \quad B_2B_4 \quad B_3B_4 \quad B_1B_2B_3 \quad B_1B_2B_4 \quad B_1B_3B_4 \quad B_2B_3B_4 \quad B_1B_2B_3B_4\}$。水面舰艇只有针对每种情形都能给出相应的似然弹道预测散布，方能在制导类型识别和防御决策制定之间构建出完整的联结纽带。

关于组合类型鱼雷的似然弹道预测散布,主要是由该组合中所包含确定类型鱼雷的弹道预测散布叠加而成。以 B_1B_2 组合为例,当水面舰艇判断来袭鱼雷不可能为尾流自导鱼雷 B_3 和线导鱼雷 B_4,但无法区分究竟属于直航鱼雷 B_1 还是声自导鱼雷 B_2 时,就要针对 B_1B_2 的组合情形判断来袭鱼雷的弹道散布,这种情况下就要将直航鱼雷 B_1 和声自导鱼雷 B_2 的似然弹道预测散布进行叠加,以此为基础实现态势生成和决策制定。

在讨论组合类型鱼雷的似然弹道预测散布时,包含有线导鱼雷 B_4 的弹道预测是比较特殊的。直航鱼雷 B_1、声自导鱼雷 B_2、尾流自导鱼雷 B_3 都属于"发射后不管"鱼雷,对其直航阶段的弹道预测基本不受本舰航行状态影响。线导鱼雷 B_4 的弹道特征则与本舰航行状态密切相关,当组合类型中包含有线导鱼雷 B_4 时,水面舰艇必须结合自身航行状态对其进行弹道预测,然后再与其他类型鱼雷的弹道预测散布进行叠加。

2. 组合弹道预测仿真说明

借鉴前述态势想定与参数设置,图 2.28 和图 2.29 给出了全选组合类型鱼雷 $B_1B_2B_3B_4$ 从不同舷角入射时的似然弹道预测散布仿真示意。其中:图 2.28 是按照水面舰艇始终保持原状态航行时仿真预测的线导鱼雷现在方位导引弹道;图 2.29 是按照水面舰艇立即背转后停车时仿真预测的线导鱼雷现在方位导引弹道,这种情况下的鱼雷弹道同水面舰艇转向将其置于舰尾方位航行时相似。为了便于观察,仿真中均忽略了报警声纳测向误差和对来袭鱼雷估距误差的影响。

观察图 2.28 和图 2.29 可以看出,在仿真给定参数下,组合类型鱼雷的似然弹道预测散布存在以下一些规律:

① $B_1B_2B_3B_4$ 的弹道预测散布大致按照直航鱼雷 B_1、声自导鱼雷 B_2、尾流自导鱼雷 B_3、线导鱼雷 B_4 的顺序由舰首向舰尾方向顺次叠加排列。当仿真参数在合理范围内变动时,不同类型鱼雷的重叠扇面部分也会发生变化,但其排列顺序基本是一致的。

② 观察比较不同类型鱼雷的弹道散布扇面范围,可知尾流自导鱼雷 B_3 的散布扇面最大、声自导鱼雷 B_2 次之、直航鱼雷 B_1 最小,线导鱼雷 B_4 则可确定为一条弹道曲线。当仿真参数在合理范围内变动时,不

同类型鱼雷的弹道散布扇面也会发生变化,但其大小顺序基本是一致的。

③ 当水面舰艇发现鱼雷后仍然保持原状态航行时,所预测的 B_4 现在方位导引弹道接近于尾流自导鱼雷 B_3 的弹道预测散布扇面左侧边界或者包含在其弹道散布扇面之中(见图 2.28),说明这种情况下 B_4 对 $B_1B_2B_3B_4$ 的组合弹道预测散布范围影响的贡献并不明显。

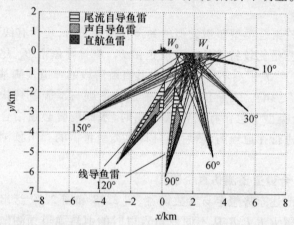

图 2.28　水面舰艇保持原状态航行时的似然弹道预测散布

④ 当水面舰艇发现鱼雷后立即背转停车(或将鱼雷置于舰尾方位航行)时,所预测的 B_4 现在方位导引弹道可能偏离其他类型鱼雷的弹道散布区域较远(见图 2.29),说明这种情况下 B_4 对 $B_1B_2B_3B_4$ 的组合弹道预测散布范围影响的贡献较大,必要时应单独提取并进行分析。

⑤ 考虑到敌艇以现在方位法导引线导鱼雷 B_4 过程中可能转换为前置点攻击,若本舰始终保持原状态航行,则应按照声自导鱼雷 B_2 的直航弹道来判断线导 + 声自导鱼雷的转换后弹道,以及按照尾流自导鱼雷 B_3 的直航弹道来判断线导 + 尾流自导鱼雷的转换后弹道。若本舰采取背转后停车或将鱼雷置于舰尾方位航行时,则可始终按照现在方位导引弹道进行判断。

3. 组合弹道预测仿真分析

当引入报警声纳测向误差、对来袭鱼雷估距误差的估测区间时,就会在每个探测方向上形成由 4 个端点构成的航线簇,每组航线簇上的

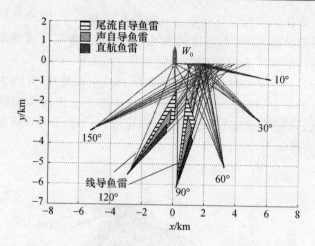

图 2.29 水面舰艇背转停车时的似然弹道预测散布

弹道预测均符合以上归纳的散布规律,并以 4 组航线簇为基础组合形成更大范围的似然弹道预测散布。

态势想定和参数设置同前,下面引入报警声纳测向误差区间、对来袭鱼雷估距区间进行仿真,图 2.30 ~ 图 2.40 依次给出了 11 种组合类型鱼雷 $\{B_1B_2\quad B_1B_3\quad B_1B_4\quad B_2B_3\quad B_2B_4\quad B_3B_4\quad B_1B_2B_3\quad B_1B_2B_4$ $B_1B_3B_4\quad B_2B_3B_4\quad B_1B_2B_3B_4\}$ 的似然弹道预测散布仿真示意。鉴于水

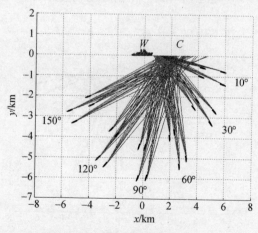

图 2.30 B_1B_2 似然弹道预测散布

面舰艇在确认鱼雷报警后通常会立即采取规避机动,因此对组合类型中包括线导鱼雷 B_4 情形,均按照本舰立即背转后停车或将鱼雷置于舰尾方位航行的方式来仿真。

由于是对不同类型鱼雷弹道预测仿真效果的叠加,并考虑到多种误差因素的综合影响,图 2.30 ~ 图 2.40 中的组合弹道预测散布显得比较杂乱,只宜进行宏观层面的观察和比较,对于细节规律还是要结合图 2.28 和图 2.29 进行体会。

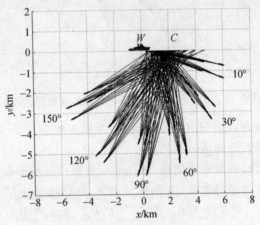

图 2.31　B_1B_3 似然弹道预测散布

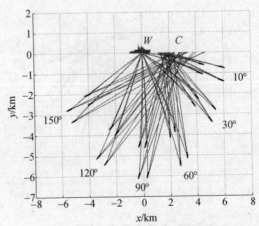

图 2.32　B_1B_4 似然弹道预测散布

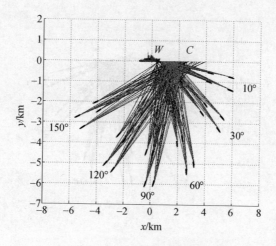

图 2.33　$B_2 B_3$ 似然弹道预测散布

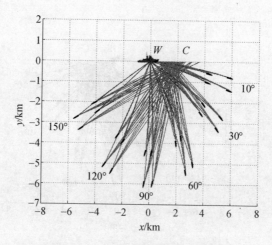

图 2.34　$B_2 B_4$ 似然弹道预测散布

在图 2.30～图 2.40 中,计算每个报警方向上 4 组航线簇中最大航向与最小航向的偏差,就得到了该方向上的鱼雷航向散布扇面角 λ_y。对各图中不同报警方向的航向散布扇面角 λ_y 进行插值拟合,只得到了图 2.41中的 6 条拟合曲线,这是因为有些组合类型的 λ_y 是相同的,例如在 $B_1 B_4$、$B_1 B_2 B_4$、$B_1 B_3 B_4$、$B_1 B_2 B_3 B_4$ 这 4 个组合中,声自导鱼雷 B_2、尾

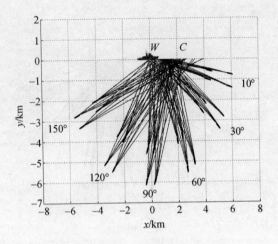

图 2.35 B_3B_4 似然弹道预测散布

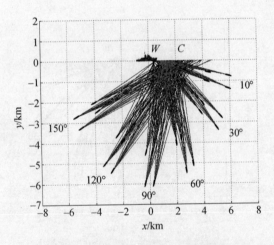

图 2.36 $B_1B_2B_3$ 似然弹道预测散布

流自导鱼雷 B_3 的似然弹道预测散布均位于直航鱼雷 B_1 和线导鱼雷 B_4 之间(见图 2.29),因此对应的 λ_y 也是由 B_1B_4 决定。同理,由于仿真中声自导鱼雷 B_2 的似然弹道预测散布基本上包含在尾流自导鱼雷 B_3 的左右边界之内,因此对于 B_3B_4、$B_2B_3B_4$ 情形以及 B_1B_3、$B_1B_2B_3$ 情形也存在曲线重合现象。但是,当仿真参数在合理范围内变动时,声自导鱼雷

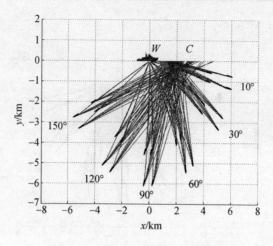

图 2.37　$B_1 B_2 B_4$ 似然弹道预测散布

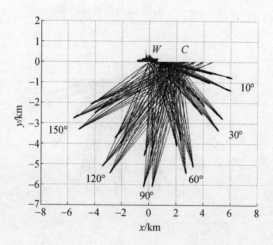

图 2.38　$B_1 B_3 B_4$ 似然弹道预测散布

B_2 的似然弹道预测散布可能会向舰首一侧偏移出 B_3 的右边界,这时图 2.41 中原本重合的曲线也会发生小幅度偏移或互相分离。

　　为了与图 2.41 中水面舰艇采取规避机动时得到的 λ_y 相比较,图 2.42 描述了水面舰艇保持原状态航行时 λ_y 的拟合曲线。根据前面分析已知,当水面舰艇保持原状态航行时,所预测的线导鱼雷 B_4 现在方位导引弹道接近于尾流自导鱼雷 B_3 的左边界或者包含在其弹道散

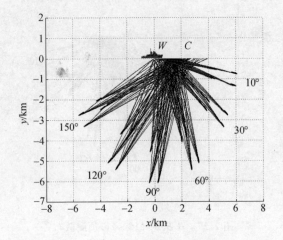

图 2.39 $B_2B_3B_4$ 似然弹道预测散布

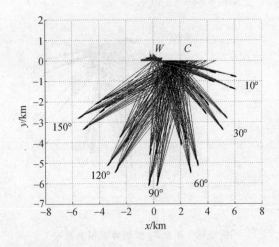

图 2.40 $B_1B_2B_3B_4$ 似然弹道预测散布

布之中;当敌艇在导引线导鱼雷 B_4 过程中转换为前置点攻击时,所形成的转换后弹道基本包含在尾流自导鱼雷 B_3 或声自导鱼雷 B_2 的弹道预测散布扇面中。因此在图 2.42 中,是以尾流自导鱼雷 B_3 的弹道预测散布替代线导鱼雷 B_4 导引弹道进行的拟合,所得 λ_y 的曲线数量更少。

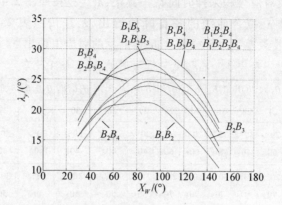

图 2.41　本舰采取规避机动时的 λ_y 拟合曲线

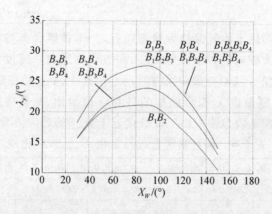

图 2.42　本舰保持原状态航行时的 λ_y 拟合曲线

分析图 2.41 和图 2.42 可以看出,当包含的鱼雷制导类型越多时, λ_y 一般会越大,且 λ_y 均随报警舷角 X_w 呈明显变化:当鱼雷从水面舰艇正横附近方向入射时 λ_y 最大,当鱼雷偏向舰首或舰尾两侧入射时 λ_y 趋小,但实际运用中必须要考虑到拖曳式报警声纳在首尾两侧的测向误差会增大甚至存在探测盲区的影响。

4. λ_y 和 λ_j 的仿真比较

表 2.3 列出了规避机动态势下 11 种组合类型鱼雷似然弹道预测的最大航向散布扇面角 λ_{ymax}、两方位一距离—速度法的部分航向散布

扇面角 λ_j 及对应累积采样时间 t_{0i}。其中，λ_{ymax} 是按照图 2.41 中不同组合类型鱼雷 λ_y 拟合曲线的各自峰值给出，λ_j 是按照表 2.1 中 70%、80%、90% 收敛率下小于或最接近于 λ_{ymax} 的对应值给出。

表 2.3　采取规避机动时的 λ_{ymax} 与 λ_j 比较

组合类型		B_1B_2	B_1B_3	B_1B_4	B_2B_3	B_2B_4	B_3B_4	$B_1B_2B_3$	$B_1B_2B_4$	$B_1B_3B_4$	$B_2B_3B_4$	$B_1B_2B_3B_4$
λ_{ymax}		21°	28°	30°	24°	25°	27°	28°	30°	30°	27°	30°
λ_j/t_{0i}	70%	20°/60s	30°/40s	30°/40s	20°/60s	20°/60s	30°/40s	30°/40s	30°/40s	30°/40s	30°/40s	30°/40s
	80%	20°/70s	30°/50s	30°/50s	20°/70s	20°/70s	30°/50s	30°/50s	30°/50s	30°/50s	30°/50s	30°/50s
	90%	20°/80s	30°/60s	30°/60s	20°/80s	20°/80s	30°/60s	30°/60s	30°/60s	30°/60s	30°/60s	30°/60s

表 2.4 列出了本舰保持原状态航行时 11 种组合类型鱼雷似然弹道预测的最大航向散布扇面角 λ_{ymax}、两方位—距离—速度法的部分航向散布扇面角 λ_j 及对应累积采样时间 t_{0i}。其中，λ_{ymax} 是按照图 2.42 中不同组合类型鱼雷 λ_y 拟合曲线的各自峰值给出，λ_j 是按照表 2.1 中 70%、80%、90% 收敛率下小于或最接近于 λ_{ymax} 的对应值给出。

表 2.4　保持原状态航行时的 λ_{ymax} 与 λ_j 比较

组合类型		B_1B_2	B_1B_3	B_1B_4	B_2B_3	B_2B_4	B_3B_4	$B_1B_2B_3$	$B_1B_2B_4$	$B_1B_3B_4$	$B_2B_3B_4$	$B_1B_2B_3B_4$
λ_{ymax}		21°	28°	28°	24°	24°	24°	28°	28°	28°	24°	28°
λ_j/t_{0i}	70%	20°/60s	30°/40s	30°/40s	20°/60s	20°/60s	20°/60s	30°/40s	30°/40s	30°/40s	20°/60s	30°/40s
	80%	20°/70s	30°/50s	30°/50s	20°/70s	20°/70s	20°/70s	30°/50s	30°/50s	30°/50s	20°/70s	30°/50s
	90%	20°/80s	30°/60s	30°/60s	20°/80s	20°/80s	20°/80s	30°/60s	30°/60s	30°/60s	20°/80s	30°/60s

分析图 2.6 ~ 图 2.9、图 2.41 和图 2.42，并比较表 2.1 ~ 表 2.4 中数据，可以看出在仿真给定参数范围存在以下规律：

① 表 2.3 中各 λ_y 拟合曲线的有些峰值 λ_{ymax} 略大于表 2.4 中对应数据，说明本舰的规避机动会引起鱼雷弹道预测散布扇面宽度有所增

加,通过观察可知,这主要是由线导鱼雷 B_4 的现在方位导引弹道所引起。如果不考虑 B_4 的现在方位导引弹道,则表 2.3 中的 λ_{ymax} 与表 2.4 中的对应值基本一致。

② 表 2.3 和表 2.4 中 λ_y 拟合曲线的峰值均有 $\lambda_{ymax} \geq 20°$,与表 2.1 中的 $\lambda_j = 20°$ 情形相比较就意味着:在仿真给定参数范围内,如果鱼雷实际弹道未发生明显异常变化,对于正横附近方向入射鱼雷,累积采样时间 t_{0i} 大于 60s(要求 $K > 70\%$)、70s(要求 $K > 80\%$)或 80s(要求 $K > 90\%$)时(准确阈值需围绕 $\lambda_j = \lambda_{ymax}$ 做有针对性仿真才能得出),两方位一距离一速度法占优,所求解的弹道散布扇面均能小于似然弹道预测法。

③ 表 2.3 和表 2.4 中 λ_y 拟合曲线的峰值均有 $\lambda_{ymax} \leq 30°$,与表 2.1 中的 $\lambda_j = 30°$ 情形相比较就意味着:在仿真给定参数范围内,如果来袭鱼雷实际弹道未发生明显异常变化,对于累积采样时间 t_{0i} 为 40s(要求 $K > 70\%$)、50s(要求 $K > 80\%$)或 60s(要求 $K > 90\%$)以内的目标方位信息,似然弹道预测法占优,所求解的弹道散布扇面均不会大于两方位一距离一速度法。

④ 图 2.41 和图 2.42 中对于偏向首尾方向入射鱼雷有 $\lambda_y < 20°$,与表 2.1 中的 $\lambda_j = 20°$ 情形相比较就意味着:在仿真给定参数范围内($t_{0i} < 80s$),如果鱼雷实际弹道未发生明显异常变化,对于首尾附近方向入射鱼雷按似然弹道预测法求解的弹道散布扇面均小于两方位一距离一速度法,即似然弹道预测法占优。

2.4　综合比较与运用

根据以上分析可知,实际弹道预测法和似然弹道预测法在具体运用中都有各自的优势和局限。下面结合仿真情况对两种方法加以比较,并归纳综合运用中的一般规律[57]。

图 2.43 和图 2.44 利用前述典型参数进行了仿真,围绕两种方法对比了鱼雷分别从右舷 30° 和 120° 两个方向入射的弹道散布,为了便于观察,忽略了报警声纳测向误差、对来袭鱼雷估距误差的影响。其中,图 2.43 为鱼雷始终保持正常提前角航行的情形,图 2.44 为鱼雷提

前角出现异常偏离的情形。在运用实际弹道预测法时,均按两方位一距离一速度法求解弹道散布扇面,重点给出 30～40s、80～90s 两段采样时间内各运行 50 次得到的全部航线;在运用似然弹道预测法时,均按 B_1B_3 组合类型求解弹道散布扇面。

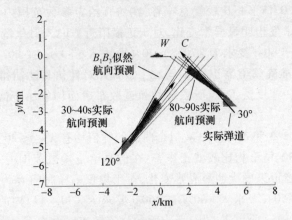

图 2.43 对正常弹道航向解算的仿真比较

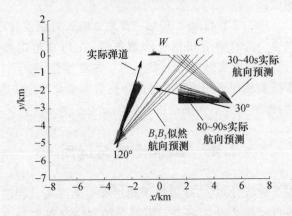

图 2.44 对异常弹道航向解算的仿真比较

1. 似然弹道预测法

似然弹道预测法强调对规律的主观把握,是利用战术规则、专家经验和先验数据推导来袭鱼雷对本舰构成威胁最大且最具可能性的弹道散布范围,解算结果具备置信度属性。利用似然弹道预测法求解来袭鱼雷弹道散布具有以下特点：

① 解算速度快、无需对探测信息进行长时间的累积，可结合探测信息和部分估测信息瞬时求解来袭鱼雷的弹道散布范围。

② 应用范围广，既能用于对直航鱼雷弹道以及自导鱼雷直航搜索弹道的预测求解，也可采取仿真手段预测出线导鱼雷的线导导引弹道以及自导鱼雷的自导追踪弹道。

③ 对所获目标的时间 – 方位序列利用不够充分，存在一定程度的信息浪费。解算过程中引入了较多主观因素，难以使用明确的概率标准来定量评估解算结果对鱼雷实际弹道的遮盖程度。

④ 解算结果一次生成，不具备对参数误差的自我修正能力，不能正确反映一些偶然因素导致鱼雷实际弹道发生异常偏离的现象，例如敌潜艇实施鱼雷攻击前解算本舰运动要素存在较大误差，或敌潜艇实施应急攻击而导致来袭鱼雷航向偏离较大，或来袭鱼雷因发生故障以及受海流影响而明显偏离预定航向等，这些因素将导致似然弹道预测法的解算结果与鱼雷实际弹道呈现较大偏差（见图 2.44）。

2. 实际弹道预测法

实际弹道预测法强调信息处理的客观性和充分性，是利用探测设备持续提供的目标时间 – 方位序列求解来袭鱼雷实际弹道的散布范围，解算结果具备先验概率属性。利用两方位一距离一速度法求解来袭鱼雷弹道散布具有以下特点：

① 对目标探测信息的累积采样时间 t_{0i} 长度依赖性大：采样时间较短的弹道散布收敛性差；延长信息采样时间 t_{0i} 虽可增加收敛效果，却会挤压后续防御决策制定与实施的宝贵时间。

② 应用范围窄，只能用于对直航弹道以及直航搜索弹道的预测求解，不适用于预测线导导引弹道以及自导追踪弹道。若在实际运用时因为识别鱼雷制导类型、判断鱼雷所处弹道阶段出现失误，进而针对所收集到的线导导引弹道或自导追踪弹道的时间 – 方位序列进行了实际弹道预测解算，则解算结果可能会严重失真。

③ 对探测信息的利用比较充分，解算过程中包含的主观因素相对较少，可以结合收敛率 K 标准来定量评估解算结果对鱼雷实际弹道的遮盖程度。

④ 解算结果连续输出,对参数误差具备自我修正能力,可在一定程度上反映出鱼雷实际弹道发生的异常偏离。探测信息的累积时间较短时,解算结果中包括大量的无威胁弹道,例如图 2.43 中 30~40s 的解算弹道有些过于偏向舰尾一侧,甚至出现远离本舰航行、反舷别航行等弹道,这种弹道对本舰当前航行状态并不构成威胁。如果经过较长时间积累发现确实向这种无威胁弹道方向收敛(见图 2.44 中 80~90s 的解算航向),则说明鱼雷可能受多种因素影响严重偏离了提前角弹道,这种情况下有没有必要对鱼雷实施拦截、应采取何种方式实施拦截,就需要结合具体态势讨论。

3. 综合运用规律

通过以上分析可以看出,似然弹道预测法和实际弹道预测法具有很强的互补性,这种互补性根植于两者建模原理的不同。若运用两种方法综合求解来袭鱼雷弹道散布,既能通过互相印证以增强预测结果的可信度,又能兼顾解算过程的时效性、精确度要求。关于综合运用步骤及规律可概括如下:

1) 步骤一

鉴于实际弹道预测法主要针对鱼雷的直航弹道进行预测,不适用于线导导引弹道,似然弹道预测法对线导导引弹道的预测方式也与其他类型鱼雷不同,因此在开展弹道预测前应首先结合鱼雷制导类型识别结果进行初步分析。

① 若确认来袭鱼雷为线导鱼雷,则采用似然弹道预测法进行仿真预测;

② 若确认来袭鱼雷非线导鱼雷,则转入步骤二开展综合预测;

③ 若确认是包含线导鱼雷的组合类型时,则对其中的线导鱼雷单独采用似然弹道预测法进行仿真预测,而对其中的非线导鱼雷转入步骤二开展综合预测。

2) 步骤二

当信息累积采样时间 t_{0i} 较短时,运用实际弹道预测法解算的结果发散性大(如图 2.43、图 2.44 中 30~40s 内解算弹道),而似然弹道预测法解算的结果发散性小且往往包含在前者的散布扇面内。这种情况下有必要运用似然弹道预测法快速求解出对本舰构成威胁最大的鱼雷弹道散布范围,以支持态势生成和决策制定的紧迫性要求。

3）步骤三

当信息累积采样时间 t_{0i} 较长时,运用实际弹道预测法的解算结果趋于收敛(如图 2.43、图 2.44 中 80~90s 内解算弹道),解算的弹道可能包含在似然弹道预测法的散布扇面内,也可能出现部分相交或者完全不相交的现象。这种情况下应该将实际弹道预测法解算的散布扇面或两种方法解算扇面的重叠部分作为重点关注区域,以支持态势生成和决策制定。

4）步骤四

信息采样时间 t_{0i} 的阈值 T' 需要根据装备性能、战场态势(如报警舷角 X_W、类型识别)和仿真实验情况而定。若实际采样时间 $t_{0i} < T'(X_W)$,则采用似然弹道预测法的解算结果;若实际采样时间 $t_{0i} \geq T'(X_W)$,则采用实际弹道预测法的解算结果或参考 2 种方法解算结果的重叠部分。

5）步骤五

如果经过一段时间信息积累,发现两种方法的解算结果完全不相交(见图 2.44 中 80~90s 情形),则实际弹道预测法的解算结果最能代表真实弹道散布,同时也就意味着来袭鱼雷弹道明显偏离了对本舰构成最大威胁的弹道散布——似然弹道预测散布。这种情况下有没有必要对鱼雷实施拦截、应采取哪种方式对鱼雷实施拦截,均需结合具体态势而定。

本章论述了实际弹道预测法和似然弹道预测法的基本原理,并归纳了运用 2 种方法求解来袭鱼雷弹道散布的综合运用规律。尽管 2 种方法的综合运用能够在一定程度上提高弹道预测散布的可信度,但实际对抗中仍未必能够满足部分防御器材精确拦截鱼雷的定位需求。如何进一步降低弹道解算中的不确定因素影响,这始终是鱼雷防御研究的一个难点,后续可从 3 个方面着手对此展开继续探索。

① 从装备研发角度入手,进一步提高对来袭鱼雷的测向精度以及交叉定位、主动定位能力。

② 从指控算法设计方面着手,加强对来袭鱼雷弹道信息的被动探测求解、主动探测求解和主被动联合探测求解算法研究。

③ 开展可弱化甚至不依赖于来袭鱼雷弹道信息的防御策略研究以及新型防御器材研制。

总之,弹道信息求解作为横亘在鱼雷防御决策面前的两座大山之一,只有从探测器材的研发、解算算法的改进、防御策略的优化以及对抗器材的设计等方向同时入手寻求破解之道,才有望将其对鱼雷防御行动的瓶颈影响降至最小。

第3章 反鱼雷鱼雷拦截技术

不同类型防御器材的作战运用往往都会受到自身特性的约束。声诱饵和噪声干扰器等软杀伤器材只能对抗声自导鱼雷或线导鱼雷,无法对抗直航鱼雷或尾流自导鱼雷;传统的深弹类硬杀伤器材虽然具有通用对抗性,但装药量少、对目标定位精度要求高且不能实施机动制导拦截,例如普通火箭深弹的拦截效果依赖于对鱼雷"点定位"能力、悬浮深弹的拦截效果依赖于对鱼雷"线定位"能力。反鱼雷鱼雷(ATT)的问世则在一定程度上弥补了传统防御器材存在的不足,由于具备较强的水下探测能力以及机动摧毁能力,ATT已成为当前鱼雷防御技术中的研究重点,并被各海上强国寄予了厚望。本章首先归纳ATT的发展概况以及拦截效能的影响因素,再以第2章中4种确定类型鱼雷的似然弹道预测结果为基础,分析ATT的拦截原理与运用模型,最后对硬杀伤器材拦截鱼雷运用中的几个关键问题予以定性探讨。

3.1 ATT技术发展概况

ATT技术近年来发展非常迅速,主要海军国家从自身需求与技术现状出发选择了不同的研发路径:有的国家尝试将现有的反潜鱼雷改装为ATT,有的国家则开展全新ATT的研制。从国外公开资料来看,目前世界上在研或已经装备的几种典型ATT主要有美国"水下幽灵"鱼雷、德国"海蜘蛛(Sea – Spider)"鱼雷、俄罗斯"Paket – E/NK"鱼雷等。这些ATT根据动力装置不同可以分为传统螺旋桨推进和火箭发动机推进2种类型,根据搭载平台不同又可以分为舰载、潜射或通用3种类型。

美国是首先提出反鱼雷鱼雷研发思想并最早展开ATT研制的国

家。从 20 世纪 80 年代早期开始,美国海军就尝试把经过现代化改装的 MK46 反潜鱼雷改进为拦截鱼雷武器,这项研究一直持续到 1995年,因耗资巨大且多次在试验中失败而被迫停止,剩下的经费被用于全面恢复以前的一个演示样雷研究。此后,美国海军研究办公室向宾夕法尼亚州州立大学和马里兰州海军军械实验室注入资金,以支持他们在技术演示阶段的研发工作,其中宾夕法尼亚大学应用研究室承担了一些关键子系统的研制,如 ATT 的声纳、制导和推进装置等[58]。2013 年5 月,美国海军"布什"号航母首次对新型水面舰艇鱼雷防御系统进行了测试(见图 3.1),该系统包括鱼雷报警系统(Torpedo Warning System,TWS)和反鱼雷对抗系统(Countermeasure Anti - torpedo,CAT)两部分,号称为"水下幽灵"的 ATT 是该系统的核心组件,其直径 171mm、长 2.4m、质量不超 136kg、航速超过 60kn,封装在密闭发射筒内。测试中发射 ATT 摧毁了 7 枚鱼雷状的水下目标,试验取得一定成功,并计划在 2035 年前装备到所有航母以及其他重要舰船中[59-60]。然而,五角大楼测试和评估部门在 2019 年发布的一份年报中指出[61]:由于尚未达到实际环境下的作战要求,在已投入了 7.6 亿美元的研发资金后,海军于 2018 年 9 月暂停了该项目,并计划从已经列装的 5 艘航母上移除原型系统。未来美军能否会提出更为成熟的 ATT 研发项目或既有成果能否会得到进一步改进和推广,尚有待继续观察。

图 3.1 "布什"号航母发射 ATT 试验

德国在研的"海蜘蛛"鱼雷是世界上第一种潜射、舰载通用型ATT,采用火箭发动机推进、主/被动声自导探测(见图 3.2),直径210mm、长度 1.94m、质量 107kg、航速不超 50kn。根据 ATLAS 电子公司网站的报道,德国早在 20 世纪末就通过长期的理论研究认识到:只有"硬杀伤"系统才能为舰船提供足够的防御鱼雷能力,而在所有硬杀伤方案中,研发具有自导功能的 ATT 才是应对所有类型鱼雷威胁的正确选择。之后,该公司开始稳步推进"海蜘蛛"鱼雷的研制工作:2008年完成了火箭系统与自导系统的技术整合;2012 年在波罗的海浅水环境中对原型样机进行了测试,证实其技术成熟度已达 6 级;2015 年为满足由德国和荷兰两国联合推进的"鱼雷防御研究计划"需求,开展了第 3 代原型样机的研制和生产工作;2016 年,ATLAS 电子公司与加拿大的 Magellan 宇航公司签署谅解备忘录,披露合作研发"海蜘蛛"鱼雷的水下火箭发动机与战斗部;2018 年,在波罗的海沿岸针对 MK37 鱼雷和 DM2A3 型鱼雷进行了拦截测试[62-66]。

图 3.2　德国"海蜘蛛"鱼雷

俄罗斯历来是鱼雷武器的制造强国,对 ATT 的发展也十分重视,由俄罗斯列吉奥公司研制成功一种名为"Paket - E/NK"的反鱼雷系统(见图 3.3)。该系统由控制系统、专用目标定位声纳和 ATT 发射装置构成,既可以独立操作也可以集成到全舰作战系统中。其中 ATT 采用主/被动声自导,直径 324mm、长度 3.2m、质量 380kg、航速大于 50kn,航程大于 1400m。ATT 的储运方式与美国"水下幽灵"一样,整体安装在密封发射箱内。该系统既可用于拦截鱼雷,也可用于反潜攻击[62,67-69]。

图 3.3　俄罗斯"Paket - E/NK"鱼雷发射试验

法国和意大利也曾联合提出在 MU90 轻型反潜鱼雷(见图 3.4)基础上研发 ATT(即 MU90HK)的方案,并前期做了初步的仿真论证工作。据早前报道,该方案由于声学兼容问题没有得到彻底解决,而且其技术性能也没有得到优化,因此未通过评估认可[70-71],后续相关报道较少。

图 3.4　MU90 轻型反潜鱼雷

分析世界各国研制情况可知,ATT 普遍采取短航程、小型化设计,一般与主动探雷定位声纳配套使用。作为一种先进的智能化防御鱼雷武器,尽管 ATT 研发周期长、技术难度大、研发成本高,但很多国家都对其应用前景寄予了厚望。未来 ATT 能否在舰船综合防御鱼雷体系中占据主导地位,不单取决于武器端的关键技术突破情况,更取决于研发思路、运用方式能在多大程度上摆脱防御行动的瓶颈制约。

3.2　ATT 拦截效能的影响因素

相比传统的深弹类硬杀伤器材,ATT 拦截鱼雷时对目标信息探测的精度要求有所降低,但若依靠被动探测信息实施拦截时,拦截效能仍会受类型识别、弹道预测、要素解算等多个环节的影响。具体影响因素可归纳为 3 类:对来袭鱼雷目标信息的获取、拦截方式的选择与射击要素解算、捕获目标后的追击与摧毁能力(见图 3.5)。其中,前两项是舰上指控系统、火控系统需要处理的核心工作,主要目的是控制 ATT 以有利姿态接近鱼雷并获得最大捕获概率;最后一项则取决于 ATT 本身的研发设计情况,以确保 ATT 在已捕获来袭鱼雷的情况下能获得最佳毁伤效果。

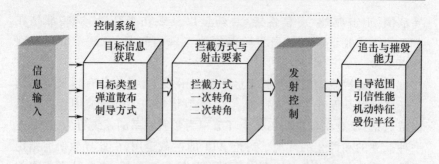

图 3.5　影响 ATT 拦截效能的 3 类主要因素

1）目标信息获取

关于对来袭鱼雷弹道要素的求解、制导类型的识别问题,在第 2 章以及文献[4]中均给出了详细论述,而在 ATT 的拦截运用中还需要判断来袭鱼雷所处弹道阶段的制导方式。当前 ATT 的航速与来袭鱼雷航速相比并不占明显优势,考虑到拦截运动近似于相向而行,即使水面舰艇能够对来袭鱼雷实施较远距离报警和定位,ATT 的拦截点也往往处于居中或近程范围,若等待主动探雷声纳提供精确的目标定位信息则拦截距离会更近。自导鱼雷或线导鱼雷在中近程的弹道比较复杂:可能处于直航搜索状态或线导导引状态、也可能已经进入自导追踪状态,并由此会影响到 ATT 拦截方式、搜索方式的设定。本章将围绕ATT 拦截各种鱼雷典型制导阶段的情形展开详细探讨。

2）拦截方式与射击要素

在已经判断来袭鱼雷的制导类型、弹道散布和制导阶段后,就要结合实际战场态势以及具体装备性能来确定 ATT 拦截方式并解算射击要素。本章将介绍 ATT 的 3 种基本拦截方式,即提前角拦截(或称直接拦截)、迎击弹道拦截(或称逆弹道拦截)和方位线拦截,并由此涉及ATT 拦截运用中一次转角和二次转角的参数设置等问题。这 3 种方式的拦截目的与适用条件均有所区别,需要围绕不同拦截情况展开详细探讨。

3）追击与摧毁能力

在 ATT 自导装置已捕获目标后,能否最终完成拦截任务就取决于 ATT 自身的追踪与摧毁能力,评价指标包括 ATT 的弹道特征、自导范围、追击航速、引信性能、装药量以及毁伤半径等,这些都是在ATT 的需求论证和设计研发阶段需要考虑的问题,一旦定型列装则难以更改。

ATT 的拦截运用研究属于最新的前沿技术,目前已有越来越多的公开文献对其展开了深入探索[72-75]。但相当一部分研究中存在的共同特点是:没有将鱼雷防御各个环节视为紧密联系的系统行为,而是在一种孤立的和静止的环境下讨论 ATT 的拦截运用,由此导致研究结论中的实用价值和可参考性存在不足。具体表现包括:未充分考虑本舰规避机动所引起鱼雷弹道变化的连锁效应、未充分考虑本舰被动探测难以提供准确距离而造成对鱼雷制导阶段的估测偏差影响、未充分考虑本舰主/被动探测的距离差值对防御行动造成的约束限制、过于关注ATT 捕获概率的提高而忽略了如何加强对本舰的可靠性防护……。针对当前研究中存在的这些普遍性问题,本章以 4 种确定类型鱼雷的似然弹道预测散布为基础尝试展开分析。

3.3　ATT 拦截直航鱼雷技术

直航鱼雷不具备自导探测功能,攻击弹道不会受到任何软杀伤器材的干扰,因此水面舰艇除了采取规避机动策略外,发射 ATT 实施硬杀伤拦截可视为一种有效防御手段。下面结合对潜射直航鱼雷的似然弹道预测结果,探讨 ATT 的 3 种基本拦截方式并作仿真分析[76]。

3.3.1　拦截原理

根据 ATT 的技术特点和直航鱼雷的弹道特征,可以将 ATT 的基本拦截方式划分为 3 种,分别是提前角拦截、迎击弹道拦截和方位线拦截。下面介绍 3 种方式拦截潜射直航鱼雷的基本原理。

1. 提前角拦截

ATT 在水下实际上就是一枚声自导鱼雷,因此可以参考潜射声自导鱼雷情形分析其射击原理和运用规律。由潜艇鱼雷攻击理论可知,声自导鱼雷只有按照有利提前角射击才能获得最佳捕获效果,即当ATT 自导扇面的几何形心(或前端中点)与来袭鱼雷构成相遇三角形时,其自导搜索带近似对称遮盖目标散布,此时捕获概率为最大,对应于来袭鱼雷方位线的射击提前角 η 就是 ATT 的有利射击提前角。需要指出,关于有利射击提前角的详细讨论可参考文献[52 – 53],这里仅借鉴其中的简化概念来求解。

图 3.6 中以报警舷角 $X_W = 120°$ 的 T 点鱼雷弹道为参考,给出了 ATT 有利射击提前角 η 的求解示意。令潜射直航鱼雷航速为 V_T、射击提前角为 φ、雷舰距离为 D_T,ATT 按照有利提前角 η 射击、航速 V_B、自导距离 r_B、自导扇面前端中点 B 处(或取自导扇面形心处)所对应目标方位的提前角为 φ_B。当 ATT 的 B 点与过 T 点的鱼雷弹道构成相遇三角形时,有下面的关系式成立:

$$
\begin{cases}
\sin\varphi_B = \dfrac{V_T}{V_B}\sin(\varphi - \beta) \\[3mm]
\sin\varphi_B = \dfrac{D_T}{r_B}\sin\beta
\end{cases}
\tag{3.1}
$$

经化简整理得到

$$
\beta = \arctan\dfrac{\sin\varphi}{\dfrac{D_T V_B}{r_B V_T} + \cos\varphi}
\tag{3.2}
$$

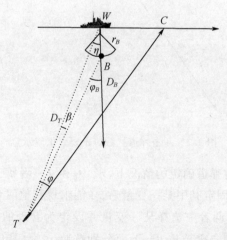

图 3.6　提前角拦截射击要素求解示意

最终得到 ATT 射击的有利提前角 η 为

$$\eta = \varphi_B - \beta = \arcsin\left(\frac{D_T \sin\beta}{r_B}\right) - \beta \qquad (3.3)$$

式中:来袭鱼雷的提前角 φ 由直航鱼雷航向预测模型——式(2.16)
得出。

2. 迎击弹道拦截

ATT 攻击航向可沿来袭鱼雷直航弹道的逆向设置,即实施迎击弹
道拦截,这也是 ATT 有别于潜射声自导鱼雷的一种特殊运用方式。图
3.7 中以报警舷角 $X_W = 120°$ 的 T 点鱼雷弹道为参考,给出了 ATT 迎击
弹道拦截的要素求解示意。可以看出,当实施迎击弹道拦截时,需要确
定 ATT 的 3 个射击要素为:射击提前角 η'、一次航程段 D_B' 和二次转角
θ。其中,ATT 一次航向与来袭鱼雷弹道反航向的夹角 θ 就是迎击弹道
拦截时的二次转角。

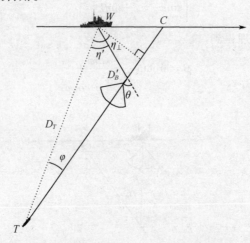

图 3.7　迎击弹道拦截射击要素求解示意

在来袭鱼雷弹道确定的情况下,η'、D_B' 和 θ 三者属于相互关联的连
续变量,只有在固定其中某一变量后,才能求得其他两个变量。实际运
用时可从 η'、D_B' 两者中选择某一变量并设定为合理的固定值,进而求
解出另一变量和二次转角 θ。下面分别按照 η' 为固定值和 D_B' 为固定
值来推导 ATT 射击要素的求解方法。

1) η' 为固定值

令 η' 为已知量,来袭鱼雷的提前角 φ 由式(2.16)得出,则二次转角 θ 和一次航程段 D'_B 表达式分别为

$$\theta = \varphi + \eta' \tag{3.4}$$

$$D'_B = \frac{D_T \sin\varphi}{\sin\theta} \tag{3.5}$$

需要指出,在预先固定提前角 η' 时,要确保 η' 的取值范围满足以下条件

$$\eta < \eta' \leqslant \min(\eta_\perp, X_W) \tag{3.6}$$

式中:η 是由式(3.3)得到的 ATT 有利提前角,若 $\eta' \leqslant \eta$,则意味着来袭鱼雷可能提前穿越 ATT 的二次转向点并导致拦截失败。$\eta_\perp$ 为水面舰艇由当前位置点 W 向鱼雷弹道 TC 的垂直方向发射 ATT 时所对应的发射提前角,即有 $\eta_\perp = \pi/2 - \varphi$,对于拦截相遇点过垂点的直航鱼雷发射 ATT 容易形成尾追拦截,而且这种态势下的来袭鱼雷理论上也不会对本舰构成威胁,因此要求 $\eta' \leqslant \eta_\perp$。

2) D'_B 为固定值

令 D'_B 为已知量,可得二次转角 θ 和射击提前角 η' 的表达式分别为

$$\theta = \arcsin\left(\frac{D_T \sin\varphi}{D'_B}\right) \tag{3.7}$$

$$\eta' = \arcsin\left(\frac{D_T \sin\varphi}{D'_B}\right) - \varphi \tag{3.8}$$

式中:来袭鱼雷提前角 φ 同样由式(2.16)得出。

在预先设定 ATT 迎击弹道拦截的一次航程段 D'_B 时,要确保 D'_B 的取值范围满足以下条件

$$D_B > D'_B \geqslant D_\perp \tag{3.9}$$

式中:D_B 是图 3.6 中提前角拦截时对应的 ATT 航程;$D_\perp$ 为水面舰艇当前位置点到鱼雷弹道的垂距。

3. 方位线拦截

除了提前角拦截、迎击弹道拦截外,水面舰艇还可实施方位线拦截。这种拦截方式比较简单(见图 3.8),在测得来袭鱼雷报警舷角 X_W

115

的基础上,只要沿着来袭鱼雷方位线发射 ATT 即可,无需建立复杂的拦截要素解析模型。

相比而言,关于提前角拦截、迎击弹道拦截的思想已经在业内达成了共识,并成为当前 ATT 拦截运用研究的主要解决思路[77-78],而方位线拦截则是基于图 1.14 中"防护能力最强"目的而提出的一种拦截方式。从图 3.8 中可以看出,ATT 实施方位线拦截显然不是将捕获目标概率最大作为目的,但却能对本舰当前方位构成最强防护,因此这种拦截方式也有其特定的运用场景。

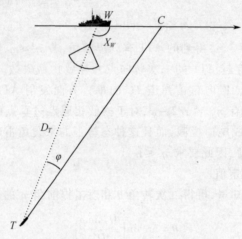

图 3.8　方位线拦截示意

3.3.2　仿真分析

围绕直航鱼雷的似然弹道预测散布以及 ATT 的 3 种方式拦截原理构建仿真程序,通过理论分析与仿真分析相结合的方式来归纳 ATT 的拦截效果与运用规律。

1. 仿真说明

令水面舰艇以航速 $V_W = 18\text{kn}$ 沿 x 轴正向匀速直航,潜射直航鱼雷按正常提前角 φ 接近水面舰艇。令报警声纳测向误差区间为 $-3° \sim 3°$,对来袭鱼雷的估速区间为 $40 \sim 50\text{kn}$、估距区间为 $6000 \sim 4400\text{m}$。分别以本舰右舷 $10°$、$30°$、$60°$、$90°$、$120°$、$150°$ 方向上探测的鱼雷方位信息为变量,连同参数估测区间的边界值代入 2.3 节的直航鱼雷弹道预测模型进行求解,则可绘出鱼雷弹道散布仿真图。

ATT 射击要素均按无误差时所对应的来袭鱼雷运动参数求解,令 ATT 航速 $V_B = 45\text{kn}$、自导扇面角 $\lambda_B = 90°$、自导距离 $r_B = 600 \sim 800\text{m}$。在鱼雷弹道散布仿真图上,针对 $30°$、$90°$、$150°$ 舷角入射情形按照给定数据进行等比例标绘,得到 3 种拦截方式的 ATT 自导扇面遮拦效果如图 3.9 ~ 图 3.11 所示。其中图 3.9 为提前角拦截时 ATT 自导扇面的遮拦示意,图 3.10 为迎击弹道拦截时 ATT 自导扇面的遮拦示意,图 3.11 为方位线拦截时 ATT 自导扇面的遮拦示意。

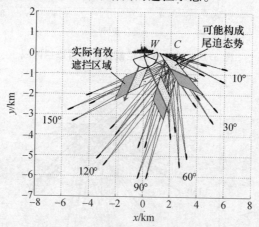

图 3.9　提前角拦截直航鱼雷遮拦区域

2. 结果分析

在仿真给定参数下,分析 ATT 的 3 种拦截方式仿真结果及运用特点:

1)提前角拦截方式

观察图 3.9 中的阴影区域,当水面舰艇按照有利提前角方式发射 ATT 拦截时:ATT 自导扇面对从舰首和舰尾方向入射鱼雷的有效遮拦区域较长(图略),意味着遮盖目标运动要素误差的范围大、拦截效果好;对从正横附近方向入射鱼雷的有效遮拦区域短,意味着遮盖目标运动要素误差的范围小、拦截效果相对较差。

分析 ATT 自导扇面对来袭鱼雷弹道散布的遮拦效果还可以发现,

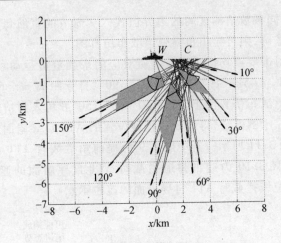

图 3.10　迎击弹道拦截直航鱼雷遮拦区域

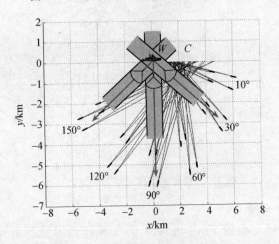

图 3.11　方位线拦截直航鱼雷遮拦区域

在同一条报警方位上,如果把雷舰距离 D_r 的估测区间做进一步改变,对拦截点散布范围构成的遮拦效果并不会明显变差。这是因为提前角拦截模型是按照相遇三角形原理推导的,而报警方位相同、雷舰距离不同的来袭直航鱼雷航线近似为平行线,均满足相似拦截三角形条件。通过分析式(2.16)也可看出:本舰方面因素(V_W、X_W)能够相对准确地获取,影响 φ 的主要因素就是对来袭鱼雷速度 V_r 的估测误差,而与雷

舰距离 D_r 无关。这说明 ATT 实施提前角拦截时,目标方面能影响 ATT 自导扇面遮拦效果的主要因素就是对速度 V_T 估测误差,而受雷舰距离 D_r 影响相对较小。

分析相遇态势与 ATT 自导性能可以发现,对于从本舰侧舷入射的鱼雷,ATT 也往往是从来袭鱼雷的侧舷接近目标,这种情况下来袭鱼雷的辐射噪声和反射截面都相对较大,有利于 ATT 声自导系统的探测与捕获。但是,ATT 从目标侧舷捕获时容易构成尾追态势,若 ATT 航速 V_B 相比来袭鱼雷航速 V_T 不能明显占优,则实际拦截效果将会受到很大影响,甚至可能形成 ATT 尾随鱼雷向本舰接近的危险态势。尤其对图中以 ATT 弹道为中线、靠近雷舰预期命中点 C 一侧遮拦区域内(无阴影区)的鱼雷实施拦截时,均可能形成尾追态势,因此 ATT 实际有效遮拦区域仅为标绘区域中靠近鱼雷初始点方向的那一半(阴影区)。

2)迎击弹道拦截方式

观察图 3.10 中的阴影区域,当水面舰艇按照迎击弹道方式发射 ATT 拦截时,ATT 可对二次转向后所面对的鱼雷弹道散布扇面全域构成有效遮拦,而且遮拦区域的长度明显大于图 3.9 中提前角拦截情形。但是进一步分析可以发现,在同一条报警方位上,如果把雷舰距离 D_r 的估测区间做进一步改变,则 ATT 自导扇面所遮拦的鱼雷弹道散布比例就会明显减少,甚至可能完全互相偏离并导致拦截失败,这一点也体现在 D_r 对射击要素 η'、D'_B、θ 求解公式的影响中。由此说明,ATT 实施迎击弹道拦截时,目标方面能影响 ATT 自导扇面遮拦效果的主要因素就是对 D_r 的估测误差,而受鱼雷速度 V_T 的估值影响相对较小。

分析相遇态势与 ATT 自导性能还可以发现,实施迎击弹道拦截能够降低与来袭鱼雷构成尾追态势的概率,但是由于 ATT 从目标航行前方接近,这无论对于被动探测还是主动探测,都会限制 ATT 自导效能的发挥。

3)方位线拦截方式

观察图 3.11 中的阴影区域,相比提前角拦截和迎击弹道拦截,水面舰艇确认鱼雷报警并沿来袭鱼雷方位线发射 ATT 时,未必能获得捕获和毁伤来袭鱼雷的最大概率,但却能始终为水面舰艇发射 ATT 时的当前位置点 W 提供准确的保护性扇面。在相应的报警方位上:凡是对

本舰位置点 W 构成威胁的来袭鱼雷弹道,均处于 ATT 自导扇面遮拦范围之内;凡是偏离于 ATT 自导扇面遮拦范围的鱼雷弹道,均很难会对本舰位置点 W 构成有效威胁,也就无须理会。方位线拦截方式充分体现了图 1.14 中以"防护能力最强"为目的的拦截理念,并淡化了鱼雷防御的瓶颈效应(例如对 V_T、D_T 要素信息的精度需求),但实施过程中仍须注意避免形成尾追态势。

事实上,ATT 的 3 种典型拦截方式都具有相通性:相比来袭鱼雷航速 V_T 而言,如果 ATT 的航速 V_B 越高,即速率比 V_T/V_B 越小,则提前角拦截、迎击弹道拦截越接近于方位线拦截方式,在拦截方式的选择和运用上就越能互相兼顾。但实际情况中 ATT 航速 V_B 越大,对自身的声探测装置影响也越大,进而会增加拦截方式选择和拦截效果评估中的不确定性因素,对此需要结合具体装备性能展开探讨。

3. 规律运用

通过以上的原理论述和仿真分析可知,评价 ATT 捕获概率的一个重要标准就是 ATT 自导搜索带对来袭鱼雷弹道散布及拦截点的遮拦效果,这是由来袭鱼雷弹道预测散布、ATT 自导特征和机动性能共同决定的。从当前及未来一段时期内装备技术的发展水平来看,对来袭鱼雷弹道预测散布是其中最主要的影响因素。

在水面舰艇正常航行态势下,ATT 实施提前角拦截、迎击弹道拦截和方位线拦截时,对来袭鱼雷弹道散布的遮拦效果各有不同:对从本舰首尾附近方向入射的鱼雷,3 种拦截方式差别较小、遮拦效果较好;随着鱼雷报警舷角 X_W 向正横方向偏移,3 种拦截方式区别逐渐显现,遮拦效果变差。在实际对抗中,对由侧舷入射的鱼雷究竟应该选择哪一种拦截方式,还需要结合具体战场态势、对抗鱼雷的主要目的以及所掌握目标的运动要素信息而定。一般来讲存在以下规律:

① 当本舰采取背转停车规避或背转远离机动时,应重点考虑所发射 ATT 能对本舰转向点或规避航向构成"防护能力最强",因此可采取方位线拦截,对此可参考图 1.15 中所描述的态势来理解。

② 当本舰始终保持原状态航行或未做大角度转向机动时,应重点考虑所发射 ATT 能对来袭鱼雷构成"毁伤概率最大",也就是确保对雷舰预期命中点 C 的散布范围构成"防护能力最强"。因此可采取提前

角拦截或方位线拦截,其中:若难以给出比较明确的鱼雷估距区间但能给出比较明确的航速估计时,则应考虑采取提前角拦截;若鱼雷估距区间明确而且与报警舷角 X_W 相关联得出的弹道预测散布能够满足 ATT 自导扇面的遮拦要求,则应考虑采取迎击弹道拦截。

此外在实际对抗中,还可根据具体态势酌情采取多枚 ATT 的齐射攻击,或单枚 ATT 多种拦截方式的结合运用,例如采取方位线 + 迎击弹道拦截或提前角 + 迎击弹道拦截等等。

3.4 ATT 拦截声自导鱼雷技术

声自导鱼雷的一次攻击弹道可分为初始段、自控直航段、直航搜索段、自导追踪段和再搜索段等几部分,综合分析 ATT 的基本性能以及鱼雷报警声纳的探测范围可知,ATT 应主要针对其直航搜索弹道末段以及自导追踪段弹道实施拦截。然而,目前相关文献大多是围绕声自导鱼雷的自导追踪弹道展开[78-81],鲜有提及对来袭鱼雷直航搜索弹道的拦截,也未充分考虑本舰规避机动与鱼雷自导追踪弹道之间的关联性影响。下面结合对潜射声自导鱼雷的似然弹道预测结果,探讨 ATT 的 3 种基本拦截方式的运用并作仿真分析[82]。

3.4.1 对直航搜索段的拦截

不考虑潜艇采取二次转角的特殊射击方式,当声自导鱼雷处于直航搜索状态时,其自导装置虽已经开机但尚未发现目标,则鱼雷通常仍保持定向直航。在水面舰艇发射 ATT 后,如果 ATT 命中(或自导装置捕获)来袭鱼雷时所对应的雷舰距离大于鱼雷自导距离 r,就应按照鱼雷直航搜索弹道确定 ATT 的拦截方式和射击要素。

1)原理与仿真

与拦截直航鱼雷相似,对于声自导鱼雷的直航搜索段弹道,ATT 也可以采取提前角拦截、迎击弹道拦截和方位线拦截 3 种方式,而且在 ATT 拦截直航鱼雷分析中所建立的约束条件、射击要素求解模型也同样适用,主要区别在于对来袭声自导鱼雷的直航搜索段弹道预测是按照式(2.18)中的有利提前角 φ 求解的。

令潜射声自导鱼雷按照有利提前角 φ 接近水面舰艇,鱼雷自导扇面角 $\lambda = 120°$、自导距离 $r = 1300\text{m}$,其余仿真参数同 3.3 节。分别以本舰右舷 $10°$、$30°$、$60°$、$90°$、$120°$、$150°$ 方向上探测的鱼雷方位信息为变量,连同参数估测区间的边界值代入 2.3 节的声自导鱼雷弹道预测模型进行求解,则可绘出直航搜索段的弹道散布仿真图。在弹道散布仿真图上,针对 $30°$、$90°$、$150°$ 舷角入射情形按照给定数据进行等比例标绘,则得到提前角拦截、迎击弹道拦截和方位线拦截的 ATT 自导扇面遮拦效果分别如图 3.12 ~ 图 3.14 所示。

2)规律分析

观察图 3.12 ~ 图 3.14 可以看出,当 ATT 分别采用 3 种方式对声自导鱼雷的直航搜索段弹道实施拦截时,在拦截直航鱼雷研究中得出的各种规律也是同样适用的。

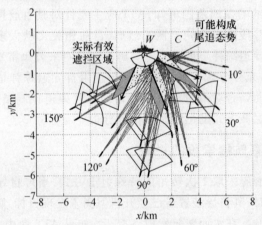

图 3.12　提前角拦截声自导鱼雷遮拦区域

但是,受声自导鱼雷的射击方式影响,相同仿真条件下的声自导鱼雷弹道散布扇面明显大于直航鱼雷情形。对于图 3.12 所示的提前角拦截,这会导致 ATT 的拦截效果有所降低;对于图 3.13 所示的迎击弹道拦截,则可能导致单枚 ATT 对正横附近方向入射鱼雷的弹道预测散布扇面无法构成横向全覆盖。

根据图 3.14 中的方位线拦截示意,ATT 采取方位线拦截时虽然能够遮拦由报警方位指向本舰当前位置点 W 的鱼雷弹道预测散布,但若

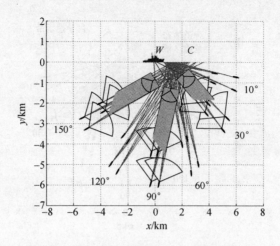

图 3.13　迎击弹道拦截声自导鱼雷遮拦区域

考虑到来袭鱼雷的自导距离 r 通常会大于 ATT 的自导距离 r_B，因此 ATT 未必会对 W 点构成无缝防护。如图 3.15 所示，当有鱼雷沿直航弹道航行进入斜线所示的弹道散布危险区域时，鱼雷自导搜索带仍会遮盖到本舰的当前位置点 W。

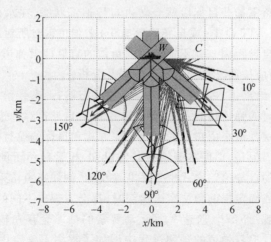

图 3.14　方位线拦截声自导鱼雷遮拦区域

为了避免上述不利态势的出现，有必要从运用层面考虑采取两枚

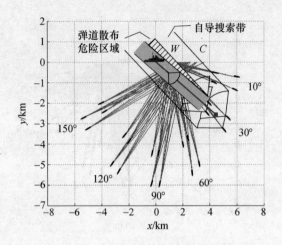

图 3.15　方位线拦截时弹道散布危险区域

ATT 平行航向齐射,或者从技术层面考虑进一步增大 ATT 自导扇面宽度,或者在判断鱼雷距离比较近时再沿其方位线发射 ATT 拦截。

3.4.2　对自导追踪段的拦截

　　声自导鱼雷捕获目标后就会转入自导追踪状态,在水面舰艇发射 ATT 后,如果 ATT 命中(或自导装置捕获)来袭鱼雷时所对应的雷舰距离小于鱼雷自导距离 r,就不能只根据鱼雷的直航搜索弹道来求解 ATT 射击要素,而应按照其自导追踪弹道展开分析。

　　图 3.16 给出了水面舰艇始终保持原状态航行、来袭鱼雷从正横附近方向入射时的弹道仿真示意,弹道末端即为自导追踪弹道,可见来袭鱼雷自导追踪弹道是由鱼雷的自导追踪方式和目标的航行状态等因素综合决定的。但是,即使本舰航行状态已知、报警舷角可测,而来袭鱼雷内部设定的自导追踪方式也无法准确获知,例如当鱼雷采取尾追法、平行接近法或固定提前角法实施追踪时,都会表现出不同的弹道特征。再加上对雷舰距离 D_T、航速 V_T 等运动要素的估测会存在较大误差,这就导致在自导追踪弹道的预测过程中增加了很多不确定因素,并进一步影响到 ATT 的拦截效果。

　　在实际对抗中,当水面舰艇确认鱼雷报警后往往会立即采取规避

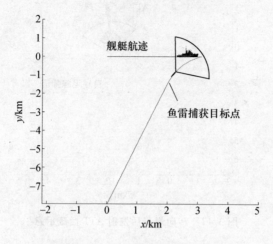

图 3.16　声自导鱼雷侧舷追踪弹道示意

机动措施,但在已经或即将被鱼雷自导装置捕获时,通过纯机动规避已难以摆脱被鱼雷捕获和攻击,此时规避机动的主要目的应是全力配合 ATT 拦截效果的提升。但若因本舰继续保持原状态航行或采取不合理机动而增大了来袭鱼雷自导追踪弹道的不可预测性,进而降低了 ATT 的拦截效果,那么这种战术机动策略就是得不偿失的。根据 1.4 节对综合防御目的的论述也可分析得出,当鱼雷距离较近、纯机动规避失效但 ATT 可用的情况下,水面舰艇的规避机动策略应以辅助提高 ATT 拦截效果为目的,并利用平台机动与鱼雷自导追踪弹道之间的关联效应促成综合防御效能的最大化。从这个意义分析,水面舰艇采取将鱼雷置于舰尾舷角的背转远离规避应是一种高价值的辅助机动策略(见图3.17)。

　　根据声自导鱼雷的弹道特征,当本舰立即采取背转停车或将鱼雷置于舰尾舷角远离航行时,无论来袭鱼雷采取哪一种追踪方式,也无论之前从哪一舷角入射,只有沿着当前或近似当前的雷舰方位线接近本舰才能确保命中(否则不会对本舰构成威胁),这种态势下的鱼雷自导追踪弹道也就具备了可清晰预测的特征。此时水面舰艇再择机发射 ATT 并使其沿雷舰方位定向直航,则可获得最佳的拦截效果。

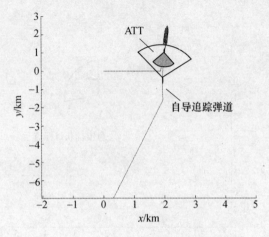

图 3.17 转向规避后发射 ATT 拦截示意

3.4.3 ATT 拦截方式变更的临界雷舰距离

根据以上分析,针对声自导鱼雷的两个制导阶段实施拦截时,相关的鱼雷弹道特征和 ATT 拦截原理都是不同的,这就涉及了 ATT 拦截方式变更时对应临界雷舰距离 D'_T 的求解问题。考虑到鱼雷自导追踪弹道主要受本舰机动方式影响,下面分别按照本舰采取背转后停车、保持原状态航行和转向远离规避 3 种典型态势展开分析[83]。

1. 背转停车规避

图 3.18 给出了本舰采取背转停车规避时的 D'_T 求解示意。令水面舰艇以航速 V_w 沿 x 轴正向直航,抵达 W 点时探测到右舷 X_w 处的 T 点出现可疑信息;水面舰艇经分析后在 W' 点确认报警,立即背转后停车并择机发射 ATT 对航行至 T' 点的鱼雷实施提前角拦截,当来袭鱼雷航行至 T'' 点时自导装置捕获本舰,之后鱼雷将转入尾追弹道。不考虑各种误差因素以及 ATT 追踪弹道的曲率特性,如果由 W' 发射的 ATT 恰好与来袭鱼雷在 T'' 点相遇,则 $W'T'$ 段雷舰距离 D'_T 就是背转停车规避态势下 ATT 拦截方式变更的临界雷舰距离。

观察图 3.18,当 ATT 恰好与来袭鱼雷在 T'' 点相遇时,存在以下关系式:

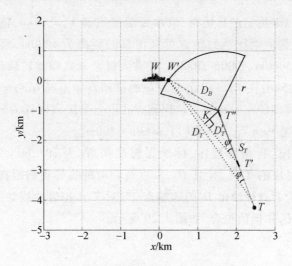

图 3.18　背转停车时 D'_T 的求解示意

$$
\begin{cases}
D_B = r \\
S_T = D_B V_T / V_B \\
D_K = S_T \sin\varphi' \\
\varphi' = \arcsin((D_T \sin\varphi)/D'_T) \\
D'_T = S_T \cos\varphi' + \sqrt{D_B^2 - (S_T \sin\varphi')^2}
\end{cases}
\tag{3.10}
$$

式中:声自导鱼雷有利提前角 φ 按式(2.18)求解;D_B 为 ATT 从发射点 W' 到 T'' 点航程(若按照 ATT 自导装置捕获时刻推导则应为 $D_B - r_B$);S_T 为 ATT 走完 D_B 段航程时间内所对应的 $T'T''$ 段鱼雷航程;φ' 为鱼雷抵达 T' 点时相对本舰停车方位 $W'T'$ 的提前角;D_K 为鱼雷捕获本舰时的 T'' 点到 $W'T'$ 方位线的垂距(即 $T''K$ 段);D_T 为本舰开始背转旋回时的雷舰距离;D'_T 为 W' 点水面舰艇在发射 ATT 时刻所对应的 $W'T'$ 段雷舰距离,当满足指定条件时(由 W' 发射的 ATT 恰好与来袭鱼雷在 T'' 点相遇)即为临界雷舰距离(下同)。

若令 $V_B = V_T$,则由式(3.10)可得到

$$
\begin{cases}
D_K = (rD_T \sin\varphi)/D'_T \\
D'_T = \sqrt{2r^2 + 2r\sqrt{r^2 - (D_T \sin\varphi)^2}}
\end{cases}
\tag{3.11}
$$

按照以上想定进行仿真:取水面舰艇航速 $V_W = 18\text{kn}$,辐射噪声各向同性,报警声纳探测到鱼雷可疑信息的距离为 5000m,当雷舰距离 D_T 分别为 5000m、4000m、3000m 时确认报警并立即背转后停车;鱼雷航速 $V_T = 45\text{kn}$,在 $V_W = 18\text{kn}$ 时对应的被动自导距离为 $r_{18} = 1300\text{m}$,在水面舰艇背转停车时按照主动探测方式取自导距离同样为 $r = 1300\text{m}$;令 ATT 航速 $V_B = V_T$、$\lambda_B = 90°$、$r_B = 600 \sim 800\text{m}$。

编译并运行仿真程序,标绘报警舷角 X_W 为 $30°$、$60°$、$90°$、$120°$、$150°$ 时所对应的 T''' 点,计算 D_B、S_T 以及相应的临界雷舰距离 D_T',再根据 D_B、S_T 和 T''' 点标绘出 D_T' 的远端点 T',对 T' 作拟合曲线如图 3.19 所示,对 D_T'、D_K 作插值拟合,如图 3.20 所示。

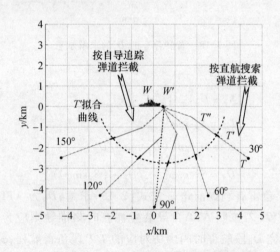

图 3.19 背转停车时 T' 点拟合曲线

在仿真给定的态势和参数条件下,分析图 3.19、图 3.20 可以看出:

① 水面舰艇开始背转停车时刻的雷舰距离 D_T 减小时,D_T' 趋大,D_K 则随之减小,偏向正横更明显。图中 $D_T = 5000\text{m}$ 时,从正横方向一定舷角范围内入射鱼雷的 D_T'、D_K 无解,即式(3.11)中根号下为负值,出现 $D_T \sin\varphi > r$ 现象。这说明水面舰艇背转停车时刻的雷舰距离 D_T 较远,鱼雷在按照提前角 φ 航行过程中,与水面舰艇背转停车位置点 W'

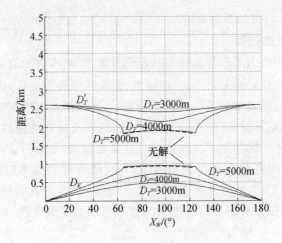

图 3.20　背转停车时 D_T'、D_K 数值仿真

之间的距离始终大于 r，鱼雷不会捕获到本舰[①]，因此也就不存在 T'' 点和 D_T'。

②　鱼雷从首尾附近方向入射时 D_T' 最大(约为 $2r$)，从正横附近方向入射时 D_T' 有所减小，这主要由于鱼雷提前角 φ 随报警舷角 X_W 呈小幅变化所致。按照 D_T' 的物理含义：当预测实际雷舰距离 $D_T \geqslant D_T'$ 时，ATT 应针对鱼雷的直航搜索弹道实施拦截；当预测 $D_T < D_T'$ 时，ATT 应针对鱼雷的自导追踪弹道实施拦截；若无法准确预测 D_T 相对 D_T' 大小时，则应兼顾对该方位鱼雷(见图 3.19 中 90°方位线)的直航搜索弹道和自导追踪弹道同时构成拦截，必要时可选择发射多枚 ATT。

③　本舰背转停车规避时，鱼雷捕获本舰后的自导追踪弹道可预见性强，这有利于确保 ATT 自导扇面对鱼雷弹道构成有效遮拦。但是，鱼雷从本舰正横附近方向入射时可能有 $D_K \geqslant 500\mathrm{m}$，这意味着若水面舰艇向 T' 以远的鱼雷发射单枚 ATT 实施方位线拦截时，将难以覆盖到 T'' 点附近的鱼雷弹道。鱼雷偏向本舰首尾附近方向入射时 D_K 趋小，这意味着水面舰艇沿来袭鱼雷方位线发射单枚 ATT 时，也能较大程度地

---

①　水面舰艇位于鱼雷的自导搜索带之外时，只要不与鱼雷航线呈接近态势，就可确保自身安全。文献[4]中 4.2 节给出了典型态势下水面舰艇纯机动规避声自导鱼雷时的不同预警区域仿真示意与原理说明。

覆盖到 T'' 点附近的鱼雷弹道。

2. 原状态航行

图 3.21 给出了本舰保持原状态航行时的 D'_T 求解示意。令水面舰艇以航速 V_W 沿 x 轴正向直航,抵达 W 点时探测到右舷 X_W 处的 T 点出现可疑信息;经过分析确认鱼雷并报警后,水面舰艇继续保持原状态航行,并于 W' 点发射 ATT 对航行至 T' 点的鱼雷实施提前角拦截;本舰在抵达 W'' 时被航行至 T'' 点鱼雷的自导装置捕获,之后鱼雷将转入尾追弹道。不考虑各种误差因素以及 ATT 追踪弹道的曲率特性,如果由 W' 发射的 ATT 恰好与来袭鱼雷在 T'' 点相遇,则 $W'T'$ 段雷舰距离 D'_T 就是原状态航行态势下 ATT 拦截方式变更的临界雷舰距离。

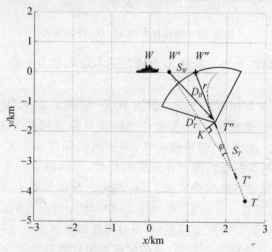

图 3.21 保持原状态航行时 D'_T 的求解示意

令 S_W 为水面舰艇在 $W'W''$ 段的航程,ATT 航速 $V_B = V_T$,则存在以下关系式:

$$
\begin{cases}
S_T = D_B \\
S_W = D_B V_W / V_B \\
D_B = r\cos(2\varphi) + \sqrt{S_W^2 - (r\sin(2\varphi))^2} \\
D_K = D_B \sin\varphi \\
D'_T = 2D_B \cos\varphi
\end{cases}
\tag{3.12}
$$

　　鱼雷和 ATT 参数设置同前,取水面舰艇航速 V_W 分别为 6kn、18kn 进行比较,鱼雷自导距离均按 $r = 1300\text{m}$ 取值,辐射噪声各向同性,报警声纳探测到鱼雷可疑信息的距离为 5000m,确认鱼雷报警后继续保持原状态航行。编译并运行仿真程序,标绘报警舷角 X_W 为 30°、60°、90°、120°、150°时所对应的 W'' 点和 T'' 点,计算 D_B、S_T 以及相应的临界雷舰距离 D_T',再根据 D_B、S_T 和 T'' 点标绘出 D_T' 的远端点 T' 和近端点 W',对 T' 作拟合曲线如图 3.22 所示,对 D_T'、D_K 作插值拟合如图 3.23 所示。

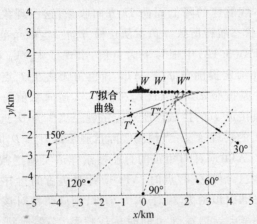

图 3.22　保持原状态航行时 T' 点拟合曲线

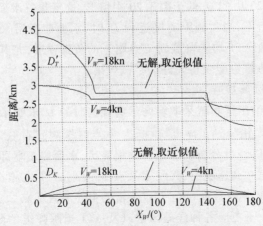

图 3.23　保持原状态航行时 D_T'、D_K 数值仿真

在仿真给定的态势和参数条件下,分析图 3.22、图 3.23 可以看出:

① 水面舰艇始终保持原状态航行时,对从不同舷角入射的鱼雷,满足在临界雷舰距离上实施拦截的 ATT 发射点 W' 和本舰被捕获点 W'' 均非固定点,而是沿着本舰航行方向、随着报警舷角 X_W 的增加由近及远排列。

② 鱼雷从舰首附近入射时有 $D'_T > 2r$,从舰尾附近入射时有 $D'_T < 2r$,D'_T 数值随本舰航速的降低而向 $2r$ 方向收敛,这一现象主要是受本舰始终保持原状态航行所致。鱼雷从正横方向一定舷角范围内入射时 D'_T、D_K 无解,即式(3.12)中根号下为负值,出现了 $V_W/V_B < \sin(2\varphi)$ 现象,这意味着在给定提前角 φ 下,ATT 和鱼雷无法在 T'' 点构成相遇条件。图 3.23 中是按照 $\varphi = (\mathrm{asin}(V_W/V_B))/2$ 逆向赋值再代入公式求解后,将所得最接近 T'' 的拦截点所对应雷舰距离作为 D'_T 近似值。

③ 按照 D'_T 的物理含义:当预测实际雷舰距离 $D_T \geq D'_T$ 时,即本舰尚未抵达 W' 点时,ATT 应针对鱼雷的直航搜索弹道实施拦截;当预测 $D_T < D'_T$ 时,即本舰已经驶过 W' 点时,ATT 应针对鱼雷的自导追踪弹道实施拦截;若无法准确预测 D_T 相对 D'_T 大小时,则应兼顾对该方位鱼雷的直航搜索弹道和自导追踪弹道同时构成拦截,必要时可选择发射多枚 ATT。

④ 图 3.23 中的 D_K 低于图 3.20 中情形,这意味着水面舰艇始终保持原状态航行下,当雷舰距离接近到 D'_T 时,水面舰艇沿来袭鱼雷方位线发射的单枚 ATT 均能覆盖到 T'' 点附近的鱼雷弹道,尤其对从正横附近方向入射鱼雷也能获得较好的拦截效果。

3. 转向远离规避

图 3.24 给出了本舰采取转向远离规避时的 D'_T 求解示意。令水面舰艇以航速 V_W 沿 x 轴正向直航,抵达 W 点时探测到右舷 X_W 处的 T 点出现可疑信息;经过分析确认鱼雷并报警后,水面舰艇立即转向将鱼雷置于舰尾舷角并高速脱离,其间于某点 W' 发射 ATT 实施提前角拦截,本舰在抵达 W'' 点时被航行至 T'' 点鱼雷的自导装置捕获,之后鱼雷将转入尾追弹道。不考虑各种误差因素以及 ATT 追踪弹道的曲率特性,如果由 W' 发射的 ATT 恰好与来袭鱼雷在 T'' 点相遇,则 $W'T'$ 段雷舰距离

D_T' 就是转向远离态势下 ATT 拦截方式变更的临界雷舰距离。

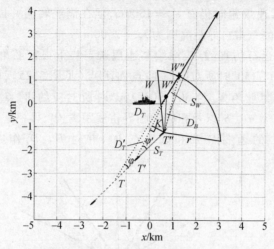

图 3.24 转向规避时 D_T' 的求解示意

转向远离规避对抗态势比较复杂,为计算方便,可作如下近似:

$$D_B/V_B \approx fr/(V_B + V_W) \qquad (3.13)$$

当水面舰艇规避航速 $V_W = 18\mathrm{kn}$ 时,可取系数 $f = 1.38 - 0.15X_W$,其中 X_W 以弧度表示。则有以下关系式:

$$\begin{cases} D_B \approx frV_B/(V_B + V_W) \\ D_K = S_T\sin\varphi' \\ \varphi' \approx \arcsin((D_T\sin\varphi)/D_T') \\ D_T' = S_T\cos\varphi' + \sqrt{D_B^2 - (S_T\sin\varphi')^2} \end{cases} \qquad (3.14)$$

若令 $V_B = V_T$,则由式(3.14)可得到

$$\begin{cases} D_K = (D_B D_T\sin\varphi)/D_T' \\ D_T' = \sqrt{2D_B^2 + \sqrt{(2D_B^2)^2 - (2D_B D_T\sin\varphi)^2}} \end{cases} \qquad (3.15)$$

鱼雷和 ATT 参数设置同前,取水面舰艇航速 V_W 分别为 18kn、30kn 进行比较,辐射噪声各向同性,报警声纳探测到鱼雷可疑信息的距离为 5000m,当雷舰距离 $D_T = 4000\mathrm{m}$ 时确认鱼雷报警并满舵转向;取水面舰艇规避决策延迟时间 $t_d = 10\mathrm{s}$,旋回角速度 $\omega = 1.7(°)/\mathrm{s}$,当水面舰艇

以 $V_W = 18\text{kn}$ 航行时的鱼雷自导距离 $r_{18} = 1300\text{m}$，当满舵转向并以 $V_W = 18\text{kn}$ 常速规避时仍有 $r_{18} = 1300\text{m}$，但在满舵转向并以 $V_W = 30\text{kn}$ 高速规避时的鱼雷自导距离则为 $r_{30} = 2500\text{m}$。

编译并运行仿真程序，标绘高速规避态势下报警舷角 X_W 为 $30°$、$60°$、$90°$、$120°$、$150°$ 时所对应的 W'' 点和 T'' 点（见图 3.25），标绘常速规避态势下报警舷角 X_W 为 $30°$、$90°$、$150°$ 时所对应的 W'' 点和 T'' 点（见图 3.26）。计算 D_B、S_T 以及相应的临界雷舰距离 D_T'，再根据 D_B、S_T 和 T'' 点标绘出 D_T' 的远端点 T' 和近端点 W'，并对 D_T'、D_K 作插值拟合如图 3.27 所示。

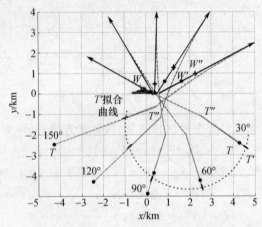

图 3.25 转向高速规避时 T' 点拟合曲线

由于本舰采取转向远离规避时的态势相对复杂，仿真中采取了较多简化措施，导致仿真结果会包含有较大误差，但从中也能观察到一些有意义的现象并提取一些有价值的规律。在仿真给定的态势和参数条件下，分析图 3.25 ~ 图 3.27 可以看出：

① 当鱼雷从舰首附近入射时，所对应的 ATT 发射点 W' 并不在本舰转向后的航线上，而是位于转向点 W 上。这是由于水面舰艇规避舰首附近入射鱼雷时需要实施大角度转向，受决策延迟时间 t_d 以及旋回角速度 ω 的影响，在转向点 W 位置的时间消耗较长，转向完毕前就被鱼雷自导装置成功捕获，这种情况下的 D_T'、D_K 均与图 3.20 中背转后停车情形相近。而当鱼雷从舰尾附近入射时，水面舰艇转向旋回的角度

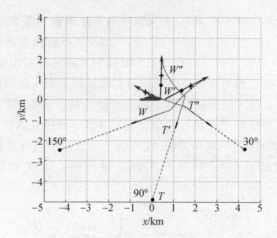

图 3.26　转向常速规避时 T' 点示意

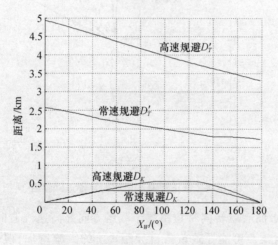

图 3.27　转向规避时 D'_T、D_K 数值仿真

较小,在转向点 W 位置的时间消耗也很短,若转向完毕继续保持 $V_W = 18\text{kn}$ 常速航行时,则 D'_T、D_K 均与图 3.23 中保持原状态航行的情形相近。

　　② 当水面舰艇采取高速规避时,会引起鱼雷自导距离 r 的增加,进而导致 D'_T、D_K 也相应增加,甚至会出现 $D'_T > D_T$ 情形(见图 3.25 中 $X_W \leqslant 90°$ 时)。这种情况说明水面舰艇在该报警距离上一经发现鱼雷

就只能拦截其自导追踪弹道,而无法对其直航搜索弹道实施拦截。

③ 对于从较大舷角入射的鱼雷,当水面舰艇转向将鱼雷置于舰尾方向规避时,鱼雷的自导追踪弹道未必能与本舰尾流方向完全吻合,因此本舰在规避过程中有必要继续保持对鱼雷辐射噪声的跟踪并及时调整规避航向。若无法保持对鱼雷辐射噪声的持续跟踪,则应将本舰初始规避航向直接修正到将鱼雷置于异舷 $160° \sim 180°$(具体数值与 D_T、X_W、ω 等因素有关)的舷角方向,这有利于促成鱼雷自导追踪弹道与本舰尾流方向的更好吻合(见图 3.28),进而提高 ATT 自导扇面遮拦效果。

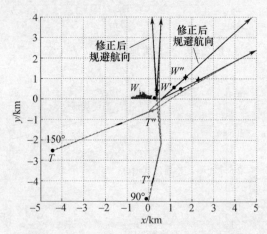

图 3.28　修正规避航向后的自导追踪弹道

④ 当水面舰艇转向将鱼雷置于舰尾方向并高速规避时,虽然高速航行的辐射噪声可能导致鱼雷自导距离 r 的大幅增加,但也会更早促成鱼雷由舰尾方向追踪本舰的态势,这对提高沿舰尾方向发射 ATT 的遮拦效果来讲是有利的。

4. 综合分析

以上分别按照水面舰艇的 3 种航行状态仿真分析了 D_T' 的物理含义及其端点分布情况,可以看出 ATT 拦截方式变更的临界雷舰距离 D_T' 是客观存在的。但是考虑到本舰辐射噪声的声场分布、报警声纳的测向误差、鱼雷性能估计误差、鱼雷弹道预测散布等因素影响,要对 D_T' 予以准确把握和利用并不容易。尤其对从正横附近方向入射的鱼雷,针对具体的装备性能和典型的对抗态势,探讨如何降低 D'_r 的不利影响并寻求与 D'_r 无关或弱相关的 ATT 拦截运用方式,应是后续研究中需要重点关注的问题。当前技术条件下可从以下几个方向着手考虑:

① 发射 2 枚或多枚 ATT,针对来袭鱼雷的直航搜索段弹道散布和自导追踪段弹道散布同时构成有效遮拦。

② 从技术层面提高 ATT 的自导探测范围,或者从运用层面探讨对 ATT 拦截航向的进一步修正,以确保 ATT 的遮拦宽度能对两种弹道散布同时构成全覆盖。

③ 不以毁伤鱼雷概率最大为目的实施提前角拦截或迎击弹道拦截,而是以对本舰当前位置点 W 能构成最强防护为目的实施方位线拦截。

④ 利用本舰规避机动与鱼雷自导追踪弹道的关联性,选择合理的规避方式来提高对鱼雷自导追踪弹道的预测精度。

⑤ 判断并确认鱼雷距离已经比较近时,再沿其方位线发射 ATT 实施拦截,以期对近程鱼雷的直航搜索弹道和自导追踪弹道构成全覆盖。

3.5 ATT 拦截尾流自导鱼雷技术

与声自导鱼雷相似,尾流自导鱼雷的一次攻击弹道也可分为初始段、自控直航段、直航搜索段、自导追踪段和再搜索段等几部分。综合分析 ATT 的基本性能以及鱼雷报警声纳的探测范围不难看出,ATT 应主要针对其直航搜索弹道末段以及自导追踪段弹道实施拦截。从目前的公开文献来看,尚未见到关于 ATT 拦截潜射尾流自导鱼雷的系统论述。下面结合对潜射尾流自导鱼雷的似然弹道预测结果,探讨 ATT 的 3 种基本拦截方式的运用并作仿真分析[84]。

3.5.1 对直航搜索段的拦截

不考虑潜艇采取二次转角的特殊射击方式,当尾流自导鱼雷处于直航搜索状态时,如果尚未进入目标尾流,通常仍保持定向直航。若

ATT 预期拦截点位于来袭鱼雷进入本舰尾流点之前的鱼雷弹道上,就应按照鱼雷直航搜索弹道确定 ATT 的拦截方式和射击要素。

1. 原理与仿真

与拦截直航鱼雷相似,对于尾流自导鱼雷的直航搜索段弹道,ATT 也可以采取提前角拦截、迎击弹道拦截和方位线拦截 3 种方式,而且在 ATT 拦截直航鱼雷分析中所得出的约束条件、射击要素求解模型也同样适用,主要区别在于对来袭尾流自导鱼雷的直航搜索段弹道是按照式(2.19)中的有利提前角 φ 求解的。

令潜射尾流自导鱼雷按照有利提前角 φ 接近水面舰艇,瞄准点尾流长度估测区间为 $400 \sim 1200\text{m}$,其余仿真参数同 3.3 节。分别以本舰右舷 $10°$、$30°$、$60°$、$90°$、$120°$、$150°$ 方向上探测的鱼雷方位信息为变量,连同参数估测区间的边界值代入 2.3 节的尾流自导鱼雷弹道预测模型进行求解,则可绘出直航搜索段的弹道散布仿真图(须知从 $10°$ 舷角入射情形并非尾流自导鱼雷的有效攻击方式,在此仅用作比较)。在弹道散布仿真图上,针对 $30°$、$90°$、$150°$ 舷角入射情形按照给定数据进行等比例标绘,则得到提前角拦截、迎击弹道拦截和方位线拦截的 ATT 自导扇面遮拦效果分别如图 3.29 ~ 图 3.31 所示。

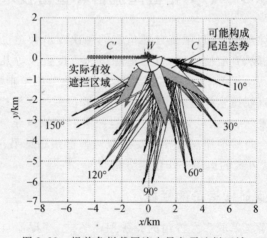

图 3.29　提前角拦截尾流自导鱼雷遮拦区域

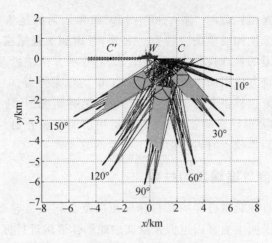

图 3.30　迎击弹道拦截尾流自导鱼雷遮拦区域

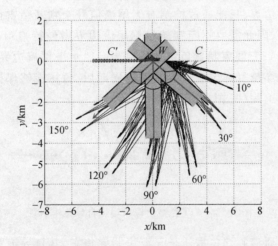

图 3.31　方位线拦截尾流自导鱼雷遮拦区域

2. 规律分析

观察图 3.29 ~ 图 3.31 可以看出,当 ATT 分别采用 3 种方式对尾流自导鱼雷的直航搜索段弹道实施拦截时,在 ATT 拦截直航鱼雷研究中得出的各种规律也是同样适用的。但尾流自导鱼雷的直航搜索段弹道预测散布较大,由此可能带来 ATT 自导扇面遮拦效果的不足。

根据图 3.30 中的迎击弹道拦截示意,在仿真给定参数下,单枚

ATT 在迎击弹道拦截时,对从 90°～150°舷角入射的尾流自导鱼雷弹道预测散布未能构成横向全覆盖。另外,考虑到本舰尾流的持续性和鱼雷攻击弹道的特殊性,ATT 采取图 3.31 所示方位线拦截时,虽然能够遮拦由报警方位指向本舰当前位置点 W 的鱼雷弹道,但未必能为本舰的有效尾流也提供充分防护。针对以上两种情况,均应从技术层面考虑增大 ATT 自导扇面宽度,或者从运用层面考虑齐射两枚 ATT,或者判断鱼雷距离较近时再发射 ATT 等拦截方式。

3.5.2　对自导追踪段的拦截

当尾流自导鱼雷已经捕获目标尾流后就会转入自导追踪弹道,此时鱼雷在水平面上通常以近似正弦波的蛇形弹道接近目标。鱼雷采用的尾流制导方式不同,其蛇形弹道也有所区别:单通道制导鱼雷无法识别尾流水平边界,只能通过检测有无尾流信号来判断鱼雷位于尾流内还是尾流外,因此需要不断穿越目标尾流边界做蛇行追踪(见图 3.32 中的弹道①);三波束制导鱼雷具备检测舰船水平尾流边界的能力,经过最初几次穿越目标尾流边界的调整周期后,鱼雷能够保持在尾流平面内做蛇形追踪(见图 3.32 中的弹道②)。

图 3.32　ATT 拦截追踪段尾流自导鱼雷示意

无论单通道制导鱼雷还是三波束制导鱼雷,其自导追踪弹道都是沿着尾流前进方向接近目标,尾流追踪弹道这种固定性和可预见性也为水面舰艇发射 ATT 实施拦截创造了有利条件。根据对舰船尾流特征的分析可知,尾流宽度约为舰船宽度的 2.5 倍,且随着舰船航行以较小的发散角(约 1°)向两侧扩散。三波束制导鱼雷通常保持在舰船尾流的水平边界内追踪目标,单通道制导鱼雷稳定追踪时穿越尾流边界的最大偏离幅度一般也只有几十米的范畴,完全处于单枚 ATT 数百米的自导遮拦宽度内。因此,若不考虑尾流气泡场对 ATT 自导探测效果

的影响,则水面舰艇只需沿着本舰尾流逆向发射 ATT 就能获得对来袭
鱼雷的最佳遮拦效果。

　　水面舰艇沿着本舰尾流逆向发射 ATT 并成功拦截处于自导追踪
状态鱼雷的一个必要条件是:来袭鱼雷直航搜索弹道所指向的提前点
C 必须位于水面舰艇发射 ATT 时业已形成的后方尾流之中(见图
2.18)。如果提前点 C 位于 ATT 发射点的本舰前方航线上,则应按照
鱼雷的直航搜索弹道展开拦截①。

　　需要指出,在发射 ATT 拦截鱼雷自导追踪弹道之前的这段时间,
水面舰艇不宜实施转向机动,而应保持定向直航,以避免形成曲折尾流
而影响到尾流自导鱼雷的追踪状态并进一步影响到 ATT 对鱼雷的遮
拦效果。有些文献中报道美国新研的 ATT 具有尾流交战能力[62],如
果这种"尾流交战能力"是指 ATT 能够识别本舰尾流并做逆向航行攻
击的能力,则对水面舰艇发射 ATT 之前采取了转向机动情形仍会保持
较好的遮拦效果,但对水面舰艇始终保持定向直航情形的遮拦效果则
与无尾流识别功能的 ATT 相差不大。

3.5.3　ATT 拦截方式变更的临界雷舰距离

　　与拦截声自导鱼雷类似,在围绕尾流自导鱼雷的两个制导阶段探
讨 ATT 的拦截运用时,相关的鱼雷弹道特征和 ATT 拦截原理也是各不
相同的,因此同样涉及了 ATT 拦截方式变更的临界雷舰距离 D'_T 求解问
题。下面按照本舰始终保持原状态航行的情形仿真分析 D'_T 的矢量分
布规律。

1. 原理分析

　　如图 3.33 所示,水面舰艇以航速 V_W 保持匀速直航,抵达 W 点时探
测到右舷 X_W 处的 T 点出现可疑信息;经分析确认报警后,水面舰艇继
续保持原状态航行,在抵达 W' 点时发射 ATT 实施拦截,ATT 出管后沿
本舰尾流逆向航行拦截鱼雷;来袭鱼雷在直航搜索段以航速 V_T 按照有
利提前角 φ 航行,航向指向水面舰艇处于 W' 点时尾流中 C' 点的提前
点 C,尾流进入角为 θ,$C'W'$ 对应的尾流长度为 D_W;当水面舰艇发射

---

① 可参考文献[4]中 179 页"停车规避有效报警距离"的内容来理解。

ATT 后继续航行至 W'' 点时,鱼雷抵达 C 点并进入尾流。不考虑各种误差因素以及 ATT 追踪弹道的曲率特性,如果由 W' 发射的 ATT 恰好与来袭鱼雷在 C 点相遇,则 $W'T'$ 段雷舰距离 D'_T 就是这种态势下 ATT 拦截方式变更的临界雷舰距离。

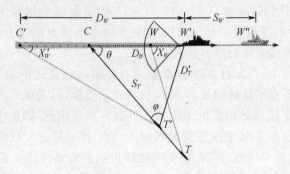

图 3.33 临界雷舰距离 D'_T 的求解示意

令 ATT 航速 $V_B = V_T$,分析命中三角形 $\Delta W'T'C$,存在以下关系:

$$\begin{cases} D_B = D_W - S_W \\ S_T = D_W V_T / (V_T + V_W) \\ D_B = S_T \\ \theta = \pi - 2\varphi \\ D'_T = 2S_T \sin(\theta/2) \end{cases} \tag{3.16}$$

式中:尾流自导鱼雷有利提前角 φ 由式(2.19)求得;D_B 为 ATT 从发射点 W' 到 C 点航程(若按照 ATT 自导捕获时刻推导则应为 $D_B - r_B$);S_T 为 ATT 走完 D_B 段航程时间内所对应的 $T'C$ 段鱼雷航程;S_W 为 ATT 走完 D_B 航程时间内所对应的 $W'W''$ 段本舰航程(等于 $C'C$ 段航程);D'_T 为 W' 点水面舰艇在发射 ATT 时刻所对应的 $W'T'$ 段雷舰距离,当满足指定条件时(由 W' 发射的 ATT 恰好与来袭鱼雷在 C 点相遇)即为临界雷舰距离。

2. 仿真说明

按照上述想定,取水面舰艇航速 $V_W = 18\text{kn}$,初始雷舰距离 $D_T = 4000\text{m}$;水面舰艇确认鱼雷报警后继续保持原状态航行、择机于 W' 点发射 ATT,ATT 仿真参数同前。令鱼雷航速 $V_T = 45\text{kn}$,分别从 30°、

60°、90°、120°、150°舷角入射,期望瞄准点 C' 对应的尾流长度 D_W 分别取 400m、1200m,得到仿真态势如图 3.34 和图 3.35 所示。

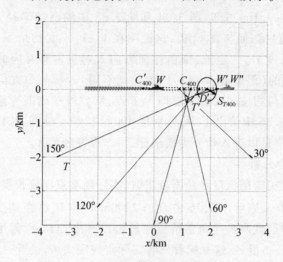

图 3.34　$D_W=400$m 时的 D'_T 仿真示意

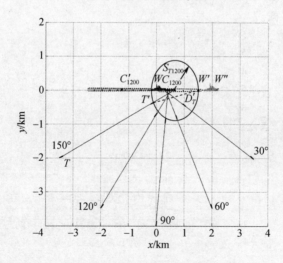

图 3.35　$D_W=1200$m 时的 D'_T 仿真示意

临界雷舰距离 D'_T 的两个端点 W' 和 T' 由作图法求得,以图 3.34 和图 3.35 中 $X_W=150°$ 时的鱼雷航线为例,利用由式(3.16)推导出的 S_T

为半径、提前点 C 为圆心作圆,该圆同鱼雷航线以及水面舰艇航线的交点即分别为 D'_T 的两个端点 T' 和 W'。

根据式(3.16)可知,图 3.34 和图 3.35 中的圆域半径 S_T 为 D_W 的 $V_T/(V_T + V_W)$ 倍,而与 X_W 无关,这说明在 V_T、V_W 不变的情况下,只要瞄准点尾流长度 D_W 为定值,则由任何方向入射鱼雷所对应的圆域半径 S_T 都是相等的(但圆心 C 点的位置可能不同)。从某一方向入射鱼雷的直航弹道与相应圆弧的交点即为 T' 点,$W'T'$ 段距离即为临界雷舰距离 D'_T。图 3.36 中给出了 D_W 分别取 400m、1200m 时的 D'_T 数值仿真结果,注意图中是以进入角 θ 为横坐标,而非报警舷角 X_W。

3. 综合分析

当潜艇实施尾流自导鱼雷攻击时,实际瞄准点尾流长度 D_W 通常都会小于 1200m,因此图 3.36 中 $D_W = 1200$m 时的 D'_T 已经是接近上限情形。通过与拦截声自导鱼雷情形比较可以看出,ATT 拦截尾流自导鱼雷时的 D'_T 要小很多,这意味着只有实际雷舰距离 D_T 很近时,沿舰尾发射 ATT 拦截其尾流自导追踪弹道才会有效,否则只能针对其直航搜索弹道展开拦截。

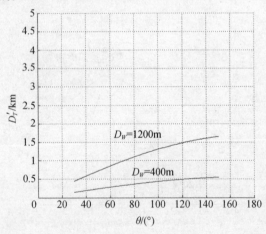

图 3.36　临界雷舰距离 D'_T 数值仿真

考虑到实际对抗中存在各种不确定因素影响,可按照 D_W 估测区间的最大值(例如取 1200m)推算 D'_T 及其端点 W'、T'。此时按照 D'_T 的物理含义——当预测来袭鱼雷尚未进入 T' 之内的圆域时(见图 3.35),即本舰尚未抵达 W' 点时,ATT 应针对鱼雷的直航搜索弹道实施拦截;当预测来袭鱼雷已经进入 T' 之内的圆域时,即本舰已经驶过 W' 点时,则无法确定是按自导追踪弹道实施拦截还是按直航搜索弹道实施拦截,这种情况下就需要考虑齐射两枚 ATT 分别拦截两种弹道,或判断鱼雷距离较近时再发射 ATT 实施方位线拦截等方式,以缓解由于信息不确定性所带来的影响。

以上分析都是按照水面舰艇保持原状态航行的想定展开的。由于尾流中的提前点 C 一旦形成就不再会受到平台后续的机动方式影响,水面舰艇此后无论采取背转后停车规避、背雷远离还是高速直航,都不会阻止来袭鱼雷抵达 C 点。利用提前点 C 与 D_B、S_T 建立等量关系,均可求得水面舰艇在不同规避策略下 ATT 拦截方式变更的临界雷舰距离 D_T',这些情况下的 D_T' 都相对较小,在此不做展开论述。

3.5.4　与悬浮深弹的运用比较

悬浮深弹是一种常见的反鱼雷硬杀伤器材,也称悬浮式拦截弹或反鱼雷水雷,可在鱼雷航线前方同时布放多枚以形成一个悬浮式拦截阵,在探测到鱼雷接近时可引爆炸药摧毁对方。文献[4]已结合鱼雷捕获目标尾流之后的自导追踪弹道论述了近程悬浮深弹的运用方式,下面对悬浮深弹和 ATT 的拦截特点加以分析比较。

ATT 和悬浮深弹的拦截原理各不相同,对自导追踪段鱼雷的拦截效果也有很大区别。将图 3.34 和图 3.35 中的临界雷舰距离 D_T' 与图 3.37 中近程悬浮深弹可有效拦截的最远雷舰距离圆①相比较,不难发现近程悬浮深弹对自导追踪段鱼雷的拦截范围更大,拦截时机也更易把握。此外,对即将进入本舰尾流的鱼雷,在比较两种器材拦截效果时,还必须要考虑一个关键性指标——危险区间长度。下面通过分析

---

① 文献[4]在 171~174 页给出了悬浮深弹能够有效拦截的最远雷舰距离定义,针对典型态势进行仿真并指出:如果水面舰艇在鱼雷报警后立即向本舰尾流中投放悬浮深弹,则鱼雷捕获尾流点 C 恰好与悬浮深弹投放点 W 重合的情况下,对应的雷舰距离(如图 3.37 中 $D_{T_{1600}}'$ 或 $D_{T_{400}}'$)即为悬浮深弹能够有效拦截的最远雷舰距离。

图 3.38 ~ 图 3.40 来说明危险区间的概念。

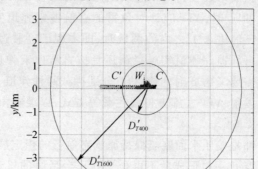

图 3.37 悬浮深弹可有效拦截最远雷舰距离

1) ATT 拦截时的危险区间

在图 3.38 中,水面舰艇于 W' 点向尾流方向发射 1 枚 ATT,ATT 出管后沿本舰尾流逆向航行搜索鱼雷,暂不讨论尾流气泡场对 ATT 探测效果的影响,水面舰艇沿原航向继续保持高速直航。

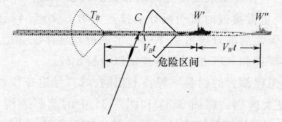

图 3.38 ATT 拦截时的危险区间

在 t 时刻,水面舰艇抵达 W'' 点,ATT 抵达 T_B 点,如果此时来袭鱼雷位于 ATT 航向正前方的尾流之中,则拦截成功概率很大。但是考虑到来袭鱼雷弹道预测散布范围较广、实际捕获尾流位置和进入时机存在较多不确定性,一旦鱼雷在 T_B 点 ATT 的后方(即 $T_B W''$ 区间)进入了尾流,则 ATT 拦截行动必然失败。因此将 t 时刻水面舰艇位置点 W'' 到 ATT 位置点 T_B 之间的尾流区域称为危险区间,区间长度 L_{BW} 为

$$L_{BW} = V_B t + V_W t \tag{3.17}$$

2）悬浮深弹拦截时的危险区间

在图 3.39 中,水面舰艇于 W' 点向尾流中投放 1 ~ 2 枚悬浮深弹,悬浮深弹入水后原地悬浮,暂不讨论尾流气泡场对悬浮深弹探测效果的影响,之后本舰沿原航向继续保持高速直航。

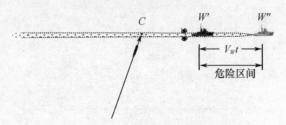

图 3.39 悬浮深弹拦截时的危险区间

在 t 时刻,水面舰艇抵达 W'' 点,如果此时来袭鱼雷位于悬浮深弹前方(即 C 点方向)的尾流之中,则拦截成功概率很大。但是若受不确定因素影响,导致鱼雷在悬浮深弹的后方(即 $W'W''$ 区间内)进入了尾流,则悬浮深弹拦截行动必然失败。因此可将 t 时刻水面舰艇位置点 W'' 到悬浮深弹位置点 W' 之间的尾流区域称为危险区间,区间长度 L_{JW} 为

$$L_{JW} = V_W t \tag{3.18}$$

3）关于两种器材的应用比较

假设水面舰艇在鱼雷报警后采取 $V_W = 30\mathrm{kn}$ 航速规避,鱼雷航速 $V_T = 45\mathrm{kn}$,ATT 航速 $V_B = V_T$,悬浮深弹采取滚投方式布放于本舰尾流之中。图 3.40 给出了两种对抗器材在布放 60s 内的危险区间数值仿真结果。

可以看出,发射 ATT 所形成的危险区间长度是投放悬浮深弹时的 2 倍以上,而且时间越长、区间绝对差值越大,意味着拦截失败的风险更大,这也从另一个角度证明了之前强调 ATT 选择鱼雷距离较近时再实施拦截的优势,或者在确认鱼雷已经捕获本舰尾流后再沿尾流逆向发射 ATT 实施拦截。

当然,如果水面舰艇间隔一段时间再次发射 ATT 或投放悬浮深弹,则可遮盖先前批次拦截器材所形成的危险区间,但此后又会形成新

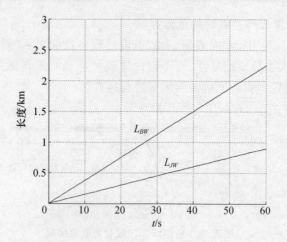

图 3.40 危险区间 L_{BW}、L_{JW} 数值比较

的危险区间,在鱼雷尚未进入尾流或确认被摧毁之前,只有间隔不断地发射 ATT 或投放悬浮深弹才能最大限度确保本舰安全,这种围绕自导追踪弹道的拦截方式对于 ATT 而言显然成本过高。

从拦截成本和危险区间的角度分析,针对尾流自导鱼雷的追踪弹道选用悬浮深弹拦截更具有优势,但在实际对抗中还要参考两种器材的探测范围、毁伤效果、投放盲区等具体因素而定。有条件的情况下,水面舰艇也可利用 ATT 拦截鱼雷的直航搜索弹道、利用近程悬浮深弹拦截鱼雷的自导追踪弹道,从而构成多层次硬杀伤拦截体系,以期获得综合拦截效果。

3.6 ATT 拦截线导鱼雷技术

相比"发射后不管"的鱼雷,潜射线导鱼雷在处于线导导引时的航行状态通常是实时变化的,这为 ATT 的拦截运用提出了新要求。下面按照本舰保持原状态航行和背转远离规避两种态势探讨 ATT 对线导鱼雷的拦截原理并作仿真分析[85]。

3.6.1 保持原状态航行时

水面舰艇在航行过程中发现鱼雷报警并判断为线导鱼雷后,由于某些原因不宜采取规避机动时,就需要在保持原航行状态下发射 ATT 实施拦截。此时应结合本舰运动状态预测鱼雷弹道散布和制导特征,并为 ATT 射击要素的求解提供参考。

1. 针对线导导引段的拦截

根据 2.3 节论述可知,当水面舰艇始终保持原状态航行时,潜艇可能采取现在方位法导引线导鱼雷攻击,也可能解算出了目标运动要素并采取前置点法导引线导鱼雷攻击。水面舰艇在发射 ATT 实施拦截时,就要确保 ATT 自导扇面尽可能覆盖到所有导引方法对应的弹道预测散布。

目前的线导鱼雷主要包含线导 + 声自导、线导 + 尾流自导两种制导方式①,从国外装备情况来看,两种制导方式在距离目标较远时所采取现在方位导引法的数学模型基本相同,可视为具有相同的导引段弹道。在由现在方位导引转换为前置点导引时,潜艇需要以当前时刻战场态势为基础解算相遇三角形,并遥控线导鱼雷按照声自导方式或尾流自导方式进入相应的直航搜索航向。这就意味着当水面舰艇始终保持原状态航行时,若无法进一步区分来袭线导鱼雷的自导方式和导引方式,则弹道预测散布中应包含对声自导鱼雷 B_2、尾流自导鱼雷 B_3 和线导鱼雷 B_4 的弹道预测总和,即 $B_2 B_3 B_4$ 组合类型鱼雷的弹道预测散布。

图 3.41 是对 $B_2 B_3 B_4$ 组合类型鱼雷弹道预测散布的仿真示意,并按 $\lambda_B = 90°$、$r_B = 600 \sim 800\mathrm{m}$ 对 ATT 的迎击弹道拦截区域作了等比例标绘。其中关于来袭鱼雷弹道预测的仿真想定及参数设置与图 2.39 基本一致,不同之处在于图 3.41 中是按照水面舰艇保持原状态航行时对线导鱼雷 B_4 弹道进行的仿真预测。

从图 2.28 的仿真情况已知,在仿真给定参数下,B_4 的现在方位导引弹道基本包含在 $B_2 B_3$ 弹道预测散布扇面内,而尾流自导鱼雷 B_3 又是

---

① 线导鱼雷也包括"线导 + 声自导 + 尾流自导"这种综合制导机制,但在使用中一般只能选择线导 + 声自导方式攻击或线导 + 尾流自导方式攻击,潜艇导引过程中为确保鱼雷能够可靠捕获目标,在鱼雷快要接近目标时会尽量避免切换自导方式,部分鱼雷可在进入尾流自导追踪状态后切换为声自导追踪模式,但反向切换通常不被允许。

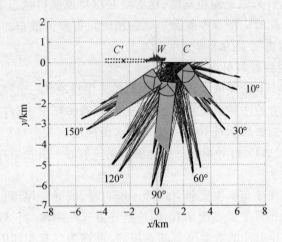

图 3.41 对线导综合弹道散布的拦截

构成 B_2B_3 综合弹道预测散布的主体,因此水面舰艇可参考防御尾流自导鱼雷 B_3 情形确定 ATT 的 3 种方式拦截范围(见图 3.29 ~ 图 3.31)及射击要素。另外,通过观察可知鱼雷在 90° ~ 150° 舷角入射时的弹道预测散布扇面最大,实施迎击弹道拦截时单枚 ATT 自导扇面难以对其构成横向全覆盖,这种情况下需要从技术层面考虑进一步提高 ATT 的自导扇面宽度,或者从运用层面考虑采取 2 枚 ATT 实施平行航向齐射。

若水面舰艇能够以较大概率确定来袭鱼雷是按照现在方位法导引时(例如本舰始终保持曲折机动航行),则弹道预测散布扇面会有所减小。图 3.42 就是将图 3.41 中声自导鱼雷 B_2、尾流自导鱼雷 B_3 弹道剥离之后得到的现在方位导引弹道散布示意。可以看出在仿真给定参数下,单枚 ATT 自导扇面基本能够实现对现在方位导引弹道预测散布的横向全覆盖。

2. 针对自导追踪段的拦截

当线导鱼雷与水面舰艇接近到一定距离时,鱼雷自导装置将捕获本舰并转为声自导追踪弹道或尾流自导追踪弹道,这种情况下水面舰艇就要按照相应的自导追踪弹道来确定 ATT 的拦截方式和射击要素(见图 3.43)。

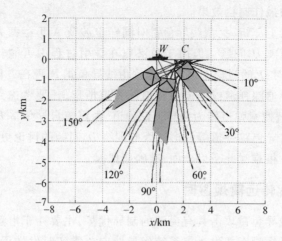

图 3.42　对现在方位导引弹道的拦截

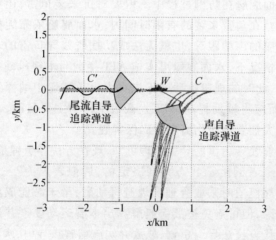

图 3.43　对自导追踪段弹道的拦截

对于转入声自导追踪弹道的鱼雷,由于估测其距离 D_T、航速 V_T 等运动要素时会存在较大误差,而且对鱼雷内部设定的自导追踪方式也无法准确获知,这会进一步影响对其自导追踪弹道散布的判断以及 ATT 自导扇面的遮拦效果。

对于转入尾流自导追踪弹道的鱼雷,水面舰艇可以相对准确地判断其追踪弹道,因此只需沿着本舰尾流逆向发射 ATT 就能获得对来袭鱼雷弹道的最佳遮拦效果。

根据以上分析,拦截线导鱼雷时同样也涉及 ATT 拦截方式变更的临界雷舰距离 D'_r 问题。但由于敌潜艇在导引过程中可能转换为前置点攻击,则对 D'_r 的讨论不但要考虑到由线导鱼雷 B_4 现在方位导引弹道转为声自导追踪弹道或尾流自导追踪弹道情形,还要考虑到由声自导鱼雷 B_2 直航搜索弹道转为自导追踪弹道、由尾流自导鱼雷 B_3 直航搜索弹道转为自导追踪弹道等情形。因此围绕 D'_r 问题的讨论更为复杂,在实际拦截中很难对此予以全面、准确地把握。

3.6.2 背转远离规避时

潜射线导鱼雷攻击具有灵活的制导优势,主要在于潜艇声纳能够稳定跟踪目标噪声并由火控系统经导线向鱼雷实时发送遥控指令,这就意味着水面舰艇在防御过程中不但要对抗来袭鱼雷,还要对抗敌方的水下潜艇。在鱼雷来袭的有限时间内,水面舰艇依靠纯机动规避很难摆脱敌潜艇的声纳跟踪,也就无法成功摆脱线导鱼雷的攻击。但在 ATT 可用的情况下,水面舰艇可实施 ATT 拦截与本舰机动相结合的综合防御策略,此时的规避机动就不应将走出敌潜艇声纳探测范围作为主要目的,而应将辅助提高 ATT 拦截效果作为主要目的,以获得对来袭鱼雷的最大捕获和毁伤概率并确保本舰安全。

根据潜射线导鱼雷的导引原理可知,现在方位导引弹道是由潜艇、鱼雷和目标三者的运动状态共同决定的,近似表现为"三点一线"特征。当水面舰艇适时采取合理的规避机动后,虽未必能成功摆脱敌潜艇的声纳跟踪,但可避免被敌潜艇解算出本舰运动要素并迫使敌潜艇只能采取现代方位法导引鱼雷,或放弃实施前置点导引,水面舰艇可借此获得改变来袭鱼雷弹道特征的主动权。因此在与 ATT 相配合实施综合防御时,就应利用本舰机动与鱼雷弹道之间的关联性来实现对鱼雷弹道的准确预测,从而为 ATT 拦截提供更加精确的信息指示。从这个意义分析,水面舰艇采取将鱼雷置于舰尾舷角的背转远离规避就是一种高价值的机动策略。

仿真参数同前,图 3.44 给出了鱼雷报警舷角分别为 30°、90°、150° 三种态势下,水面舰艇背转远离规避过程中发射 ATT 拦截的仿真示意,其中水面舰艇旋回角速度取 $\omega = 1.7(°)/s$。与图 3.41、图 3.42 进行比较可以看出,当水面舰艇在鱼雷报警后采取背转远离规避时,由本舰运动分量所引起不同时刻潜 – 舰方位线之间的距离变化率最小,此时对鱼雷弹道的可预测性大大增强,进而能有效提高 ATT 自导扇面的遮拦效果。

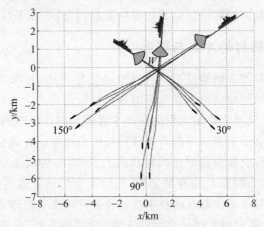

图 3.44　背转远离态势下 ATT 拦截示意

事实上,当水面舰艇在鱼雷报警后采取背转远离规避时,无论敌潜艇采取哪种方式导引鱼雷,也无论来袭鱼雷之前从哪一舷角入射,甚至无论来袭鱼雷处于哪种弹道阶段或采取哪种自导方式,都只有沿当前或近似当前雷舰方位接近本舰才会构成实际威胁。此时鱼雷的导引弹道与本舰尾流相对接近,水面舰艇只需沿来袭鱼雷方位,也就是沿本舰尾流方向发射的 ATT,就能对线导鱼雷弹道构成准确遮拦,这种对抗方式也避免了对鱼雷制导类型识别的不确定性分析以及对 ATT 拦截方式变更时临界雷舰距离 D_T' 的定量讨论。

3.7　关于硬杀伤拦截的几点分析

以上围绕不同类型鱼雷的弹道特征分析了 ATT 的拦截运用原理,文献[4]中还系统论述了水面舰艇采用普通火箭深弹、悬浮深弹拦截不同类型鱼雷的基本方法。而在 ATT、悬浮深弹等硬杀伤器材的研制与运用中有时会面对一些令人困惑的问题,例如:硬杀伤器材的使用应以毁伤鱼雷概率最大为目的,还是对本舰构成最强防护为目的?水面舰艇沿来袭鱼雷方位线投放硬杀伤器材后,所采取的背转远离与背转停车各有何利弊?怎样把握 ATT 动力/航速与实际需求之间的辩证关系?如何看待硬杀伤技术的场景约束与研发理念?对这些问题的理解会影响到拦截器材的设计以及防御决策的制定,下面予以定性探讨。

3.7.1 拦截目的冲突与取舍

无论是对硬杀伤器材的设计研发还是作战运用,现有研究成果都普遍专注于如何提高对来袭鱼雷的捕获与毁伤能力。而对实际防御鱼雷效果来讲,只要能够最大程度保护本舰安全就已经达到了防御目的,而非必须追求对来袭鱼雷的最大捕获与毁伤概率。在毁伤鱼雷概率最大和对本舰构成最强防护这两种目的上,所对应的硬杀伤拦截行动有时是一致的、有时却是相互冲突的,发生冲突时就要做出评估与取舍,必要时还要对硬杀伤器材的技术性能和设计理念加以改进。

以直航、声自导和尾流自导这 3 种"发射后不管"鱼雷的组合弹道为例,当水面舰艇沿来袭鱼雷弹道的散布扇面布放悬浮深弹阵(见图 3.45 拦截阵①)或发射 ATT 时,可获得毁伤鱼雷概率最大的拦截效果。若沿来袭鱼雷方位布放悬浮深弹阵(见图 3.45 拦截阵②)或发射 ATT 时,虽未必获得最大毁伤鱼雷概率,但能对本舰当前位置点 W 构成最强防护。造成这两种目的所对应拦截行动不能达成一致的主要原因在于雷舰之间的位置关系。

如果鱼雷的直航弹道散布能够接近或遮盖水面舰艇当前位置点 W,则两种目的所对应的拦截行动可达成一致。例如鱼雷从本舰首尾附近方向入射时,弹道预测散布扇面较窄且与本舰当前位置点 W 的垂距较小(见图 3.45 中 10° 舷角入射弹道),此时布放的拦截阵③既能对来袭鱼雷构成最佳遮拦效果,也可对本舰当前位置点 W 形成最强防护。

如果鱼雷的直航弹道散布明显偏离水面舰艇当前位置点 W,则两种目的所对应的拦截行动就可能会存在冲突。例如鱼雷从本舰正横附近方向的较远距离上入射时,弹道预测散布较宽且瞄准的提前点 C 偏

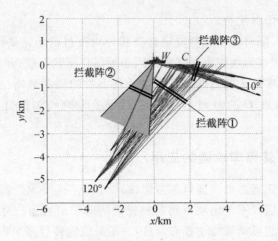

图 3.45　硬杀伤器材按不同目的拦截示意

离本舰当前位置点 W 较远(见图 3.45 中 120° 舷角入射弹道),此时布放的拦截阵就难以达成一致性目的,例如拦截阵①无法对本舰当前位置点 W 构成最强防护,拦截阵②难以获得对来袭鱼雷的最佳遮拦效果。

　　拦截行动冲突所蕴含的风险主要来自于对鱼雷弹道预测的不确定性。以图 3.45 中 120° 舷角入射鱼雷为例:若来袭鱼雷意外地偏离了先前提前角弹道预测散布范围且恰好指向水面舰艇位置点 W,那么以毁伤鱼雷概率最大为目的而布放的拦截阵①就不会起到有效拦截作用;而沿着来袭鱼雷方位线布放的拦截阵②则无论鱼雷弹道偏离与否,都能对本舰当前位置点 W 构成最强防护。

　　正是由于对水下目标信息探测存在很多不确定性,若将毁伤鱼雷概率最大作为对抗目的并制定防御决策,则拦截效果会受到类型识别、弹道预测、投放数量、布放误差与装备可靠性等诸多因素影响。但若将对本舰当前位置点 W 构成最强防护作为对抗目的,则防御效果可基本忽略类型识别、弹道预测等目标因素的影响,而仅需考虑投放数量、布放误差与装备可靠性等己方因素,这也体现出 1.3 节所述"基于弱信息防御"的理念。因此可推知,以对本舰当前位置点 W 构成最强防护的拦截行动影响因素少、拦截效果预期性好,在综合防御过程中应予以重点考虑,本舰则在硬杀伤器材提供的防护扇面内视情采取背转停车或背转远离予以配合。

当然,实际对抗中究竟应该选择哪种对抗目的还是要结合具体态势而定,例如水面舰艇由于某种原因必须保持原状态航行时,则应按照毁伤鱼雷概率最大的目的来确定硬杀伤器材的拦截策略,这实际上也是针对提前点 C 的散布范围构成了最强防护[①],如图 3.45 中拦截阵①。

3.7.2 背转停车规避的应用

当水面舰艇沿着来袭鱼雷方位线发射 ATT 或布放拦截阵时,本舰的机动方式应以不走出硬杀伤器材提供的防护扇面为指导原则,而满足这一要求的机动策略主要有两种:一是采取背转后停车或低速航行;二是转向将鱼雷置于舰尾大舷角高速脱离。从心理角度分析,面对鱼雷来袭时要求水面舰艇采取背转后停车的规避策略很难被指挥员所接受,但从理论层面来讲又确实存在一定合理性。

对于布放在雷舰方位线上的拦截阵,其横向宽度(或 ATT 自导扇面宽度)会以鱼雷和水面舰艇为中心各形成一个方位张角。一般研究中都是将来袭鱼雷与拦截阵宽度对应的张角视为防护扇面角,但由于对鱼雷定位误差较大且其运动要素无法准确获知,水面舰艇对这一防护扇面难以进行有效观测和利用。因此,可将本舰位置点与拦截阵宽度对应的张角视为防护扇面(见图 3.46),处在这一扇面角内的鱼雷如果能对本舰构成威胁则必会穿越拦截阵,如果鱼雷航线偏离了拦截阵也就很难对本舰构成威胁。这种防护扇面的变化主要由水面舰艇与拦截阵的位置关系所决定,相对容易把握,影响其拦截效果的一些主要因素如下:

① 拦截阵形与宽度。若本舰采取背转后停车并形成以当前点 W 为中心的近距弧形阵(见图 3.46),则防护扇面角会比直线阵大得多,且能兼顾对尾流自导鱼雷的防御。但若采取背转后远离时则应按照直线阵布放,以减缓随着本舰远离而导致防护扇面角迅速减小的幅度。

[①] 这里所述的提前点 C 对于直航鱼雷而言就是雷舰预期命中点,对于声自导鱼雷而言就是自导扇面预期捕获目标点,对于尾流自导鱼雷而言就是鱼雷预期捕获目标尾流点。

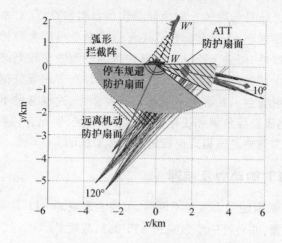

图 3.46 方位线拦截的防护扇面比较

② 拦截阵的布放距离。拦截阵的布放点与本舰距离越近则所形成的防护扇面角越大,并可形成更大的深弹布放密度,从而获得更好的拦截效果,但须保证来袭鱼雷被引爆后不会对本舰的船体构成损伤,而且要求悬浮深弹的射程近限也能满足近距布放要求。

③ 机动方式与防护扇面。若本舰转向将鱼雷置于舰尾舷角并高速脱离时,则防护扇面角会随着拦截阵与本舰距离的增大而迅速减小(见图 3.46 中 W' 点所对应的防护扇面);但若本舰采取背转后停车或停车后利用惯性转向时,则所形成的防护扇面角会始终保持最大。

④ 拦截阵的布放层次。有条件的情况下可以布放两层或多层拦截阵,既能进一步巩固拦截效果,还能兼顾对多雷齐射或连射情形的防御。

⑤ ATT 拦截的防护扇面。如果沿来袭鱼雷方位线发射 ATT,由本舰与 ATT 自导扇面宽度所构成的防护扇面角会随着 ATT 远离本舰而迅速减小,这种情况下 ATT 航速越低或发射时机越晚,越有利于防护扇面角的保持。

以上虽然从理论层面比较了背转停车规避的应用效果,但水面舰艇采取停车规避后则将自身安危完全寄托在了硬杀伤器材的拦截效果上,如果硬杀伤器材可靠性差且对来袭鱼雷捕获概率和毁伤概率低,那么这种对抗策略是危险的。如果硬杀伤器材可靠性好、对来袭鱼雷捕获概率和毁伤概率高,那么配合以停车方式来获得最大防护扇面的做法则具有可取性,而关于硬杀伤器材的可靠性与毁伤效果必须结合具体装备的大量试验数据给出。此外,恰当的停车方式或低速航行还能降低本舰辐射噪声以及避免本舰尾流长度新增,这也有助于提高对声自导鱼雷、尾流自导鱼雷和线导鱼雷的防御效果,因此背转后停车或低速航行的规避策略是值得理论探讨和实践验证的。

3.7.3　ATT 的动力及航速

当 ATT 采取的动力装置不同时,可能会影响到 ATT 自身的机动性能和探测性能,并会进一步影响到 ATT 的拦截效果。

1. ATT 的动力特征

目前国际上典型 ATT 的动力装置分为两种:一种是采取传统的螺旋桨推进;另一种是采取水下火箭推进。曾有报道早期舰载"海蜘蛛"鱼雷是以火箭助飞方式推进,抵达预定点上空后雷箭分离,降落伞打开,鱼雷入水后启动水下推进装置。但从 ATLAS 电子公司的信息披露及近年的拦截试验来看(见图 3.47、图 3.48),第三代"海蜘蛛"鱼雷采取的是水下固体火箭推进方式[63-64],可大幅降低自噪声并增加自导探测距离。

图 3.47　舰载"海蜘蛛"鱼雷发射试验　　图 3.48　舰载"海蜘蛛"鱼雷拦截示意

在 ATT 动力系统的研制中放弃火箭助飞方式是可以理解的,因为在对来袭鱼雷探测距离相对模糊的情况下,若 ATT 采取火箭助飞方式投放到较远落点则容易错失目标,投放到较近落点则无法体现火箭助飞的优势,而全程采取水下推进则可避免这种情况发生。

2. ATT 航速制的选择

ATT 水下推进有高速和常速的区别,如何进行选择与评价也是业内关心的问题。从应用角度来讲,这需要结合典型拦截方式和主要对抗目的等因素加以探讨。

① 根据对来袭鱼雷构成最大毁伤概率的拦截方式(即采取提前角拦截或迎击弹道拦截)分析,在 ATT 自导探测不受明显影响的情况下,其航速越高越有利于遮盖来袭鱼雷弹道散布误差,而且尾追攻击能力也越强。但如果 ATT 是以明显降低自导探测性能为代价换取高速制航行、进而导致对来袭鱼雷弹道散布无法构成有效的自导覆盖时,其拦截效果相当于强化了对目标探测信息的精度需求,这种交换的代价就可能是得不偿失的。

② 根据对本舰构成最强防护的拦截方式(即采取方位线拦截)分析,可观察图 3.46 中的防护扇面和对抗态势。由于对来袭鱼雷的类型识别和弹道预测存在很大模糊性,当水面舰艇沿来袭鱼雷方位线发射 ATT 时,ATT 远离本舰航速越快,就越容易加剧防护扇面角的减小,从而可能将本舰过早暴露在鱼雷自导追踪弹道的威胁之下,因此 ATT 航速越低越有利于防护扇面的保持。但是,ATT 航速越低则尾追攻击能力越弱,即使有利于形成更大的自导探测范围,若对自导扇面捕获的鱼雷无法构成有效追踪和接近毁伤也是不可取的,而且长时间逗留本舰附近也易引起误伤。

综合而言,ATT 的航速制应与对抗目的和拦截方式相匹配,并在自导探测、弹道预测、追踪与毁伤效果之间寻求最佳平衡,同时还要考虑到相应动力系统的研发成本和技术门槛等因素。

3.7.4　研发与运用理念

在水面舰艇承担的主要作战任务中,水下方面作战包含的信息化权重最为突出,隐蔽与发现问题一直是攻防双方争夺的核心焦点。进入现代社会,攻防技术相长,围绕水下信息的争夺更为激烈,但水面舰艇总体上处于信息弱势的格局并没有发生根本改变。尤其随着水下静音技术、无人技术的发展,当前以报警信息为前提、以毁伤目标为宗旨的水下防御研究架构已然受到严重冲击。未来防御技术的发展不单要继续关注传统瓶颈的突破,还要聚焦于装备研发与运用理念的革新[86]。

1. 硬杀伤拦截的实际约束

从构成"毁伤概率最大"为目的的分析,无论 ATT、悬浮深弹、超空泡射弹还是普通深弹的使用均以确认鱼雷报警为前提,而最终的拦截效果则取决于对鱼雷的跟踪定位能力以及弹道预测精度。此外,ATT 作为一种具备自航和自导能力的近程硬杀伤器材,拦截运用中还必须考虑到可能会对己方平台构成误伤的隐患。下面就从探测和拦截两个角度分析应用场景中的实际约束。

1)探测场景约束

前面关于 ATT 的拦截运用分析都是以声纳被动探测信息为基础展开的,其中的人工估测参数偏差是导致态势生成出现畸变的重要因素,并进一步制约了 ATT 拦截效能的提升。主动探雷声纳的问世能为拦截行动提供更加精确的目标信息指示,但是由于主动探雷距离较近,在水面舰艇首先被动探测到较远距离鱼雷航行噪声的情况下,若继续等待主动探雷声纳提供目标精确距离后再发射 ATT(或超空泡射弹)时,就会面临应用场景上的约束。

如图 3.49 所示,假设水面舰艇在航行至 W 点时由被动报警声纳首先发现鱼雷报警,若确保后续的主动探雷声纳能够可靠探测到目标,则往往要求水面舰艇不能采取大角度机动并限制采取水声对抗措施,直到继续航行至 W' 点主动探雷声纳能可靠发现目标为止。但是,受防御态势的紧迫性和获取信息的模糊性影响,水面舰艇在被动声纳确认鱼雷来袭后就要迅速生成防御策略并快速展开防御行动,而不会继续等待鱼雷进入主动探雷声纳作用范围后才采取措施——除非指挥员对主动探测和 ATT 拦截持有足够信心并愿意承担贻误战机的风险和责任。而若水面舰艇在被动报警后一旦实施了规避机动和软硬杀伤,则很可能导致鱼雷方位进入主动探雷声纳听测盲区,或受水声对抗的干扰而无法发现目标,或受大角度机动影响造成探测误差的显著增加,这些现象都会破坏 ATT、超空泡射弹等器材依靠主动定位信息实施硬杀伤拦截的适用场景。

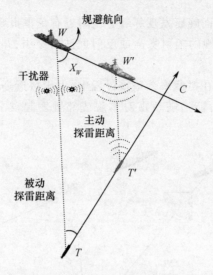

图 3.49　主动/被动探雷距离示意

　　当然,未来随着鱼雷在降噪技术方面取得更大突破,主动探雷也有望会成为鱼雷报警的典型方式,但持续发射主动声脉冲难免会招致潜艇或鱼雷在更远距离上发现本舰并实施攻击,这就又陷入了一种矛盾的循环中。此外,水面舰艇以编队形式执行作战任务时,各舰的辐射噪声及主动脉冲对邻舰主动/被动声纳探测造成的干扰问题也不容忽视,这就必须要对编队的航行间距、阵位配置、声纳使用等方面予以严格规范。

　　2）拦截场景约束

　　传统舰载水下武器的运用很少涉及对误伤问题的讨论,例如:深弹类硬杀伤器材大都以火箭助飞方式投放,落水位置受控且入水后不具备自航能力,也就不会对邻舰造成威胁;管装反潜鱼雷虽然具备机动航行和自导探测能力,但主要是攻击远距离的水下潜艇,可通过航行深度设定和自导开机距离设定等方式杜绝误伤己方平台的现象发生。然而,ATT 入水后不但具有机动航行和自导探测能力,而且目标往往处于近程范围,航行深度又处于浅层水表,即覆盖水面舰艇吃水深度,若实际运用不当,很可能会威胁到本舰和邻舰的安全,对此有 2 种代表性场景。

场景 1：当水面舰艇发现邻舰方位附近有鱼雷报警并发射 ATT 后，ATT 可能会被邻舰的辐射噪声或反射回波所吸引，并直接向邻舰发起攻击。

场景 2：ATT 在拦截来袭鱼雷过程中，由于接近姿态不当而形成了尾追态势，因此可能追随鱼雷对本舰或邻舰发起攻击，造成更大损伤（见图 3.50）。

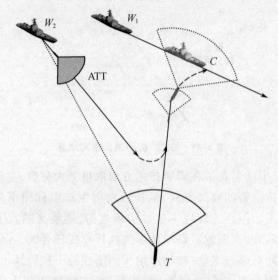

图 3.50　ATT 尾随鱼雷攻击邻舰示意

可见，无论对于单舰防御还是编队防御，发射 ATT 拦截来袭鱼雷时都会面临误伤风险。不排除未来在技术层面解决 ATT 的识别、互导与误伤等问题，但在战术运用层面所引起的心理负担仍难以根除，毕竟历史上曾多次发生鱼雷出管后调头捕获、攻击本舰/艇的事故。类似事故不但涉及舰船安全、人员安全、责任认定等问题，在实际作战中还会影响到整个作战计划的实施。

一款武器系统的设计与运用不宜对作战指挥构成太多束缚，根据美国 ATT 项目研制情况的报道[61]，终止列装 ATT 的主要原因在于信息保障问题以及应用场景受限问题未能得到有效解决。这意味着在当前技术条件下，提高水面舰艇对来袭鱼雷毁伤效能的主要方式仍是对配套识别、定位与综合指控方面能力的挖掘,而仅仅通过武器端的改进所起效果很有限——除非这种改进措施是以弱化对目标探测信息的精度需求为目的。

2. 防御技术中的木桶理论

就单舰防御而言,在对中远程鱼雷的跟踪和定位能力无法匹配的情况下,硬杀伤器材也无需过于强调快、远、准的拦截效果,只要能在鱼雷抵达本舰安全距离之前获得最大捕获与毁伤概率即可。或者仅以实现"防护能力最强"为目的,以相对慢、近、稳的作战需求来牵引装备研发与技术应用,从而推动弱信息背景下、以防护自身为宗旨的水下防御研究架构的发展。

图 3.51 ~ 图 3.53 运用"木桶理论"描述了水面舰艇防御鱼雷技术的不同研发理念。

① 现有防御技术的研发与运用大多是以对抗目标为着眼点,防御效果受目标信息短板的制约非常明显(见图 3.51)。

② 如果以防护自身为着眼点来推进防御技术的研发与运用研究,则能在一定程度上摆脱目标信息短板的限制。由于具备本舰自身信息明确清晰的优势,易于获得更可靠的防御效果(见图 3.52)。

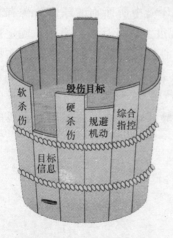

图 3.51　以毁伤目标为目的

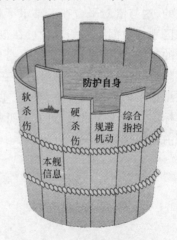

图 3.52　以防护自身为目的

③ 鉴于现有防御技术在设计与研发中普遍侧重毁伤目标,而缺乏

对舰船自身防护的系统考量,难以保证本舰自身信息明确清晰的优势得到充分可靠的发挥,因此有必要围绕现有防御技术的功能和性能加以改进,或研发新型专属对抗器材以满足相应的作战场景运用需求,并在此基础上寻求毁伤效能与防御效能的最佳结合(见图3.53)。

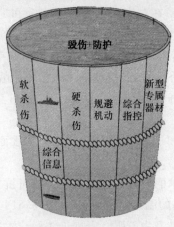

图 3.53　以综合防御为目的

　　进一步分析,水面舰艇的鱼雷防御行动是近似在二维水平面内展开的,这与潜艇平台在三维水下作战环境中所面临的球面防御有着本质区别。空间维度的减少可在很大程度上降低战场信息中不确定性因素的影响,水面舰艇只需以自身为中心构造出严密的二维硬杀伤拦截屏障就能达成有效防御目的。在实际报警效果不稳定且缺乏可靠目标信息指示的客观条件下,秉承"以逸待劳"的防御思想,发展基于弱化目标信息需求为目的、可实施近场无缝式硬杀伤拦截的防御手段应是当前值得探索的一个方向。

第4章 多手段综合运用技术

关于多手段防御鱼雷综合运用问题,文献[4]中分别按照 5 种制导情形,即直航 B_1、声自导 B_2、尾流自导 B_3、线导 B_4 和全选组合类型 $B_1B_2B_3B_4$ 进行了初步探索。但如前所述,水面舰艇只有针对鱼雷制导类型识别的 15 种可能结果(见图 1.11、图 1.21)全部建立起综合防御策略,方能确保综合防御逻辑架构及应用空间的完整性。本章首先以国际上典型的对抗器材为背景阐述综合防御火力分配的目的及步骤,再围绕鱼雷制导类型识别的 15 种可能结果及其似然弹道预测特征来探讨综合防御的运用规律。需要指出,多手段防御鱼雷的综合运用研究涵盖面广、实践要求强,而每一型水面平台都有适合自身特征的综合防御技术需求,只有结合具体装备性能和试验数据展开定量分析才有望得出最佳的综合运用规则。本章不考虑具体的平台性能与装备种类差异,仅在大量似然弹道仿真基础上对综合防御的共性规律及相干因素展开定性探讨,旨在揭示不同态势下综合防御研究的基本思路和关注重点①,而非建立一种行为准则。

4.1 综合防御火力分配

在 1.1 节已指出,本书所强调的综合防御不仅是运用多种对抗器材综合杀伤鱼雷,更是强调运用多种对抗手段(包含规避机动)综合防御鱼雷,然而多种对抗器材火力分配问题仍然是综合防御指控技术研

---

① 克劳塞维茨在《战争论》中指出:"……倘若理论能够探讨构成战争的各个因素,能够比较清晰地划分初看起来好像混淆不清的东西,并且能够全面阐述其手段和特性,说明各种军事手段可能产生的效果,明确目的、性质,不断批判地阐明战争中的一切问题,那么这样的理论也就完成了自己的主要任务"。

究中需要重点考虑的内容。火力分配概念在现代作战研究中具有丰富的内涵,不同军兵种执行不同作战任务时对此均有不同的理解。根据水面舰艇综合防御鱼雷的目标数量,可划分为针对单枚鱼雷的多火力分配、针对多枚鱼雷的多火力分配 2 种形式,前者是构建综合防御指控系统时需要解决的首要问题,在此基础上可进一步拓展到针对 2 枚或多枚鱼雷的多火力分配情形。

4.1.1 火力构成及分配目的

围绕国际上典型的鱼雷防御器材,文献[4]分析了拖曳声诱饵、火箭助飞声诱饵、火箭助飞低频噪声干扰器这 3 种软杀伤器材的运用原理,也探讨了普通火箭深弹、火箭悬浮深弹、近程悬浮深弹、悬浮式诱杀弹这 4 种硬杀伤器材的一般运用规律,本书第 3 章又补充介绍了 ATT 的运用原理。在上述 8 种软硬杀伤器材中,近程悬浮深弹与火箭悬浮深弹仅存在投放距离上的区别,这里将其合并称为悬浮深弹;普通火箭深弹拦截效能低,新型硬杀伤器材问世后更会使其拦截鱼雷的地位弱化,本章对此不再讨论;悬浮式诱杀弹可理解为火箭助飞声诱饵和悬浮深弹的结合体,在运用方式上与两者有很多相似,在此也不单独分析。

基于上述考虑,本章拟围绕火箭助飞声诱饵、火箭助飞低频噪声干扰器、拖曳声诱饵、悬浮深弹、ATT 这 5 种器材探讨综合防御鱼雷的火力分配及运用规律。通过合理规划软硬杀伤器材的种类与数量,以支持多手段、多层次综合防御鱼雷优化策略的形成[9]。

1)在防御鱼雷研究中强调多种对抗手段综合运用的目的

① 扬长避短、优势互补,克服单一手段防御能力的不足,获得多种对抗手段防御鱼雷的累积效应。

② 降低鱼雷制导类型识别的不确定性影响,构成对组合类型鱼雷的综合防御效果。

③ 满足纵深方向的防御需求,形成远、中、近多层配置的拦截能力。

2)在防御鱼雷研究中强调构成多层次拦截配置的目的

① 缓解探测目标信息的模糊性影响,以一次性构成持续杀伤布局来弥补持续跟踪定位能力的不足。

② 构建多重拦截屏障,具备对齐射或连射鱼雷的梯次防御能力。

③ 降低相互干扰,避免因布放距离过近而导致不同对抗器材间出现声学冲突。

在综合防御行动中,构成多层次拦截配置的对抗器材既可以是同一类型器材,也可以是不同类型器材。理论上,在鱼雷防御过程中选用对抗器材种类越多、投放数量越大,作用范围就会越广、防御效果就会越好,但实际对抗中需要综合考虑战场态势、装备性能、防御目的、可持续性、兼容性以及效费比等因素而定。

4.1.2　火力分配步骤

与之前介绍的类型识别模型、弹道预测模型以及软硬杀伤模型不同,火力分配模型在综合防御指控系统中并非独立运行,而是作为一条主线贯穿在态势生成和决策制定的整个过程中。如图 4.1 所示,综合防御鱼雷时的火力分配大致按照两步实施:一是针对来袭鱼雷制导类型的识别结果确定初步的火力分配方案;二是在初步方案基础上,从不同对抗器材综合运用的相干因素以及约束条件出发,进一步确定二次火力分配方案并输出结果[9]。当然,实际对抗中还要考虑配备器材的种类、数量以及射击盲区等因素才能确定。

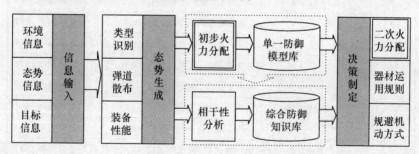

图 4.1　综合防御火力分配实施步骤

1. 初步火力分配方案

已知潜射鱼雷分为直航 B_1、声自导 B_2、尾流自导 B_3 和线导 B_4 这 4 种基本类型,水面舰艇在防御过程中只有识别出鱼雷制导类型才能更有针对性地选择软硬杀伤器材。若无法唯一识别来袭鱼雷制导类型,火力分配时就要考虑到对抗所有可能的制导类型。例如经识别确认来袭鱼雷并非线导鱼雷 B_4 和声自导鱼雷 B_2，火力分配中就要排除对声诱饵、噪声干扰器等软杀伤器材的选用，只需根据直航鱼雷 B_1 和尾流自导鱼雷 B_3 选择硬杀伤器材进行对抗即可。沿用这一思路，表 4.1 针对鱼雷制导类型识别的 15 种可能结果分别给出了上述 5 种对抗器材的初步分配方案。

表 4.1 基于鱼雷制导类型识别结果的火力分配初步方案

制导类型 / 对抗器材			软武器	硬武器
单选	直航鱼雷 B_1			悬浮深弹、ATT
	声自导鱼雷 B_2		火箭助飞声诱饵、拖曳声诱饵	悬浮深弹、ATT
	尾流自导鱼雷 B_3			悬浮深弹、ATT
	线导鱼雷 B_4	线 + 声	噪声干扰器(可配合使用声诱饵)	悬浮深弹、ATT
		线 + 尾	噪声干扰器	悬浮深弹、ATT
二选	$B_1 B_2$		火箭助飞声诱饵、拖曳声诱饵	悬浮深弹、ATT
	$B_1 B_3$			悬浮深弹、ATT
	$B_1 B_4$	B_4 线 + 声	噪声干扰器(可配合使用声诱饵)	悬浮深弹、ATT
		B_4 线 + 尾	噪声干扰器	悬浮深弹、ATT
	$B_2 B_3$		火箭助飞声诱饵、拖曳声诱饵	悬浮深弹、ATT
	$B_2 B_4$	B_4 线 + 声	火箭助飞声诱饵、拖曳声诱饵、噪声干扰器	悬浮深弹、ATT
		B_4 线 + 尾	火箭助飞声诱饵、拖曳声诱饵、噪声干扰器	悬浮深弹、ATT
	$B_3 B_4$	B_4 线 + 声	噪声干扰器(可配合使用声诱饵)	悬浮深弹、ATT
		B_4 线 + 尾	噪声干扰器	悬浮深弹、ATT
三选	$B_1 B_2 B_3$		火箭助飞声诱饵、拖曳声诱饵	悬浮深弹、ATT
	$B_1 B_2 B_4$	B_4 线 + 声	火箭助飞声诱饵、拖曳声诱饵、噪声干扰器	悬浮深弹、ATT
		B_4 线 + 尾	火箭助飞声诱饵、拖曳声诱饵、噪声干扰器	悬浮深弹、ATT
	$B_1 B_3 B_4$	B_4 线 + 声	噪声干扰器(可配合使用声诱饵)	悬浮深弹、ATT
		B_4 线 + 尾	噪声干扰器	悬浮深弹、ATT
	$B_2 B_3 B_4$	B_4 线 + 声	火箭助飞声诱饵、拖曳声诱饵、噪声干扰器	悬浮深弹、ATT
		B_4 线 + 尾	火箭助飞声诱饵、拖曳声诱饵、噪声干扰器	悬浮深弹、ATT

（续）

对抗器材 制导类型			软武器	硬武器
全选	$B_1B_2B_3B_4$	B_4 线 + 声	火箭助飞声诱饵、拖曳声诱饵、噪声干扰器	悬浮深弹、ATT
		线 + 尾	火箭助飞声诱饵、拖曳声诱饵、噪声干扰器	悬浮深弹、ATT

从表 4.1 可以看出，来袭鱼雷制导类型识别结果越模糊，可用软杀伤器材的种类往往越多，而硬杀伤器材则始终为全选。这是因为硬杀伤器材具备通用对抗各种类型鱼雷的能力，而软杀伤器材的设计与使用有较强的针对性——主要用于对抗声自导鱼雷 B_2 和线导鱼雷 B_4。这一规律也证实了对来袭鱼雷制导类型无法准确识别的情况下，应遵循"硬杀伤优先"原则的必要性。

2. 二次火力分配方案

在 1.4 节已经指出，综合防御鱼雷过程中的相干因素可以概括为不同对抗器材的选择、不同对抗手段的运用两方面。导致不同对抗器材之间发生干扰和冲突的相干因素主要来自于工程设计方面，导致不同对抗行动之间发生干扰和冲突的相干因素主要来自于作战运用方面，这两类相干性冲突都是二次火力分配过程中需要重点协调的内容。具体来讲，也就是以初步火力分配方案为基础，通过进一步分析各种软硬杀伤器材之间技术性能以及作战运用中的限制因素，形成对防御器材种类和数量的二次取舍，再与综合运用规则、规避机动方式共同构成如图 4.1 所示的综合防御决策输出结果。

4.2　综合防御确定类型鱼雷

当水面舰艇能够唯一确定来袭鱼雷制导类型时，就可有针对性地制定"多对一"的综合防御策略。下面以 3 种软杀伤器材（火箭助飞低频噪声干扰器、火箭助飞声诱饵、拖曳声诱饵）、2 种硬杀伤器材（悬浮深弹、ATT）和本舰规避机动为基础，定性分析多手段综合防御 4 种确定类型鱼雷的基本原理及关注重点，并围绕典型的相干性因素展开探讨[4]，其中用于态势生成的来袭鱼雷弹道主要按 2.3 节似然弹道预测想定仿真给出。

4.2.1 综合防御直航鱼雷

根据表 4.1,在防御潜射直航鱼雷过程中投放软杀伤器材是无效的,水面舰艇只能选择悬浮深弹和 ATT 这 2 种硬杀伤器材。下面按照鱼雷距离的远近并结合本舰航行状态展开分析。

1. 中远程报警

对于水面舰艇确定直航鱼雷来袭且距离较远情形,可按照本舰保持原状态航行和采取规避机动两种态势讨论。

1)保持原状态航行

如图 4.2 所示,若水面舰艇由于某些原因不宜采取规避机动、只能保持原状态航行时,悬浮深弹和 ATT 两种器材均应以"毁伤概率最大"为主要对抗目的投放,即悬浮深弹拦截阵对鱼雷弹道预测散布构成横向全覆盖,ATT 也按迎击弹道方式实施拦截。这种拦截方式旨在对雷舰预期命中点 C 的散布范围构成最强防护,从而确保正常航行至 C 点附近时的本舰安全。

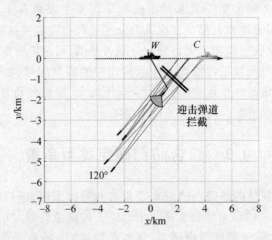

图 4.2　原状态航行时综合防御 B_1 示意

根据潜艇鱼雷攻击原理可知[49],潜射直航鱼雷攻击通常采取多枚齐射方式,齐射扇面要求能遮盖一定范围的目标散布,并确保目标不易从相邻两雷间隙漏过,按照对大中型驱逐舰一次扇面齐射 3~5 枚鱼雷估算,将会在提前点附近形成数百米的遮拦宽度。因此,水面舰艇未知来袭鱼雷齐射数量的情况下,所投放硬杀伤器材在满足横向遮盖单枚鱼雷弹道预测散布的同时,还需在弹道预测散布两侧有所延宽,以对抗可能的多雷齐射情形。

2)采取规避机动

如果水面舰艇可采取规避机动时,应根据规避机动方式确定硬杀伤器材的综合运用。分析图2.24的似然弹道预测散布,当鱼雷从距离较远的正横附近方向入射时,水面舰艇往往位于鱼雷弹道预测散布之外或多雷齐射遮盖范围之外,这时有必要采取合理规避机动方式以远离鱼雷威胁区域;若鱼雷从距离较远的首尾附近方向入射时,水面舰艇可能接近或已经位于鱼雷弹道预测散布之内(或多雷齐射遮盖范围之内),这时则需通过优化的规避机动策略来力争走出并远离鱼雷威胁区域。即距离较远的鱼雷无论从哪一舷角入射,水面舰艇均应首先以走出或"远离弹道散布"为主要对抗目的,例如图4.3和图4.4中的航路Ⅰ都是以最快远离鱼雷弹道散布方向实施的规避。

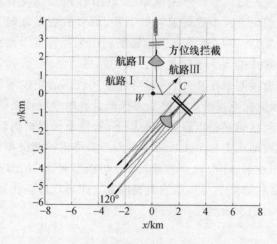

图4.3 偏向正横入射时综合防御 B_1 示意

直航鱼雷扇面齐射的遮拦宽度与声自导鱼雷的自导扇面有一定相似,因此航路Ⅰ方向可参考纯机动规避声自导鱼雷时最优规避策略

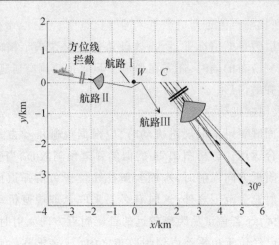

图 4.4　偏向舰首入射时综合防御 B_1 示意

的求解思路进行推导①。不同之处在于,水面舰艇规避直航鱼雷时可采取全程高速航行,而在规避声自导鱼雷时则需考虑其声自导装置对本舰加速规避时的噪声敏感性影响。

　　水面舰艇在远离鱼雷弹道散布一段距离后,若能及时营造出类似航路Ⅱ将当前鱼雷置于舰尾航行的态势,则可沿舰尾方向布放一道拦截阵或择机发射 ATT,这种方式能够削弱由某些异常因素而导致鱼雷航向发生偏离并指向了本舰规避方向的隐患。另外,若确认本舰处于直航鱼雷弹道预测散布之外,例如当鱼雷从较远的正横附近方向入射时,也可由原航向直接转入航路Ⅱ并择机沿舰尾投放硬杀伤器材。

　　在上述对抗策略得以保障的前提下,若硬杀伤器材仍较为充足,则水面舰艇可按图 4.3 和图 4.4 所示再沿鱼雷弹道预测散布横向布放拦截阵,或迎击发射 ATT,以兼顾获得"毁伤概率最大"的对抗效果。另外,还可考虑在航路Ⅰ与鱼雷的大概位置之间布放硬杀伤屏障,从而对处于航路Ⅰ时的水面舰艇构成进一步防护。

---

　　①　文献[4]中4.2节给出了水面舰艇纯机动规避声自导鱼雷时的最优规避策略推导过程,并在 116 页指出:在雷舰距离 D_T 的实际估测值存在较大误差情况下,水面舰艇在最小可规避预警距离 $D_k(X_W)$ 上能够成功走出鱼雷自导搜索带的策略就是最优规避策略。

2. 近程报警

当来袭鱼雷距离较近时,水面舰艇可能已经位于其弹道预测散布内或齐射遮盖范围内,且难以可靠走出并远离鱼雷威胁区域。这种情况下,水面舰艇应考虑以"防护能力最强"作为主要对抗目的,即沿来袭鱼雷方位线投放硬杀伤器材。在硬杀伤器材提供的保护扇面内,本舰则按图 4.3 和图 4.4 中航路 III 所示的平行鱼雷航向方式实施转向规避①,以减少本舰在着弹方向的投影宽度。此时若鱼雷能对本舰构成威胁,则其航线必会穿越硬杀伤器材拦截范围,若鱼雷航向偏离了硬杀伤器材拦截范围,也就意味其航线散布未能遮盖本舰方位,不会构成威胁。

3. 相干性分析

下面围绕综合防御过程中几个主要的相干因素展开讨论,所得规律及结论虽然是针对直航鱼雷防御行动展开,但也适用于相同态势下防御其他类型鱼雷的情形。

1)规避航路的选择

当鱼雷距离较远时,水面舰艇执行航路 I 的目的是尽快走出并远离鱼雷弹道散布,执行航路 II 的目的是配合硬杀伤器材对本舰规避航向构成可靠防护。

① 若水面舰艇在报警后确认本舰处于鱼雷弹道散布范围以远,例如当鱼雷从较远的正横附近方向入射时,可由原航向直接转入航路 II 并择机沿舰尾投放硬杀伤器材;若无法确认本舰是否处于鱼雷弹道预测散布之外,例如当鱼雷从较远的首尾附近方向入射时,则首先执行航路 I 是有必要的。

② 若水面舰艇没有装备硬杀伤器材或硬杀伤器材可靠性无法得

---

① 文献[4]中的式(3.5)即为水面舰艇采取平行航向方式规避直航鱼雷的转向角 τ 表达式:

$$\tau = \begin{cases} \pi - X_W - \arcsin\left(\dfrac{V_W \sin X_W}{V_T}\right) & \text{当 } X_W + \arcsin\left(\dfrac{V_W \sin X_W}{V_T}\right) \geq \pi/2 \text{ 左转} \\[3mm] X_W - \arcsin\left(\dfrac{V_W \sin X_W}{V_T}\right) & \text{当 } X_W + \arcsin\left(\dfrac{V_W \sin X_W}{V_T}\right) < \pi/2 \text{ 右转} \end{cases}$$

通过对典型数据的仿真分析,一般当 $X_W \leq 70°$ 时为向敌转向,$X_W > 70°$ 时为背敌转向。

到充分保障的情况下,则只需按照航路Ⅰ执行纯机动规避,无须再转入航路Ⅱ,旨在尽快走出并远离鱼雷弹道散布。若已经装备硬杀伤器材且其可靠性能够得到充分保障的情况下,则水面舰艇可考虑由航路Ⅰ适时转入航路Ⅱ,并沿舰尾投放硬杀伤器材以对整个航路Ⅱ提供遮拦防护。

还需指出,航路Ⅱ方向是由航路Ⅰ末端时刻对应的鱼雷方位所决定的,因此水面舰艇在执行航路Ⅰ过程中有必要继续保持对鱼雷辐射噪声的跟踪,或者结合最初的报警方位信息进行大概推算,从而为航路Ⅱ方向的确定提供参考。一般情况下,水面舰艇在由原航向转入航路Ⅰ过程中已经完成了大角度转向,而由航路Ⅰ转入航路Ⅱ则属于小角度转向,所引起的转向旋回延迟效应相对较小,可予以忽略。

2) 发射次序与间隔

如图4.5所示,水面舰艇在沿某一方向投放悬浮深弹并发射ATT构成多层拦截配置时,如果ATT穿越了悬浮深弹阵布放点,则悬浮深弹可能会将ATT视为来袭鱼雷而引爆。若要避免这种情形发生,就应首先发射ATT并使其承担最外层防御,间隔时间t_{BL}后再发射悬浮深弹,以确保悬浮深弹入水工作时ATT已经穿越了深弹布放点。

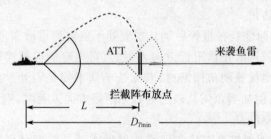

图4.5 交叉穿越时t_{BL}与$D_{T\min}$求解示意

令悬浮深弹最近射程为L,从发射出管到入水后正常工作的时间为t_d,令ATT航速为V_B,忽略其发射入水后的姿态调整时间影响。则对于间隔时间t_{BL}存在以下约束:

$$t_{BL} \geqslant \frac{L}{V_B} - t_d \tag{4.1}$$

根据式(4.1),若取$L = 1500\mathrm{m}$、$V_B = 50\mathrm{kn}$、$t_d = 20\mathrm{s}$,则在ATT出管

至少 40s 后发射悬浮深弹才能确保两者弹道不会构成交叉穿越。

3）最近雷舰距离要求

由于按方位线拦截过程中要避免 ATT 穿越悬浮深弹拦截阵,这就对实施综合拦截时的雷舰距离也提出了近限要求。如图 4.5 所示,令 ATT 发射出管时刻的雷舰距离为 D_T,若确保 ATT、悬浮深弹和来袭鱼雷三者恰好同时抵达拦截阵布放点,则满足这一条件的 D_T 即为两种器材可实现综合拦截的最近雷舰距离 $D_{T\min}$。结合上面的仿真想定,若按照 $V_T = V_B$ 估算,则有

$$D_{T\min} = 2L \qquad\qquad (4.2)$$

根据式(4.2),若取 $L = 1500\mathrm{m}$,则只有雷舰距离 $D_T \geqslant 3000\mathrm{m}$ 时发射 ATT 才有可能确保两种器材的弹道不会构成交叉穿越。

需要指出,以上关于 t_{BL} 和 $D_{T\min}$ 的两项约束模型均是按照来袭鱼雷沿方位线接近本舰的假设进行推导的,实际中只适用鱼雷从本舰首尾附近方向入射的拦截情形,或者以对本舰构成"防护能力最强"为目的实施方位线拦截情形。若鱼雷从正横附近方向入射,当水面舰艇沿弹道预测散布实施提前点拦截或迎击弹道拦截时,则需首先考虑两种器材在发射提前角的设置方面能否避免形成交叉穿越,若无法避免时再考虑 t_{BL} 和 $D_{T\min}$ 的求解问题。

另外,以上关于 t_{BL} 和 $D_{T\min}$ 的两项约束也是按照 ATT 承担最外层防御展开分析的。如果由 ATT 承担内层防御、悬浮深弹承担外层防御,则可满足 D_T 在更近距离窗口内的综合拦截需要。但是这种拦截方式对获取来袭鱼雷距离信息的精度要求更高,否则仍可能导致 ATT 会首先穿越拦截阵并引爆悬浮深弹。

4）声学兼容问题

不同对抗器材和探测设备之间可能存在声学兼容问题,主要体现在频率干扰、识别与互导等方面。其中:工作频率的影响一般由软杀伤器材所引起,这在综合防御声自导鱼雷 B_2 和线导鱼雷 B_4 时需要重点考虑;而在综合防御直航鱼雷 B_1 过程中,则主要考虑硬杀伤器材之间以及与探测设备之间的识别与互导问题。

① 对于 ATT 与悬浮深弹之间,如能从技术层面解决两者的识别与互导问题,则前面关于发射间隔 t_{BL} 和最近雷舰距离 $D_{T\min}$ 的约束就都可

以解除。

② ATT 与鱼雷报警声纳之间,需要解决报警声纳对本舰发射 ATT 的识别问题,避免报警声纳误将 ATT 视为来袭目标而对真实目标的听测形成干扰。

③ 当同一种对抗器材投放了多枚时,例如 ATT 与 ATT 之间、悬浮深弹与悬浮深弹之间也可能存在识别与互导问题,也要避免因错误识别而导致互相攻击和引爆。

声学兼容问题要立足于从技术层面加以解决,争取将这方面的不利影响消除在设备研制阶段。如果技术层面无法解决,就只能在综合运用层面进行协调,但这在实际对抗中就有可能造成被动局面。

除了上述 4 种相干性因素外,悬浮深弹、ATT 的综合运用也可能受到射击盲区的影响,发射控制过程中也可能存在通道组织方面的冲突,对此均需要结合具体装备性能和试验数据方能给出确切性结论,这里不做探讨。

4.2.2 综合防御声自导鱼雷

根据表 4.1,在防御潜射声自导鱼雷过程中可供选择的对抗器材较多,软杀伤器材有火箭助飞声诱饵和拖曳声诱饵,硬杀伤器材有悬浮深弹和 ATT。下面按照鱼雷距离的远近并结合本舰航行状态展开分析。

1. 中远程报警

对于水面舰艇确定声自导鱼雷来袭且距离较远情形,主要是针对鱼雷的直航搜索弹道组织防御,可按照本舰保持原状态航行和采取规避机动两种态势讨论。

1)保持原状态航行

如图 4.6 所示,若水面舰艇由于某些原因不宜采取规避机动、只能保持原状态航行时,悬浮深弹和 ATT 两种器材均应以"毁伤概率最大"为主要对抗目的投放,即悬浮深弹拦截阵对鱼雷弹道预测散布构成横向全覆盖,ATT 也按迎击弹道方式实施拦截。这种拦截方式旨在对提前点 C 的散布范围构成最强防护,从而确保正常航行至 C 点附近时的本舰安全。若投放硬杀伤器材较晚时,还需考虑来袭鱼雷已经或即将转入自导追踪弹道的影响。

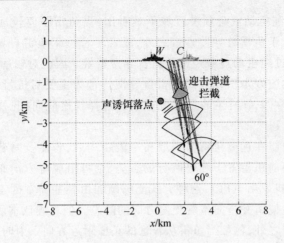

图 4.6　原状态航行时综合防御 B_2 示意

　　拖曳声诱饵在鱼雷距离较远时应严禁采用,以防在鱼雷未发现本舰的情况下过早将其诱向本舰。火箭助飞声诱饵则应以"诱骗鱼雷远离"[87]为目的来确定落点位置①,图 4.6 给出了这种态势下火箭助飞声诱饵的落点示意,即向本舰航行的反方向诱骗鱼雷。

　　需要说明的是,火箭助飞声诱饵如果能成功诱骗鱼雷偏离原航向,也意味着布放在鱼雷弹道预测散布上的硬杀伤屏障将失去拦截作用,这就形成了态势方面的相干性影响。另外,鉴于声自导鱼雷在被诱骗过程中存在识别出目标真伪并恢复原航向的可能,如果悬浮深弹有所富余,也可考虑在诱饵落点与鱼雷的大概位置之间布放一道拦截阵(见图 4.6),或者直接采用火箭助飞诱杀弹实施拦截,以获得"诱骗 + 毁伤"的综合防御效果,这一点在后面介绍的类似防御态势中也是适用的。

　　2)采取规避机动

　　如果水面舰艇可采取规避机动时[88-89],应根据规避机动方式确定软硬杀伤器材的综合运用。分析图 2.25 的似然弹道预测散布以及文

---

　　①　文献[4]中 4.3 节提炼的火箭助飞声诱饵落点分布规律是以本舰采取规避机动为前提的,当本舰始终保持原状态航行时则不适用,但其中所依据的"诱雷远离、按提前角发射、先被鱼雷发现、不超射界"这 4 个原则具有通用性,以此为基础也能够分析得出本舰始终保持原状态航行下的诱饵落点分布规律,有兴趣的读者可对此展开定量讨论。

献[4]中的纯机动规避预警区域不难看出,当鱼雷距离较远时①,水面舰艇可能位于鱼雷自导搜索带之外,或者尽管位于鱼雷自导搜索带之内,但可通过纯机动规避走出鱼雷自导搜索带。因此对较远距离鱼雷,水面舰艇均应以走出或远离鱼雷自导搜索带为主要对抗目的,即按照文献[4]中4.2节所述的最优规避策略选择规避航向(见图4.7和图4.8中航路Ⅰ)。

水面舰艇在远离鱼雷弹道散布一段距离后,若能及时营造出类似航路Ⅱ将当前鱼雷置于舰尾航行的态势,则可沿舰尾方向布放一道拦截阵(或择机发射ATT),这种方式能够削弱由某些异常因素而导致鱼雷航向发生偏离并指向本舰规避方向的隐患。但若确认本舰处于鱼雷自导搜索带之外,例如当鱼雷从较远的正横附近方向入射时,也可由原航向直接转入航路Ⅱ并择机沿舰尾投放硬杀伤器材。

在满足相干性约束的前提下,火箭助飞声诱饵可按"诱骗鱼雷远离"为目的确定落点位置,以辅助提高本舰规避机动的对抗效果,文献[4]对此有详细论述。拖曳声诱饵在鱼雷距离较远时应严禁采

---

① 所谓"鱼雷距离较远"是指鱼雷位于可规避预警区域(含)以远的范围。文献[4]中4.2节给出了典型态势下水面舰艇纯机动规避声自导鱼雷时的预警区域仿真示意及其物理含义说明,图a和图b是其中的2种仿真情形:Ⅰ区为安全规避预警区,Ⅱ区为加速敏感区,Ⅲ区为可规避预警区,Ⅳ区为加速敏感区,Ⅴ区为不可规避预警区,Ⅵ区为被捕获预警区,图b中Ⅶ区为Ⅳ区和Ⅱ区出现重合时的加速敏感区。

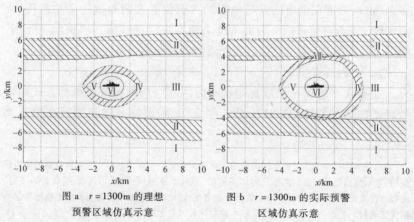

图a r = 1300m 的理想 　　　　图b r = 1300m 的实际预警
　预警区域仿真示意　　　　　　 　区域仿真示意

用,以防在鱼雷未发现本舰的情况下过早将其诱向本舰。

　　在上述对抗策略得以保障的前提下,若硬杀伤器材仍较为充足,水面舰艇可如图 4.7 和图 4.8 所示再沿鱼雷弹道预测散布横向布放拦截阵或迎击发射 ATT,以兼顾获得"毁伤概率最大"的对抗效果。另外,还可考虑在航路 I 与鱼雷的大概位置之间布放硬杀伤屏障,从而对处于航路 I 时的水面舰艇构成进一步防护。

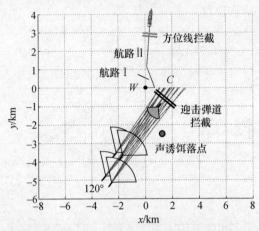

图 4.7　偏向正横入射时综合防御 B_2 示意

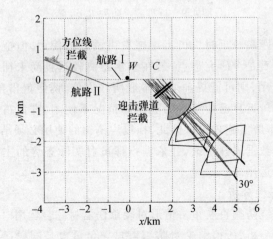

图 4.8　偏向舰首入射时综合防御 B_2 示意

2. 近程报警

如图 4.9 所示,来袭鱼雷距离较近时,水面舰艇可能已经位于其自导搜索带内且难以可靠走出并远离。这种情况下,水面舰艇应考虑以"防护能力最强"作为主要对抗目的投放,即沿来袭鱼雷方位线投放硬杀伤器材,在硬杀伤器材提供的保护扇面内转向将鱼雷置于舰尾舷角并远离。火箭助飞声诱饵则在满足相干性约束的前提下,按照诱雷远离的方式确定落点位置。

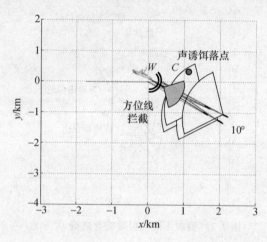

图 4.9　近程综合防御 B_2 示意

当鱼雷距离较近时也可考虑拖曳声诱饵的使用,但拖曳声诱饵的运用时机一直是个研究难点:若在鱼雷距离较远且尚未捕获水面舰艇的情况下使用,则可能提前暴露本舰所在方位、诱使鱼雷接近本舰;若在鱼雷距离较近且已捕获水面舰艇的情况下使用,则鱼雷可能不受影响,继续对本舰实施攻击。因此,拖曳声诱饵的使用必须结合具体装备性能和试验数据展开讨论,并依据指挥员对实际态势的主观认知情况来决定是否运用。

3. 相干性分析

前面围绕防御直航鱼雷情形对硬杀伤器材综合运用时的主要相干因素进行了分析,所得结论对防御声自导鱼雷也是同样适用的。下面主要从技术层面和运用层面定性探讨由声学特征所引起的相干因素。

1）技术层面

技术层面相干因素主要体现在火箭助飞声诱饵、拖曳声诱饵与硬杀伤器材之间的声学兼容性冲突，具体包括：

① 火箭助飞声诱饵、拖曳声诱饵可能将 ATT 识别为来袭鱼雷，并对其实施主动、被动或主被动联合方式的声学诱骗，而来不及对真实目标进行反应。

② ATT 自导系统可能受声诱饵的辐射噪声或应答信号影响导致识别失误，并由此引发弹道偏离或拦截失败。

③ 悬浮深弹探测装置可能受声诱饵的辐射噪声或应答信号干扰，导致拦截阵对来袭鱼雷的探测与识别出现失误。

另外，声诱饵与报警声纳之间、火箭助飞声诱饵与拖曳声诱饵之间、多枚火箭助飞声诱饵之间也可能存在技术层面的声学冲突，对此均需要结合具体装备性能和试验数据方能给出量化结果。

2）运用层面

运用层面相干因素主要体现在多种对抗手段综合防御鱼雷过程中的空域与时域协调方面，前面围绕鱼雷距离远近已对此给出了定性阐述，下面做两点补充说明。

① 关于对抗目的整合问题。当火箭助飞声诱饵以"诱骗鱼雷远离"为目的确定落点，而硬杀伤器材以"防护能力最强"为目的实施拦截时（见图 4.7 中本舰转入航路 II 后的拦截阵布放示意），两种对抗目的可达成相对一致。但若硬杀伤器材以"毁伤概率最大"为目的投放至鱼雷弹道预测散布扇面内时，声诱饵的诱骗概率与硬杀伤器材的毁伤概率之间就会形成相互冲突，这种情况下如何协调对抗策略、如何调整评价机制是需要进一步讨论的内容。

② 关于规避机动的连锁效应。若水面舰艇将近距鱼雷置于舰尾并远离航行，则无论鱼雷采取哪种追踪弹道（常见的如尾追法、固定提前角法或平行接近法等），捕获本舰后也只能沿着舰尾方向实施追踪，这相当于提高了对鱼雷自导追踪弹道的预见效果，有助于展开硬杀伤拦截。此外，当本舰采取背转后停车规避时也具有迷惑鱼雷被动自导装置、改变鱼雷追踪弹道的作用。这些情况下均可沿雷舰方位投放硬杀伤器材，此时：若鱼雷能对本舰构成威胁，则其航线必会穿越拦截屏

障;若鱼雷航向偏离了拦截屏障,也就意味其航线散布未能遮盖本舰方位,不会构成威胁。充分利用规避机动造成的这种弹道关联特征,有望获得 $1+1>2$ 的综合防御效果。

4.2.3 综合防御尾流自导鱼雷

根据表 4.1,在防御潜射尾流自导鱼雷过程中投放软杀伤器材是无效的,水面舰艇只能选择悬浮深弹和 ATT,这一点与防御直航鱼雷情形类似。下面按照鱼雷距离的远近并结合本舰航行状态展开分析。

1. 中远程报警

对于水面舰艇确定尾流自导鱼雷来袭且距离较远情形,主要是针对鱼雷的直航搜索弹道组织防御,可按照本舰保持原状态航行和采取规避机动两种态势讨论。

1) 保持原状态航行

如图 4.10 所示,若水面舰艇由于某些原因不宜采取规避机动而只能保持原状态航行时,悬浮深弹和 ATT 两种器材均应以"毁伤概率最大"为主要对抗目的投放,即悬浮深弹拦截阵对鱼雷弹道预测散布构成横向全覆盖,ATT 也按迎击弹道方式实施拦截。这种拦截方式旨在对鱼雷预期捕获尾流点 C 的散布范围构成最强防护,从而确保正常驶过 C 点后的本舰安全。随着鱼雷距离的接近,可再考虑向本舰尾流内间隔投放悬浮深弹(或择机发射 ATT),对已经或即将捕获本舰尾流的鱼雷自导追踪弹道构成有效遮拦[90-91]。

2) 采取规避机动

如果水面舰艇可采取规避机动时[92-93],应根据规避机动方式确定硬杀伤器材的综合运用。图 4.11 是文献[4]中给出的水面舰艇纯机动规避尾流自导鱼雷预警区域的仿真示意,根据各预警区域的物理含义可知①,当来袭鱼雷位于Ⅰ区、Ⅱ区、Ⅳ区、Ⅴ区以远时,水面舰艇都

---

① 文献[4]中 5.3 节给出了单舰纯机动规避尾流自导鱼雷的分析过程以及纯机动规避预警区域的仿真示意,并指出:当鱼雷位于Ⅰ区时,可采取停车规避或背敌转向远离规避;当鱼雷位于Ⅲ区时,需立即加速并保持高速直航;当鱼雷位于Ⅳ区时,可采取向雷转向诱雷远离规避;当鱼雷位于Ⅴ区时,可采取停车规避或向雷转向诱雷远离规避。而当鱼雷位于Ⅱ区时,则需结合实际情况在Ⅰ区和Ⅲ区的规避策略之间进行选择。

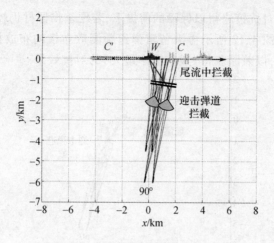

图 4.10　原状态航行时综合防御 B_3 示意

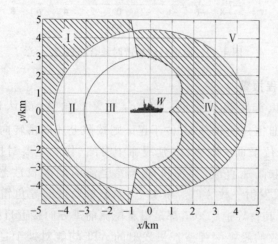

图 4.11　机动规避预警区域仿真示意

能获得较大的纯机动规避成功概率。

　　水面舰艇在规避机动中估测鱼雷接近到一定程度后,可按图 4.12 所示沿着本舰尾流内间隔投放悬浮深弹(或择机发射 1 枚 ATT),这种方式能够削弱某些鱼雷由异常因素而导致其航向发生偏离并指向本舰规避航向的隐患,也能削弱由于估距失误而导致鱼雷可能提前捕获本舰尾流的隐患。

在上述对抗策略得以保障的前提下,若硬杀伤器材仍较为充足,水面舰艇可如图 4.12 所示再沿鱼雷弹道预测散布横向布放拦截阵或迎击发射 ATT,以兼顾获得"毁伤概率最大"的对抗效果。

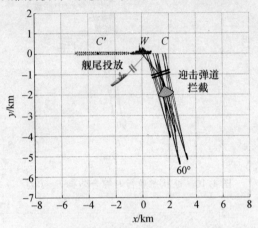

图 4.12　向雷转向规避时综合防御 B_3 示意

2. 近程报警

来袭鱼雷距离较近时,应结合报警舷角 X_W 确认鱼雷是位于图 4.11 的Ⅲ区还是Ⅳ区:若位于Ⅳ区则按照上述向雷转向规避策略实施对抗;若位于Ⅲ区则应以"延缓命中时间"作为主要对抗目的,即沿原航向采取高速直航,并择机向本舰尾流内间隔投放悬浮深弹(见图 4.13)或发射一枚 ATT。事实上,无论单通道制导鱼雷还是三波束制导鱼雷,其自导追踪弹道都是沿着尾流前进方向接近目标,沿本舰尾流间隔投放的悬浮深弹或择机发射的 ATT 均能对处于自导追踪段的鱼雷构成有效遮拦。

3. 相干性分析

4.2.1 节围绕直航鱼雷情形对硬杀伤器材综合运用时的主要相干因素进行了分析,所得结论对防御尾流自导鱼雷也是同样适用的。此外,对于尾流自导鱼雷的综合防御还需考虑其他一些相干因素,这些相干因素均需要结合装备性能和试验数据方能给出量化结果。

① 在沿尾流投放悬浮深弹或择机发射 ATT 时,硬杀伤器材的探测

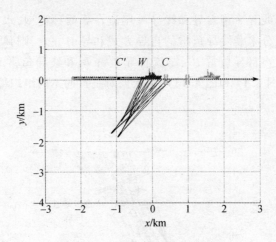

图 4.13 近程综合防御 B_3 示意

性能可能会受到本舰航行的辐射噪声、尾流气泡影响,其在尾流中的悬浮状态或航行状态也可能与舰尾各种拖曳装置形成相互干扰。

② 要考虑发射装置的射击盲区影响,必要时可利用本舰机动来实现硬杀伤器材向本舰尾流投放的需求。

4.2.4 综合防御线导鱼雷

根据表 4.1,在防御潜射线导鱼雷过程中可供选择的对抗器材包括火箭助飞低频噪声干扰器、悬浮深弹和 ATT。声诱饵虽不宜单独对抗线导鱼雷,但可与噪声干扰器配合使用以形成互补对抗效果。下面按照鱼雷距离的远近并结合本舰航行状态展开分析。

1. 中远程报警

对于水面舰艇确定线导鱼雷来袭且距离较远情形,主要是针对鱼雷的线导导引弹道组织防御,可按照本舰保持原状态航行和采取规避机动两种态势讨论。

1) 保持原状态航行

根据潜射线导鱼雷的导引规律,当水面舰艇由于某些原因不宜采取规避机动而只能保持原状态航行时,潜艇可能采用现在方位法导引鱼雷,也可能解算出本舰运动要素后转为前置点法导引鱼雷。由于线导鱼雷包含线导＋声自导和线导＋尾流自导两种类型,水面舰艇若无法进一步区分来袭线导鱼雷的自导方式和导引方式,则弹道预测散布中应包含对声自导鱼雷 B_2、尾流自导鱼雷 B_3 和线导鱼雷 B_4 的弹道预测总和(见图 4.14 和图 4.15),并依据对抗目的不同组织综合防御。

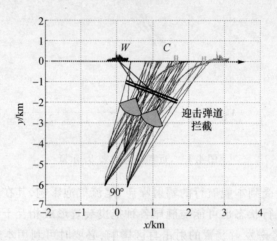

图 4.14　原状态航行时按"毁伤概率最大"目的综合防御 B_4 示意

　　① 毁伤概率最大。在图 4.14 中,硬杀伤器材的使用是以"毁伤概率最大"为主要对抗目的,即悬浮深弹拦截阵对鱼雷弹道预测散布构成横向全覆盖,ATT 也按迎击弹道方式实施拦截。这种拦截方式旨在对提前点 C 的散布范围构成最强防护,从而确保正常航行至 C 点附近时的本舰安全。随着鱼雷距离的接近,可再向本舰尾流内间隔投放悬浮深弹(或择机发射 ATT),以对可能的线导＋尾流自导鱼雷追踪弹道构成进一步拦截。

　　② 增大线导误差。在图 4.15 中,低频噪声干扰器的使用是以"增大线导误差"为主要对抗目的,即以来袭鱼雷方位线为基准并向本舰前进方向一侧延伸形成横向干扰屏障。在对敌潜艇导引声纳形成了压制性干扰后,可再采用火箭助飞声诱饵对线导＋声自导鱼雷进一步构成诱骗。

　　若将以上两种对抗目的加以整合则会存在相互冲突,主要是指低频噪声干扰器的使用可能导致鱼雷弹道预测散布的增大,从而降低硬

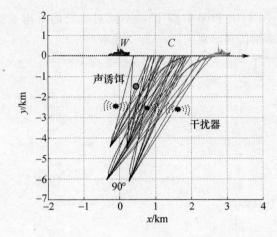

图 4.15 原状态航行时按"增大线导误差"目的综合防御 B_4 示意

杀伤器材的遮拦效果。考虑到这种态势下的弹道预测散布范围大、硬杀伤器材遮拦效果差,若将软杀伤器材干扰或诱骗鱼雷穿越至本舰异舷也视为对抗成功,那么也可以考虑两类对抗器材的同时运用。但若噪声干扰器的使用会严重影响到硬杀伤器材对目标的探测效果,也就是存在较大声学冲突时,则应在布放间距方面予以协调或者避免两类器材的同时运用,对此均需结合具体装备性能和试验数据而定。

2)采取规避机动

根据潜射线导鱼雷的导引规律,当水面舰艇实施了规避机动后,敌潜艇通常会采用现在方位法导引鱼雷接近本舰,在这种态势下的综合防御鱼雷行动主要应以现在方位导引弹道为基准实施,而本舰规避机动引起鱼雷弹道变化的连锁效应就是综合防御过程中需要重点考虑的因素。例如转向将鱼雷置于舰尾舷角并高速脱离时,来袭鱼雷通常都是沿舰尾舷角接近本舰,弹道可预测性强,有利于提高硬杀伤拦截效果[94-96],同时这种规避方式也会增加潜艇导引线导 + 尾流自导鱼雷攻击时判断目标左右舷的难度。

假设潜艇按照现在方位法导引鱼雷,水面舰艇在雷舰距离 D_T = 4500m 确认报警后,转向将鱼雷置于舰尾舷角高速航行,规避航速 V_a = 30kn,决策延迟时间 t_d = 10s,旋回角速度 ω = 1.7(°)/s,其余仿真参数同 2.3.2 节,图 4.16 和图 4.17 按照不同对抗目的给出了规避机动态势下的综合防御仿真示意。

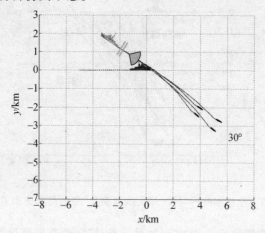

图 4.16　规避机动时按"防护能力最强"目的综合防御 B_4 示意

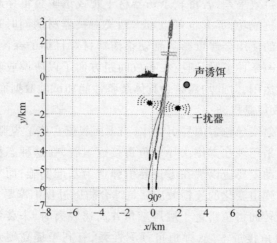

图 4.17　规避机动时按"增大线导误差"目的综合防御 B_4 示意

　　① 防护能力最强。在图 4.16 中,当水面舰艇将鱼雷置于舰尾舷角并高速脱离后,择机沿来袭鱼雷方位(即本舰尾流方向)投放多枚悬浮深弹或发射 ATT,既可构成对本舰规避航向的可靠防护,又能获得对弹道预测散布的有效遮拦。此时,凡是对本舰构成威胁的鱼雷弹道将

处于硬杀伤器材遮拦范围内,凡是偏离硬杀伤器材遮拦扇面的鱼雷弹道则很难会对本舰构成威胁。

②增大线导误差。在图 4.17 中,当水面舰艇将鱼雷置于舰尾舷角并高速脱离后,择机沿来袭鱼雷方位,即沿本舰尾流横向布放多枚低频噪声干扰器,就能对敌潜艇导引声纳形成压制性干扰,从而增大线导鱼雷的导引误差,本舰则在干扰扇面内选择优化的规避航路。此时,若再投放火箭助飞声诱饵还可对线导 + 声自导鱼雷形成进一步诱骗。

若将以上两种对抗目的加以整合则同样存在相互冲突,主要是指低频噪声干扰器的使用可能导致鱼雷弹道散布范围的增大,从而降低硬杀伤器材的遮拦效果。考虑到本舰的合理机动能够引起鱼雷弹道预测散布范围的减小,若敌潜艇能够清晰跟踪本舰并稳定导引鱼雷,反而更有利于本舰投放的硬杀伤器材形成可靠遮拦,因此不宜再同时投放低频噪声干扰器实施对抗。当然,这也是以硬杀伤器材的可靠性有充分保障为前提的,否则就需要结合具体装备性能和试验数据展开讨论。

2. 近程报警

当线导鱼雷距离较近时,预测鱼雷自导装置已经或即将捕获本舰,此时水面舰艇应以图 4.16 所示"防护能力最强"作为主要对抗目的,即沿来袭鱼雷方位线投放硬杀伤器材,本舰则在硬杀伤器材提供的保护扇面内转向将鱼雷置于舰尾舷角并远离。

雷舰距离较近时的态势紧迫,若将干扰或诱骗鱼雷穿越至本舰异舷也视为对抗成功,且不存在声学冲突的前提下,也可以考虑软杀伤器材、硬杀伤器材的同时运用。若硬杀伤器材的可靠性无法得到充分保障,就只能以规避机动和软杀伤器材为核心来制定综合防御决策。

3. 对潜反击策略

水面舰艇在对抗潜射线导鱼雷过程中,还可同时实施对潜反击[56,97]。如图 4.18 所示,由于潜艇利用现在方位法导引鱼雷时,潜艇、鱼雷和目标三者近似位于同一条方位线上。水面舰艇可利用这一规律向来袭鱼雷方位发射火箭助飞反潜鱼雷,并使其入水以后沿雷舰方位线逆向直航展开搜索。这种反击策略可获得一定毁伤敌艇的概率,同时还可能迫使其切断导线并由攻势行动转为防御行动,当线导鱼雷因切断导线而转变为自导鱼雷后,对水面舰艇的威胁程度也会大大降低。关于对潜反击策略的实施原理详见文献［4］中的 6.4 节,在后续关于综合防御含有线导鱼雷 B_4 的组合类型鱼雷分析中,均可考虑对潜反击策略的实施。

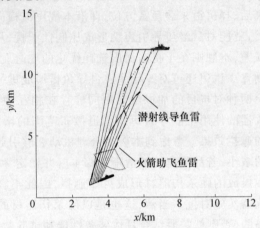

图 4.18　火箭助飞鱼雷反击潜艇示意

4. 相干性分析

在综合防御线导鱼雷研究中,同样也可借鉴防御直航鱼雷、声自导鱼雷和尾流自导鱼雷的相干性分析结论,除此之外还需要考虑其他一些相干因素。

1)技术层面

技术层面的相干因素主要体现在低频噪声干扰器强烈的工作噪声对悬浮深弹、ATT、声诱饵以及报警声纳的探测性能所造成的影响。当这种声学兼容性冲突无法从技术层面获得根本解决时,就需要结合具体装备性能和试验数据给出干扰距离的定量约束,并在战术运用中寻求缓解方式,必要时可禁止相干器材的同时运用。

2)运用层面

运用层面相干因素主要体现在多种对抗手段综合防御鱼雷过程中的空域与时域协调方面,前面根据线导鱼雷的距离远近已对此给出了定性阐述,下面再作两点补充说明。

① 关于规避机动的连锁效应。防御自导鱼雷时,由本舰规避机动引起鱼雷弹道变化的连锁效应仅存在于自导追踪弹道阶段,而防御线

190

导鱼雷时的规避机动连锁效应几乎贯穿了鱼雷的全部弹道阶段,这对于水面舰艇的综合防御鱼雷行动是非常有利的。通过本舰转向将鱼雷置于舰尾航行的方式可提高对鱼雷弹道的可预见性,从而为硬杀伤拦截提供相对可靠的目标指示,甚至还可拓展到对潜反击范畴,这一规律在综合防御线导鱼雷过程中需要重点把握。

②　关于对抗目的整合问题。水面舰艇利用规避机动的连锁效应将鱼雷弹道预测散布限定在较小范围后,投放硬杀伤器材可以获得"毁伤概率最大"与"防护能力最强"两种对抗效果的统一。这种情况下再投放软杀伤器材时就必须要慎重,尤其当 ATT 捕获概率或悬浮深弹拦截效果都有充分保障的前提下,若受噪声干扰器"增大线导误差"的影响导致硬杀伤器材拦截失败,则显然是得不偿失的。

此外,噪声干扰器与声诱饵的综合运用也是对抗目的相互整合的结果,原理在于:低频噪声干扰器虽然能够增大线导鱼雷的导引误差,但并不能阻止鱼雷穿越干扰屏障并继续接近本舰,此时可利用火箭助飞声诱饵或拖曳声诱饵进一步诱骗鱼雷穿越本舰航迹,从而形成互补对抗效果。当然,声诱饵这种互补对抗效果只适用于对抗线导 + 声自导鱼雷,对线导 + 尾流自导鱼雷则不起作用,但也不会产生消极效果。

4.3　综合防御二选组合类型鱼雷

当水面舰艇无法唯一确定来袭鱼雷制导类型但可排除 2 种制导类型时,则应针对剩下的二选组合类型鱼雷实施防御,具体包括图 1.11 和表 4.1 中 B_1B_2、B_1B_3、B_1B_4、B_2B_3、B_2B_4、B_3B_4 这 6 种情形。下面以 5 种典型对抗器材和本舰规避机动为基础,定性分析多手段综合防御二选组合类型鱼雷的基本原理及关注重点,其中用于态势生成的来袭鱼雷弹道主要按 2.3 节似然弹道预测想定仿真给出。

4.3.1　综合防御 B_1B_2 组合类型鱼雷

根据表 4.1,在防御直航鱼雷 B_1、声自导鱼雷 B_2 的组合类型 B_1B_2 过程中,水面舰艇可选的软杀伤器材是火箭助飞声诱饵、拖曳声诱饵,可选的硬杀伤器材是悬浮深弹和 ATT。下面按照鱼雷距离的远近并结合本舰规避机动策略展开分析。

1. 中远程报警

对于水面舰艇确定 B_1B_2 鱼雷来袭且距离较远情形,主要是针对 B_1 的直航攻击弹道以及 B_2 的直航搜索弹道组织防御,可按照本舰保持原状态航行和采取规避机动两种态势讨论。

1)保持原状态航行

如图 4.19 所示,若水面舰艇由于某些原因不宜采取规避机动而只能保持原状态航行时,火箭助飞声诱饵、拖曳声诱饵、悬浮深弹和 ATT 的综合运用可参考综合防御 B_2 情形实施。

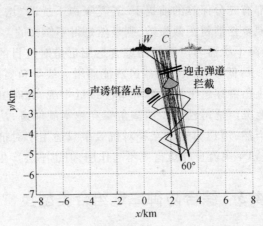

图 4.19 原状态航行时综合防御 B_1B_2 示意

其中,悬浮深弹和 ATT 两种器材均以"毁伤概率最大"为主要对抗目的的投放,确保遮拦宽度能对 B_1B_2 组合弹道预测散布构成横向全覆盖,同时略向舰首一侧有所延宽,以应对直航鱼雷 B_1 可能的多枚齐射情形[①]。在满足相干性约束的前提下,火箭助飞声诱饵只需依据 B_2 的弹道预测散布确定落点,而无须考虑 B_1 的影响(即与图 4.6 相同)。拖

---

① 根据图 2.28 ~ 图 2.30 中对 B_1、B_2 弹道预测散布的仿真可知,当考虑直航鱼雷 B_1 的多雷齐射时,B_1 在舰尾一侧弹道预测散布扇面的延伸幅度基本包含在 B_2 的弹道预测散布范围内,因此投放硬杀伤器材时只需额外考虑对 B_1 在舰首一侧延伸的弹道扇面构成补充遮拦。

曳声诱饵在鱼雷距离较远时应严禁采用,以防在 B_2 未发现本舰的情况下过早将其诱向本舰。

2) 采取规避机动

如图 4.20 和图 4.21 所示,若水面舰艇对抗 B_1B_2 组合类型鱼雷过程中可采取规避机动时,规避机动策略的制定以及软硬杀伤器材的综合运用也均参考综合防御 B_2 情形实施,即:按照图 4.7 和图 4.8 中的两段式航路确定规避机动策略,并在航路 II 阶段沿舰尾方向投放悬浮深弹(或择机发射 ATT)。若确认本舰处于 B_2 自导搜索带之外,例如当鱼雷从较远的正横附近方向入射时,可由原航向直接转入航路 II 并择机沿舰尾投放硬杀伤器材。

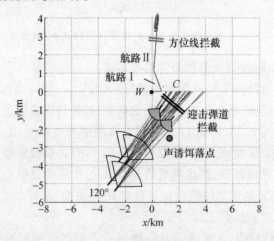

图 4.20　偏向正横入射时综合防御 B_1B_2 示意

若硬杀伤器材较为充足并按"毁伤概率最大"的辅助对抗目的投放悬浮深弹和 ATT 时,需要考虑对 B_1B_2 组合弹道预测散布构成横向全覆盖。在满足相干性约束的前提下,火箭助飞声诱饵只需依据 B_2 的弹道预测散布确定落点,而无须考虑 B_1 的影响(即与图 4.7 相同)。拖曳声诱饵在鱼雷距离较远时应严禁采用,以防在 B_2 未发现本舰的情况下过早将其诱向本舰。

以上分析是以 B_1B_2 组合类型鱼雷的似然弹道预测散布为基准,实际对抗中若经过观察或解算得到相对准确的鱼雷实际弹道预测散布

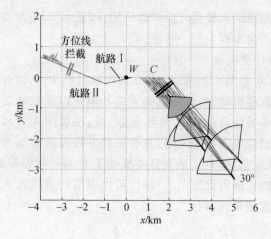

图 4.21　偏向舰首入射时综合防御 B_1B_2 示意

时,则应以实际弹道预测散布为基准实施。

上述综合防御策略的制定主要是基于以下一些方面的考虑:

① 水面舰艇综合防御 B_1 和综合防御 B_2 时的规避策略具有一定相似性。观察图 2.28、图 2.29 组合弹道预测散布可以看出,当水面舰艇转向将鱼雷置异舷规避时,若能成功走出 B_2 的直航搜索弹道散布及其所对应的自导搜索带,则也可成功走出 B_1 的直航弹道散布。因此可认为基于 B_2 确定的规避航路包含了针对 B_1 的防御,并可在此基础上确定软硬杀伤器材的综合运用。

② 水面舰艇转入航路 Ⅱ 并沿舰尾布放悬浮深弹拦截阵或择机发射 ATT 时,既可对指向本舰当前方位的 B_1、B_2 直航弹道构成有效遮拦,也可对 B_2 捕获本舰后的自导追踪弹道构成有效遮拦,具备较好的通用对抗效果。

2. 近程报警

当来袭鱼雷距离较近时,水面舰艇可能已经位于 B_1 直航弹道预测散布内或无法走出 B_2 自导搜索带。这种情况下,水面舰艇应考虑以"防护能力最强"作为主要对抗目的,即沿来袭鱼雷方位线投放硬杀伤器材。在硬杀伤器材提供的保护扇面内,本舰则转向将鱼雷置于舰尾舷角并远离,以形成兼具对抗 B_1、B_2 的综合防御态势。不存在声学冲突前提下,也可针对 B_2 情形考虑同时运用火箭助飞声诱饵、拖曳声诱饵配合硬杀伤器材实施综合防御。

4.3.2　综合防御 B_1B_3 组合类型鱼雷

根据表 4.1,在防御直航鱼雷 B_1、尾流自导鱼雷 B_3 的组合类型 B_1B_3 过程中,投放软杀伤器材是无效的,水面舰艇只能选择悬浮深弹和 ATT。下面按照鱼雷距离的远近并结合本舰规避机动策略展开分析。

1. 中远程报警

对于水面舰艇确定 B_1B_3 鱼雷来袭且距离较远情形,主要是针对 B_1 的直航攻击弹道以及 B_3 的直航搜索弹道组织防御,可按照本舰保持原状态航行和采取规避机动两种态势讨论。

1) 保持原状态航行

若水面舰艇由于某些原因不宜采取规避机动而只能保持原状态航行时,悬浮深弹和 ATT 的综合运用可参考综合防御 B_3 情形实施。两种器材均以"毁伤概率最大"为主要对抗目的投放,确保遮拦宽度能够对 B_1B_3 组合弹道预测散布构成横向全覆盖,同时略向舰首一侧有所延宽,以应对直航鱼雷 B_1 可能的多枚齐射情形[①]。

从图 2.31 的 B_1B_3 似然弹道预测仿真可以看出,当鱼雷从正横附近方向入射时需要投放更多的拦截器材方能达到对 B_1B_3 弹道预测散布的横向全覆盖要求。如果硬杀伤器材数量有限、遮拦宽度难以保证对弹道散布的横向全覆盖时,也可按图 4.22 所示仅遮盖 B_1 的直航弹道预测散布,再利用 B_3 尾流自导追踪弹道可预测性强的特点,择机向本舰尾流内间隔投放悬浮深弹(或择机发射 ATT)[②],从而对已经或即将捕获本舰尾流的 B_3 追踪弹道构成有效遮拦。

---

① 根据图 2.28、图 2.29、图 2.31 中对 B_1、B_3 弹道预测散布的仿真可知,当考虑直航鱼雷 B_1 的多枚齐射时,B_1 在舰尾一侧弹道预测散布扇面的延伸幅度基本包含在 B_3 的弹道预测散布范围内,因此投放硬杀伤器材时只需额外考虑对 B_1 在舰首一侧延伸的弹道扇面构成补充遮拦,这与综合防御 B_1B_2 情形同理。

② 对"择机"的理解可参考 3.5.2 节关于 ATT 拦截处于自导追踪段尾流自导鱼雷必要条件的论述,以及文献[4]中 179 页关于"停车规避有效报警距离"的论述。

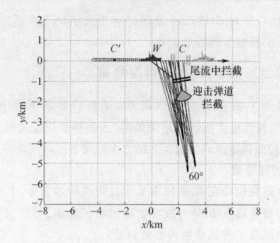

图 4.22　原状态航行时综合防御 B_1B_3 示意

2）采取规避机动

在鱼雷距离较远时，水面舰艇分别防御 B_1 和 B_3 时的纯机动规避策略有较大差异，但若将规避机动与硬杀伤器材综合运用以对抗 B_1B_3 时，则可参考综合防御 B_1 情形实施对抗。如图 4.23 和图 4.24 所示，也就是按照防御 B_1 的两段式航路采取规避机动，转入航路 Ⅱ 后向舰尾布放悬浮深弹拦截阵（或择机发射 ATT）。若确认本舰处于 B_1 弹道预测散布之外，例如当鱼雷从较远的正横附近方向入射时，可由原航向直接转入航路 Ⅱ、并择机沿舰尾投放硬杀伤器材。

若悬浮深弹和 ATT 较为充足并按"毁伤概率最大"的辅助对抗目的投放时，则需要考虑对图 4.23 和图 4.24 中的 B_1B_3 组合弹道预测散布构成横向全覆盖。

以上分析是以 B_1B_3 组合类型鱼雷的似然弹道预测散布为基准，实际对抗中若经过观察或解算得到相对准确的鱼雷实际弹道预测散布时，则应以实际弹道预测散布为基准实施。

上述综合防御策略的制定主要是基于以下一些方面的考虑：

① 在制导类型未明情况下，水面舰艇若采取对抗 B_3 时的向雷转向诱雷远离规避、背转后停车规避等策略时，均有可能加剧受 B_1 攻击的风险，而在某些态势下，例如图 4.11 中Ⅰ区和Ⅱ区内报警时，对抗 B_3

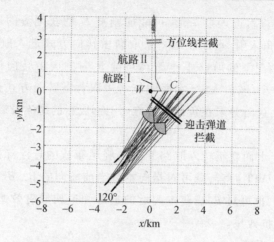

图 4.23　偏向正横入射时综合防御 B_1B_3 示意

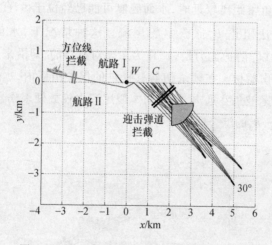

图 4.24　偏向舰首入射时综合防御 B_1B_3 示意

的背雷转向远离规避则与综合防御 B_1 的两段式规避航路相似。

　　② 航路 I 有时会在鱼雷攻击方向上形成新的尾流投影①,例如图

---

　　① 所谓"新的尾流投影"是相对于水面舰艇转向之前业已形成的尾流在鱼雷攻击方向上的投影次序和长度而言的。如图 4.23 中航路 I 的尾流投影被转向前的尾流投影所遮挡,并未产生新的尾流投影;而图 4.24 中转向前的尾流投影则被转向后航路 I 的尾流投影所遮挡,即形成了新的尾流投影。

4.24 偏向舰首附近入射情形,可能加剧被 B_3 捕获尾流的风险。但若 B_1 从较小舷角入射,水面舰艇将采取向雷转向方式进入航路Ⅰ(见图 4.4),这种情况下的航路Ⅰ也兼具对抗 B_3 时的向雷转向诱雷远离功能;若 B_1 从较大舷角入射,水面舰艇将采取背雷转向方式进入航路Ⅰ (见图 4.3),这时并未在鱼雷攻击方向上形成新的尾流投影,因此也是值得考虑的。

③ 对于水面舰艇转入航路Ⅱ后向舰尾布放的悬浮深弹拦截阵或择机发射的 ATT 而言,既可对指向本舰当前航向的 B_1、B_3 直航弹道构成有效遮拦,也可对 B_3 捕获本舰后的追踪弹道构成有效遮拦,具备较好的通用对抗效果。

2. 近程报警

当来袭鱼雷距离较近时,水面舰艇可能已经位于 B_1 直航弹道预测散布内或无法阻止 B_3 捕获本舰尾流。这种情况下,水面舰艇应如图 4.25 所示以"防护能力最强"作为主要对抗目的,即沿来袭鱼雷方位线投放硬杀伤器材。在硬杀伤器材提供的保护扇面内,本舰则转向将鱼雷置于舰尾舷角并远离,同时向本舰尾流中投放硬杀伤器材,以形成兼具对抗 B_1、B_3 的综合防御态势。

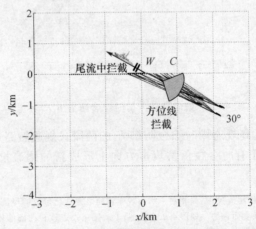

图 4.25 近程综合防御 $B_1 B_3$ 示意

4.3.3　综合防御 B_1B_4 组合类型鱼雷

根据表 4.1,在防御直航鱼雷 B_1、线导鱼雷 B_4 的组合类型 B_1B_4 过程中,水面舰艇可选的软杀伤器材是低频噪声干扰器、硬杀伤器材为悬浮深弹和 ATT,声诱饵也可与噪声干扰器配合使用以形成互补对抗 B_4 的效果。下面按照鱼雷距离的远近并结合本舰规避机动策略展开分析。

1. 中远程报警

对于水面舰艇确定 B_1B_4 鱼雷来袭且距离较远情形,主要是针对 B_1 的直航攻击弹道以及 B_4 的线导导引段弹道组织防御,可按照本舰保持原状态航行和采取规避机动两种态势讨论。

1）保持原状态航行

根据对潜射线导鱼雷的弹道预测分析可知,当水面舰艇由于某些原因不宜采取规避机动而只能保持原状态航行时,潜艇可能采用 B_4 的现在方位法导引鱼雷,也可能解算出本舰运动要素后转为 B_2、B_3 的前置点法导引鱼雷。因此在本舰保持原状态航行下,对 B_1B_4 的弹道预测实际上是包含了 B_1、B_2、B_3、B_4 弹道预测散布的总和(见图 4.26),并在此基础上组织综合防御。

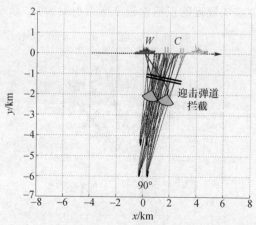

图 4.26　原状态航行时综合防御 B_1B_4 示意

针对图 4.26 所示弹道预测散布,当水面舰艇以"毁伤概率最大"为主要对抗目的投放悬浮深弹和 ATT 时,应争取对 B_1、B_2、B_3、B_4 的弹道预测散布均构成横向全覆盖,同时略向舰首一侧有所延宽以应对直航鱼雷 B_1 可能的多枚齐射情形。随着鱼雷距离的接近,可再向本舰尾流内间隔投放悬浮深弹(或择机发射 ATT),以对可能的线导 + 尾流自导鱼雷追踪弹道构成进一步拦截。

在满足相干性约束的前提下,低频噪声干扰器主要以"增大线导误差"为目的沿来袭鱼雷方位线形成横向干扰屏障(见图 4.15),其落点位置不受 B_1 弹道散布的影响。在对敌艇导引声纳形成了压制性干扰后,可再采用火箭助飞声诱饵对线导 + 声自导鱼雷进一步构成诱骗。

可以看出,在保持原状态航行下,水面舰艇综合防御 B_1B_4 组合类型鱼雷与综合防御 B_4 情形所考虑的因素基本相同,主要区别在于硬杀伤拦截 B_1B_4 时需要兼顾对直航鱼雷 B_1 弹道预测散布的遮拦。

2)采取规避机动

在鱼雷距离较远时,水面舰艇针对 B_1B_4 的规避机动以及硬杀伤拦截可参考综合防御 B_1 情形实施。如图 4.27 和图 4.28 所示,也就是按照防御 B_1 的两段式航路采取规避机动,转入航路 II 后再向舰尾布放悬浮深弹拦截阵(或择机发射 ATT)。若确认本舰处于 B_1 弹道预测散布之外,例如当鱼雷从较远的正横附近方向入射时,可由原航向直接转入

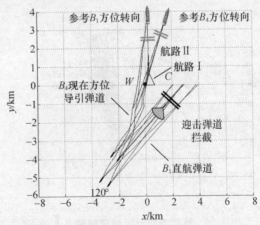

图 4.27　偏向正横入射时综合防御 B_1B_4 示意

航路Ⅱ并择机沿舰尾投放硬杀伤器材。

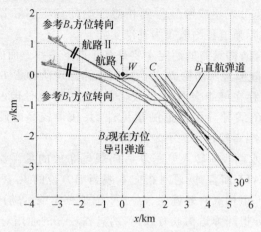

图 4.28 偏向舰首入射时综合防御 B_1B_4 示意

若悬浮深弹和 ATT 较为充足并按"毁伤概率最大"的辅助对抗目的投放时,主要是考虑对 B_1 直航弹道预测散布构成横向全覆盖,至于对 B_4 现在方位导引弹道的硬杀伤拦截则需结合本舰规避方式来确定。

在满足相干性约束的前提下,低频噪声干扰器可布放于航路Ⅰ与鱼雷方位之间,以便对处于航路Ⅰ上的本舰形成噪声掩蔽,火箭助飞声诱饵则以"诱骗鱼雷远离"为目的配合噪声干扰器使用。这种态势下硬杀伤器材和软杀伤器材的对抗目的存在相互冲突,需要结合具体装备性能和试验数据加以协调或者避免 2 类器材的同时运用。

还需指出,综合防御 B_1B_4 组合类型鱼雷时,航路Ⅱ方向是由航路Ⅰ末端时刻对应 B_4 的方位所决定的。这就要求水面舰艇在执行航路Ⅰ过程中,能够保持对鱼雷辐射噪声的跟踪,并按转向时刻所测鱼雷方位确定航路Ⅱ方向。若无法保持跟踪,则需按 B_4(而非 B_1)来袭情形并结合最后丢失目标的信息进行鱼雷方位推测,以此作为确定航路Ⅱ方向的参考。在图 4.27 和图 4.28 中,给出了水面舰艇在航路Ⅰ末端分别以 B_1、B_4 方位为基准实施转向时 B_4 的导引弹道预测散布,可知若以 B_1 方位为基准转向时,B_4 的后续弹道将与本舰尾流之间呈现出明显偏差,这对沿舰尾投放的硬杀伤器材遮拦效果会产生不利影响。

以上分析是以 B_1B_4 组合类型鱼雷的似然弹道预测散布为基准,实际对抗中若经过观察或解算得到相对准确的鱼雷实际弹道预测散布时,则应以实际弹道预测散布为基准实施。

上述综合防御策略的制定主要是基于以下一些方面的考虑:

① 水面舰艇按照防御 B_1 的两段制航路确定防御 B_1B_4 的规避航路时,航路Ⅰ的存在可能会增加 B_4 攻击的风险,但适时转入航路Ⅱ后能有效提高对 B_4 线导导引弹道的预见性,并获得较高的硬杀伤遮拦效果,这在报警距离较远态势下是可取的。

② 对于水面舰艇转入航路Ⅱ后向舰尾布放的悬浮深弹拦截阵或择机发射的 ATT 而言,既可对指向本舰当前方位的 B_1 直航攻击弹道、B_4 线导导引弹道构成有效遮拦,也可对 B_4 捕获本舰后的声自导追踪弹道或尾流自导追踪弹道构成有效遮拦,具备较好的通用对抗效果。

2. 近程报警

当来袭鱼雷距离较近时,水面舰艇可能已经位于 B_1 直航弹道预测散布内或即将被 B_4 自导装置捕获。这种情况下,可参考综合防御 B_4 情形以"防护能力最强"作为主要对抗目的,即沿来袭鱼雷方位线投放硬杀伤器材。在硬杀伤器材提供的保护扇面内,本舰则转向将鱼雷置于舰尾舷角并远离,同时向本舰尾流中投放硬杀伤器材,以形成兼具对抗 B_1、B_4 的综合防御态势。由于态势紧迫,若将干扰或诱骗 B_4 穿越至本舰异舷也视为对抗成功,且不存在声学冲突的前提下,也可考虑软杀伤器材与硬杀伤器材的配合使用。

4.3.4　综合防御 B_2B_3 组合类型鱼雷

根据表 4.1,在防御声自导鱼雷 B_2、尾流自导鱼雷 B_3 的组合类型 B_2B_3 过程中,可选的软杀伤器材是火箭助飞声诱饵、拖曳声诱饵,可选的硬杀伤器材是悬浮深弹和 ATT。下面按照鱼雷距离的远近并结合本舰规避机动策略展开分析。

1. 中远程报警

对于水面舰艇确定 B_2B_3 鱼雷来袭且距离较远情形,主要是针对 B_2、B_3 的直航搜索弹道组织防御,可按照本舰保持原状态航行和采取规避机动两种态势讨论。

1）保持原状态航行

如图 4.29 所示,若水面舰艇由于某些原因不宜采取规避机动而只能保持原状态航行时,悬浮深弹和 ATT 的综合运用可参考综合防御 B_3 情形实施。两种器材均以"毁伤概率最大"为主要对抗目的投放,确保遮拦宽度能对 B_2B_3 组合弹道预测散布构成横向全覆盖。

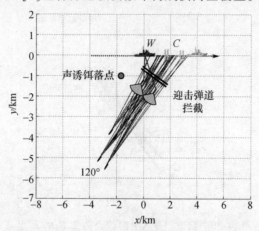

图 4.29 原状态航行时综合防御 B_2B_3 示意

当硬杀伤器材数量有限、遮拦宽度难以保证对弹道散布的横向全覆盖时,也可考虑仅遮盖 B_2 的直航搜索弹道预测散布,再利用 B_3 尾流自导追踪弹道可预测性强的特点,择机向本舰尾流内间隔投放悬浮深弹(或择机发射 ATT),从而对已经或即将捕获本舰尾流的 B_3 追踪弹道构成有效遮拦(类似图 4.22)。

在满足相干性约束的前提下,火箭助飞声诱饵只需依据 B_2 的弹道预测散布确定落点,而无须考虑 B_3 的影响(即与图 4.6 相同)。拖曳声诱饵在鱼雷距离较远时应禁止采用,以防在 B_2 未发现本舰的情况下过早将其诱向本舰。

2）采取规避机动

在鱼雷距离较远时,水面舰艇分别防御 B_2 和 B_3 时的纯机动规避策略有较大差异,但若将规避机动与硬杀伤器材综合运用以对抗 B_2B_3 时,可参考综合防御 B_2 情形实施对抗。如图 4.30 和图 4.31 所示,也

就是按照防御 B_2 的两段式航路采取规避机动,转入航路 II 后向舰尾布放悬浮深弹拦截阵(或择机发射 ATT)。若确认本舰处于 B_2 自导搜索带之外,例如当鱼雷从较远的正横附近方向入射时,可由原航向直接转入航路 II 并择机沿舰尾投放硬杀伤器材。

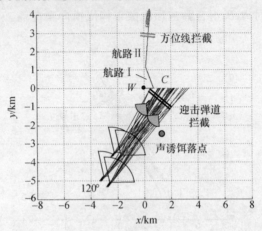

图 4.30　偏向正横入射时综合防御 B_2B_3 示意

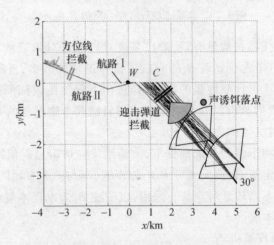

图 4.31　偏向舰首入射时综合防御 B_2B_3 示意

若悬浮深弹和 ATT 较为充足并按"毁伤概率最大"的辅助对抗目的投放时,则需要考虑对 B_2B_3 组合弹道预测散布构成横向全覆盖。在满足相干性约束的前提下,火箭助飞声诱饵只需依据 B_2 的弹道预测散布确定落点,而无需考虑 B_3 的影响(即与图4.7相同)。拖曳声诱饵在鱼雷距离较远时应禁止采用,以防在 B_2 未发现本舰的情况下过早将其诱向本舰。

以上分析是以 B_2B_3 组合类型鱼雷的似然弹道预测散布为基准,实际对抗中若经过观察或解算得到相对准确的鱼雷实际弹道预测散布时,则应以实际弹道预测散布为基准实施。

上述综合防御策略的制定主要是基于以下一些方面的考虑:

① 在制导类型未明情况下,水面舰艇若采取对抗 B_3 时的向雷转向诱雷远离规避、背转后停车规避等策略时,均有可能加剧受 B_2 攻击的风险,而在某些态势下,例如图4.11中Ⅰ区和Ⅱ区内报警时,对抗 B_3 的背雷转向远离规避则与综合防御 B_2 的两段式规避航路相似。

② 航路Ⅰ有时会在鱼雷攻击方向上形成新的尾流投影,例如图4.31偏向舰首附近入射情形,这可能加剧被 B_3 捕获尾流的风险。但若 B_2 从较小舷角入射,水面舰艇将采取向雷转向方式进入航路Ⅰ(见图4.8),这种情况下的航路Ⅰ也兼具对抗 B_3 时的向雷转向诱雷远离功能;若 B_2 从较大舷角入射,水面舰艇将采取背雷转向方式进入航路Ⅰ(见图4.7),这时并未在鱼雷攻击方向上形成新的尾流投影,因此也是值得考虑的。

③ 对于水面舰艇转入航路Ⅱ后向舰尾布放的悬浮深弹拦截阵或择机发射的 ATT 而言,既可对指向本舰当前航向的 B_2、B_3 直航搜索弹道构成有效遮拦,也可对 B_2、B_3 捕获本舰后的追踪弹道构成有效遮拦,具备较好的通用对抗效果。

2. 近程报警

当来袭鱼雷距离较近时,水面舰艇可能无法走出 B_2 自导搜索带或无法阻止 B_3 捕获本舰尾流。这种情况下,水面舰艇应考虑以"防护能力最强"作为主要对抗目的,即沿来袭鱼雷方位线投放硬杀伤器材。在硬杀伤器材提供的保护扇面内,本舰则转向将鱼雷置于舰尾舷角并远离,同时向本舰尾流中投放硬杀伤器材,以形成兼具对抗 B_2、B_3 的综合防御态势(类似图4.25)。不存在声学冲突前提下,也可针对 B_2 情形考虑同时运用火箭助飞声诱饵、拖曳声诱饵配合硬杀伤器材实施综合防御。

4.3.5 综合防御 B_2B_4 组合类型鱼雷

根据表 4.1,在防御声自导鱼雷 B_2、线导鱼雷 B_4 的组合类型 B_2B_4 过程中,水面舰艇可选的软杀伤器材是低频噪声干扰器、火箭助飞声诱饵、拖曳声诱饵,可选的硬杀伤器材是悬浮深弹和 ATT。下面按照鱼雷距离的远近并结合本舰规避机动策略展开分析。

1. 中远程报警

对于水面舰艇确定 B_2B_4 鱼雷来袭且距离较远情形,主要是针对 B_2 的直航搜索弹道以及 B_4 的线导导引段弹道组织防御,可按照本舰保持原状态航行和采取规避机动两种态势讨论。

1) 保持原状态航行

根据对潜射线导鱼雷的弹道预测分析可知,当水面舰艇由于某些原因不宜采取规避机动而只能保持原状态航行时,潜艇可能采用 B_4 的现在方位法导引鱼雷,也可能解算出本舰运动要素后转为 B_2、B_3 的前置点法导引鱼雷。因此在本舰保持原状态航行下,对 B_2B_4 的弹道预测实际上是包含了 B_2、B_3、B_4 弹道预测散布的总和(见图 4.32),并在此基础上组织综合防御。

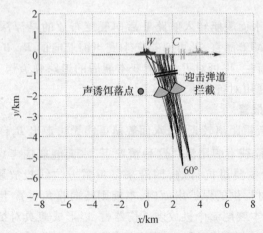

图 4.32 原状态航行时综合防御 B_2B_4 示意

由于这种态势下对 B_4 的弹道预测中已经包含了 B_2、B_3 的弹道元素,因此运用悬浮深弹和 ATT 综合防御 B_2B_4 组合类型鱼雷时,应参考图 4.14 综合防御 B_4 情形实施。即以"毁伤概率最大"为主要对抗目的投放悬浮深弹和 ATT 时,应争取对 B_2、B_3、B_4 的弹道预测散布均构成横向全覆盖。随着鱼雷距离的接近,可再向本舰尾流内间隔投放悬浮深弹(或择机发射 ATT),以对可能的线导 + 尾流自导鱼雷追踪弹道构成进一步拦截。

在满足相干性约束的前提下,低频噪声干扰器主要以"增大线导误差"为目的沿来袭鱼雷方位线形成横向干扰屏障(见图 4.15),其落点位置不受 B_2 弹道散布的影响。在对敌艇导引声纳形成了压制性干扰后,可再采用火箭助飞声诱饵对线导 + 声自导鱼雷进一步构成诱骗,或寻求同时对抗 B_2 与 B_4 的共用落点,若能同时发射多枚时则可分别按照对抗 B_2、B_4 确定落点。拖曳声诱饵在鱼雷距离较远时应禁止采用,以防在 B_2 未发现本舰的情况下过早将其诱向本舰。

2）采取规避机动

在鱼雷距离较远时,水面舰艇针对 B_2B_4 的规避机动以及硬杀伤拦截可参考综合防御 B_2 情形实施。如图 4.33 和图 4.34 所示,也就是按照防御 B_2 的两段式航路采取规避机动,转入航路 II 后再向舰尾布放悬浮深弹拦截阵(或择机发射 ATT),其中航路 II 规避方向的选择是以 B_4 方位为基准确定(原理详见图 4.27、图 4.28 及相关分析)。若确认本舰处于 B_2 自导搜索带之外,例如当鱼雷从较远的正横附近方向入射时,可由原航向直接转入航路 II 并择机沿舰尾投放硬杀伤器材。

若悬浮深弹和 ATT 较为充足并按"毁伤概率最大"的辅助对抗目的投放时,主要是考虑对 B_2 直航搜索弹道预测散布构成横向全覆盖,至于对 B_4 现在方位导引弹道的硬杀伤拦截则需结合本舰规避方式来确定。

在满足相干性约束的前提下,低频噪声干扰器可布放于航路 I 与鱼雷方位之间,以便对处于航路 I 上的本舰形成噪声掩蔽;火箭助飞声诱饵的运用则兼具对 B_2 和 B_4 形成诱雷远离的作用效果;拖曳声诱饵在鱼雷距离较远时应禁止采用,以防在 B_2 未发现本舰的情况下过早将其诱向本舰。这种态势下硬杀伤器材和软杀伤器材对抗 B_4 目的存在相

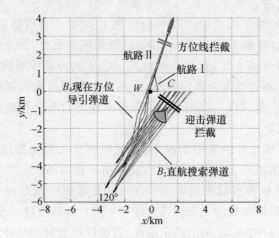

图 4.33　偏向正横入射时综合防御 B_2B_4 示意

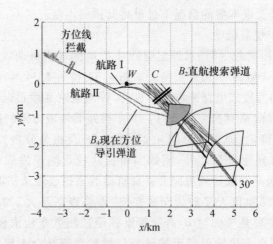

图 4.34　偏向舰首入射时综合防御 B_2B_4 示意

互冲突,需要结合具体装备性能和试验数据加以协调或者避免两类器材的同时运用。

以上分析是以 B_2B_4 组合类型鱼雷的似然弹道预测散布为基准,实际对抗中若经过观察或解算得到相对准确的鱼雷实际弹道预测散布时,则应以实际弹道预测散布为基准实施。

上述综合防御策略的制定主要是基于以下一些方面的考虑：

① 水面舰艇按照防御 B_2 的两段制航路确定防御 B_2B_4 的规避航路时，航路 I 的存在可能会增加 B_4 攻击的风险，但适时转入航路 II 后能有效提高对 B_4 线导导引弹道的预见性，并获得较高的硬杀伤遮拦效果，这在报警距离较远态势下是可取的。

② 对于水面舰艇转入航路 II 后向舰尾布放的悬浮深弹拦截阵或择机发射的 ATT 而言，既可对指向本舰当前方位的 B_2 直航搜索弹道、B_4 线导导引弹道构成有效遮拦，也可对 B_2、B_4 捕获本舰后的声自导追踪弹道或尾流自导追踪弹道构成有效遮拦，具备较好的通用对抗效果。

2. 近程报警

当来袭鱼雷距离较近时，水面舰艇可能无法走出 B_2 自导搜索带或即将被 B_4 自导装置捕获。这种情况下，水面舰艇应考虑以"防护能力最强"作为主要对抗目的，即沿来袭鱼雷方位线投放硬杀伤器材。在硬杀伤器材提供的保护扇面内，本舰则转向将鱼雷置于舰尾舷角并远离，同时向本舰尾流中投放硬杀伤器材，以形成兼具对抗 B_2、B_4 的综合防御态势。由于态势紧迫，若将干扰或诱骗 B_4 穿越至本舰异舷或诱骗 B_2 偏离原航线也视为对抗成功，且不存在声学冲突的前提下，也可考虑软杀伤器材与硬杀伤器材的配合使用。

4.3.6 综合防御 B_3B_4 组合类型鱼雷

根据表 4.1，在防御尾流自导鱼雷 B_3、线导鱼雷 B_4 的组合类型 B_3B_4 过程中，水面舰艇可选的软杀伤器材是低频噪声干扰器，硬杀伤器材为悬浮深弹和 ATT，声诱饵也可与噪声干扰器配合使用以形成互补对抗 B_4 的效果。下面按照鱼雷距离的远近并结合本舰规避机动策略展开分析。

1. 中远程报警

对于水面舰艇确定 B_3B_4 鱼雷来袭且距离较远情形，主要是针对 B_3 的直航搜索弹道以及 B_4 的线导导引段弹道组织防御，可按照本舰保持原状态航行和采取规避机动两种态势讨论。

1）保持原状态航行

根据对潜射线导鱼雷的弹道预测分析可知,当水面舰艇由于某些原因不宜采取规避机动而只能保持原状态航行时,潜艇可能采用 B_4 的现在方位法导引鱼雷,也可能解算出本舰运动要素后转为 B_2、B_3 的前置点法导引鱼雷。因此在本舰保持原状态航行下,对 $B_3 B_4$ 的弹道预测实际上是包含了 B_2、B_3、B_4 弹道预测散布的总和(见图 4.35),并在此基础上组织综合防御。

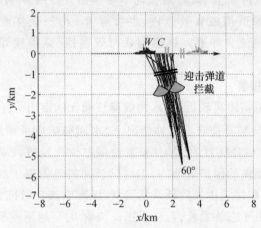

图 4.35　原状态航行时综合防御 $B_3 B_4$ 示意

由于这种态势下对 B_4 的弹道预测中已经包含了 B_2、B_3 的弹道元素,因此运用悬浮深弹和 ATT 综合防御 $B_3 B_4$ 组合类型鱼雷时,应参考图 4.14 综合防御 B_4 情形实施。即以"毁伤概率最大"为主要对抗目的投放悬浮深弹和 ATT 时,应争取对 B_2、B_3、B_4 的弹道预测散布均构成横向全覆盖。随着鱼雷距离的接近,可再向本舰尾流内间隔投放悬浮深弹(或择机发射 ATT),以对可能的尾流自导鱼雷 B_3 和线导 + 尾流自导鱼雷的追踪弹道构成进一步拦截。

在满足相干性约束的前提下,低频噪声干扰器主要以"增大线导误差"为目的沿来袭鱼雷方位线形成横向干扰屏障(见图 4.15),其落点位置不受 B_3 弹道散布的影响。在对敌艇导引声纳形成了压制性干扰后,可再采用火箭助飞声诱饵对可能的线导 + 声自导鱼雷进一步构成诱骗。

2）采取规避机动

在鱼雷距离较远时,水面舰艇针对 B_3B_4 的规避机动以及硬杀伤拦截可参考综合防御 B_4 情形实施。如图 4.36 和图 4.37 所示,也就是在规避机动时以"延缓命中时间"为主要对抗目的——转向将鱼雷置于舰尾舷角并高速脱离,再以转向后的雷舰方位线为基准确定硬杀伤器材的综合运用。

当悬浮深弹和 ATT 较为充足并按"毁伤概率最大"的辅助对抗目的投放时,主要是考虑对 B_3 直航搜索弹道预测散布构成横向全覆盖,至于对 B_4 现在方位导引弹道的硬杀伤拦截则需结合本舰规避方式来确定。

在满足相干性约束的前提下,软杀伤器材的使用也按防御 B_4 情形实施,即水面舰艇将鱼雷置于舰尾舷角并高速脱离过程中,择机向本舰尾流横向布放多枚低频噪声干扰器,再投放火箭助飞声诱饵对线导 + 声自导鱼雷形成进一步诱骗。这种态势下硬杀伤器材和软杀伤器材的对抗目的存在相互冲突,需要结合具体装备性能和试验数据加以协调,或者避免两类器材的同时运用。

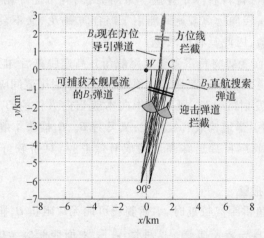

图 4.36 偏向正横入射时综合防御 B_3B_4 示意

以上分析是以 B_3B_4 组合类型鱼雷的似然弹道预测散布为基准,实际对抗中若经过观察或解算得到相对准确的鱼雷实际弹道预测散布

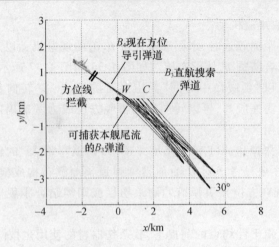

图 4.37　偏向舰首入射时综合防御 B_3B_4 示意

时,则应以实际弹道预测散布为基准实施。

上述综合防御策略的制定主要是基于以下一些方面的考虑:

① 在制导类型未明情况下,水面舰艇若采取对抗 B_3 时的向雷转向诱雷远离规避、背转后停车规避等策略时,均有可能加剧受 B_4 攻击的风险。而背雷转向远离规避既能用于综合防御 B_4,又不会增加本舰受 B_3 攻击的风险,因此具有可取性。

② 当水面舰艇将鱼雷置于舰尾舷角并高速脱离后,能够提高对 B_4 线导导引弹道及自导追踪弹道的预见性。沿本舰尾流间隔投放的悬浮深弹或择机发射的 ATT,既可对指向本舰当前方位的 B_3 直航搜索弹道、B_4 线导导引弹道构成有效遮拦,又可对 B_3、B_4 捕获本舰后的尾流自导追踪弹道或声自导追踪弹道构成有效遮拦,具备较好的通用对抗效果。

2. 近程报警

当来袭鱼雷距离较近时,水面舰艇可能无法阻止 B_3 捕获本舰尾流或即将被 B_4 自导装置捕获。这种情况下,水面舰艇应考虑以"防护能力最强"作为主要对抗目的,即沿来袭鱼雷方位线投放硬杀伤器材。在硬杀伤器材提供的保护扇面内,本舰则转向将鱼雷置于舰尾舷角并远离,同时向本舰尾流中投放硬杀伤器材,以形成兼具对抗 B_3、B_4 的综合防御态势。由于态势紧迫,若将干扰或诱骗 B_4 穿越至本舰异舷也视为对抗成功,且不存在声学冲突的前提下,也可考虑软杀伤器材与硬杀伤器材的配合使用。

4.4 综合防御三选组合类型鱼雷

当水面舰艇无法唯一确定来袭鱼雷制导类型但可排除 1 种制导类型时,则应针对剩下的三选组合类型鱼雷实施防御,具体包括图 1.11 和表 4.1 中 $B_1B_2B_3$、$B_1B_2B_4$、$B_1B_3B_4$、$B_2B_3B_4$ 这 4 种情形。下面以 5 种典型对抗器材和本舰规避机动为基础,定性分析多手段综合防御三选组合类型鱼雷的基本原理及关注重点,其中用于态势生成的来袭鱼雷弹道主要按 2.3 节似然弹道预测想定仿真给出。

4.4.1 综合防御 $B_1B_2B_3$ 组合类型鱼雷

根据表 4.1,在防御直航鱼雷 B_1、声自导鱼雷 B_2、尾流自导鱼雷 B_3 的组合类型 $B_1B_2B_3$ 过程中,水面舰艇可选的软杀伤器材是火箭助飞声诱饵、拖曳声诱饵,可选的硬杀伤器材是悬浮深弹和 ATT。下面按照鱼雷距离的远近并结合本舰规避机动策略展开分析。

1. 中远程报警

对于水面舰艇确定 $B_1B_2B_3$ 鱼雷来袭且距离较远情形,主要是针对 B_1 的直航攻击弹道以及 B_2、B_3 的直航搜索弹道组织防御,可按照本舰保持原状态航行和采取规避机动两种态势讨论。

1)保持原状态航行

如图 4.38 所示,当水面舰艇由于某些原因不宜采取规避机动而只能保持原状态航行时,悬浮深弹和 ATT 均以"毁伤概率最大"为主要对抗目的投放,确保遮拦宽度能对 $B_1B_2B_3$ 组合弹道预测散布构成横向全覆盖,同时略向舰首一侧有所延宽,以应对直航鱼雷 B_1 可能的多枚齐射情形。

当硬杀伤器材数量有限、遮拦宽度难以保证对弹道散布的横向全覆盖时,也可仅遮盖 B_1B_2 的直航弹道预测散布,再利用 B_3 尾流自导追踪弹道可预测性强的特点,择机向本舰尾流内间隔投放悬浮深弹(或

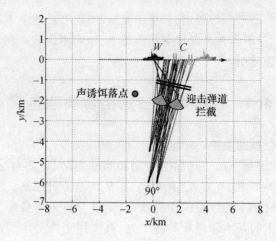

图 4.38　原状态航行时综合防御 $B_1 B_2 B_3$ 示意

择机发射 ATT），从而对已经或即将捕获本舰尾流的 B_3 追踪弹道构成有效遮拦（类似图 4.22）。

　　在满足相干性约束的前提下，火箭助飞声诱饵只需依据 B_2 的弹道预测散布确定落点，而无须考虑 B_1、B_3 的影响（即与图 4.6 相同）。拖曳声诱饵在鱼雷距离较远时应禁止采用，以防在 B_2 未发现本舰的情况下过早将其诱向本舰。

　　2）采取规避机动

　　在鱼雷距离较远时，水面舰艇分别防御 B_1、B_2 和 B_3 时的纯机动规避策略有较大差异，但若将规避机动与硬杀伤器材综合运用以对抗 B_1、$B_2 B_3$，则可参考综合防御 B_2 情形实施对抗。如图 4.39 和图 4.40 所示，也就是按照防御 B_2 的两段式航路采取规避机动，转入航路 Ⅱ 后向舰尾布放悬浮深弹拦截阵（或择机发射 ATT）。若确认本舰处于 B_2 自导搜索带之外，例如当鱼雷从较远的正横附近方向入射时，则可由原航向直接转入航路 Ⅱ 并择机沿舰尾投放硬杀伤器材。

　　若悬浮深弹和 ATT 较为充足并按"毁伤概率最大"的辅助对抗目的投放，则需要考虑对 $B_1 B_2 B_3$ 组合弹道预测散布构成横向全覆盖。在满足相干性约束的前提下，火箭助飞声诱饵只需依据 B_2 的弹道预测散布确定落点，而无须考虑 B_1、B_3 的影响（即与图 4.7 相同）。拖曳声诱

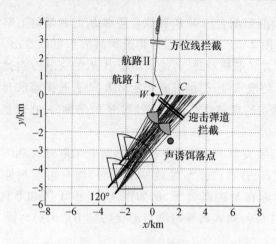

图 4.39　偏向正横入射时综合防御 $B_1 B_2 B_3$ 示意

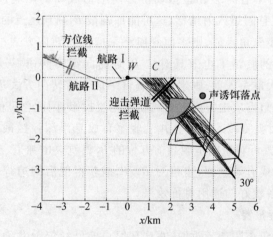

图 4.40　偏向舰首入射时综合防御 $B_1 B_2 B_3$ 示意

饵在鱼雷距离较远时应禁止采用,以防在 B_2 未发现本舰的情况下过早将其诱向本舰。

　　以上分析是以 $B_1 B_2 B_3$ 组合类型鱼雷的似然弹道预测散布为基准,实际对抗中若经过观察或解算得到相对准确的鱼雷实际弹道预测散布,则应以实际弹道预测散布为基准实施。

　　上述综合防御策略的制定主要是基于以下一些方面的考虑:

① 水面舰艇综合防御 B_1 和综合防御 B_2 时的规避策略具有一定相似性。观察图 2.28、图 2.29 组合弹道预测散布可以看出，当水面舰艇转向将鱼雷置异舷规避时，若能成功走出 B_2 的直航搜索弹道散布及其所对应的自导搜索带，则也可成功走出 B_1 的直航弹道散布。因此可认为基于 B_2 确定的规避航路包含了针对 B_1 的防御，并在此基础上兼顾对 B_3 的防御。

② 在制导类型未明情况下，水面舰艇若采取对抗 B_3 时的向雷转向诱雷远离规避、背转后停车规避等策略时，均有可能加剧受 B_1、B_2 攻击的风险。而在某些态势下，例如图 4.11 中Ⅰ区和Ⅱ区内报警时，对抗 B_3 的背雷转向远离规避则与综合防御 B_1、B_2 的两段式规避航路相似。

③ 航路Ⅰ有时会在鱼雷攻击方向上形成新的尾流投影，例如图 4.40 偏向舰首附近入射情形，这可能加剧被 B_3 捕获尾流的风险。但若 B_1、B_2 从较小舷角入射，则水面舰艇将采取向雷转向方式进入航路Ⅰ，这种情况下的航路Ⅰ也兼具对抗 B_3 时的向雷转向诱雷远离功能；若 B_1、B_2 从较大舷角入射，则水面舰艇将采取背雷转向方式进入航路Ⅰ，这时并未在鱼雷攻击方向上形成新的尾流投影，因此也是值得考虑的。

④ 水面舰艇转入航路Ⅱ并沿舰尾布放悬浮深弹拦截阵或择机发射 ATT 时，既可对指向本舰当前方位的 B_1 直航攻击弹道、B_2 和 B_3 直航搜索弹道构成有效遮拦，也可对 B_2、B_3 捕获本舰后的追踪弹道构成有效遮拦，具备较好的通用对抗效果。

2. 近程报警

当来袭鱼雷距离较近时，水面舰艇可能已经位于 B_1 直航弹道预测散布，或无法走出 B_2 自导搜索带，或无法阻止 B_3 捕获本舰尾流。这种情况下，水面舰艇应考虑以"防护能力最强"作为主要对抗目的投放，即沿来袭鱼雷方位线投放硬杀伤器材。在硬杀伤器材提供的保护扇面内，本舰则转向将鱼雷置于舰尾舷角并远离，同时向本舰尾流中投放硬杀伤器材，以形成兼具对抗 B_1、B_2、B_3 的综合防御态势。不存在声学冲突前提下，也可针对 B_2 情形考虑同时运用火箭助飞声诱饵、拖曳声诱饵配合硬杀伤器材实施综合防御。

4.4.2　综合防御 $B_1B_2B_4$ 组合类型鱼雷

根据表 4.1，在防御直航鱼雷 B_1、声自导鱼雷 B_2、线导鱼雷 B_4 的组合类型 $B_1B_2B_4$ 过程中，水面舰艇可选的软杀伤器材是低频噪声干扰器、火箭助飞声诱饵、拖曳声诱饵，可选的硬杀伤器材是悬浮深弹和 ATT。下面按照鱼雷距离的远近并结合本舰规避机动策略展开分析。

1. 中远程报警

对于水面舰艇确定 $B_1B_2B_4$ 鱼雷来袭且距离较远情形，主要是针对 B_1 的直航攻击弹道、B_2 的直航搜索弹道以及 B_4 的线导导引段弹道组织防御，可按照本舰保持原状态航行和采取规避机动 2 种态势讨论。

1）保持原状态航行

根据对潜射线导鱼雷的弹道预测分析可知，当水面舰艇由于某些原因不宜采取规避机动而只能保持原状态航行时，对 B_4 的弹道预测本身就已经包含了 B_2、B_3 的弹道元素。因此运用悬浮深弹和 ATT 综合防御 $B_1B_2B_4$ 时，所考虑的弹道预测散布实际上与图 4.26 综合防御 B_1B_4 情形基本相同。也就是如图 4.41 所示按"毁伤概率最大"为主要对抗目的对 B_1、B_2、B_3、B_4 弹道预测散布均构成横向全覆盖，同时略向舰首一侧有所延宽，以应对直航鱼雷 B_1 可能的多枚齐射情形。随着鱼雷距离的接近，可再向本舰尾流内间隔投放悬浮深弹（或择机发射 ATT），以对可能的线导 + 尾流自导鱼雷追踪弹道构成进一步拦截。

软杀伤器材的使用与前述综合防御 B_2B_4 情形基本相同。在满足相干性约束的前提下，低频噪声干扰器主要以"增大线导误差"为目的沿来袭鱼雷方位线形成横向干扰屏障（见图 4.15），其落点位置不受 B_1、B_2 弹道散布的影响。在对敌艇导引声纳形成了压制性干扰后，可再采用火箭助飞声诱饵对线导 + 声自导鱼雷进一步构成诱骗，或寻求同时对抗 B_2 与 B_4 的共用落点，若能同时发射多枚时则可分别按照对抗 B_2、B_4 确定落点。拖曳声诱饵在鱼雷距离较远时应禁止采用，以防在 B_2 未发现本舰的情况下过早将其诱向本舰。

2）采取规避机动

在鱼雷距离较远时，水面舰艇针对 $B_1B_2B_4$ 的规避机动以及硬杀伤拦截可参考综合防御 B_2 情形实施。如图 4.42 和图 4.43 所示，也就是

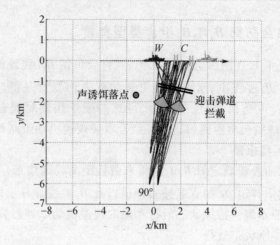

图 4.41　原状态航行时综合防御 $B_1B_2B_4$ 示意

按照防御 B_2 的两段式航路采取规避机动,转入航路 Ⅱ 后再向舰尾布放悬浮深弹拦截阵(或择机发射 ATT),其中航路 Ⅱ 规避方向的选择是以 B_4 方位为基准确定(原理详见图 4.27、图 4.28 及相关分析)。若确认本舰处于 B_2 自导搜索带之外,例如当鱼雷从较远的正横附近方向入射时,则可由原航向直接转入航路 Ⅱ 并择机沿舰尾投放硬杀伤器材。

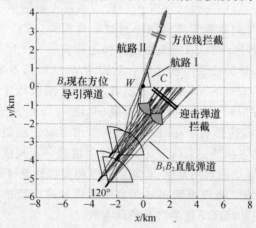

图 4.42　偏向正横入射时综合防御 $B_1B_2B_4$ 示意

当悬浮深弹和 ATT 较为充足并按"毁伤概率最大"的辅助对抗目

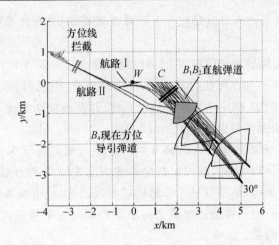

图 4.43　偏向舰首入射时综合防御 $B_1B_2B_4$ 示意

的投放时,主要是考虑对 B_1 直航攻击弹道和 B_2 直航搜索弹道的预测散布构成横向全覆盖,至于对 B_4 现在方位导引弹道的硬杀伤拦截,则需结合本舰规避方式来确定。

在满足相干性约束的前提下,低频噪声干扰器可布放于航路 I 与鱼雷方位之间,以便对处于航路 I 上的本舰形成噪声掩蔽;火箭助飞声诱饵的运用则兼具对 B_2 和 B_4 形成诱雷远离的作用效果;拖曳声诱饵在鱼雷距离较远时应禁止采用,以防在 B_2 未发现本舰的情况下过早将其诱向本舰。这种态势下硬杀伤器材和软杀伤器材对抗 B_4 目的存在相互冲突,需要结合具体装备性能和试验数据加以协调,或者避免两类器材的同时运用。

以上分析是以 $B_1B_2B_4$ 组合类型鱼雷的似然弹道预测散布为基准,实际对抗中若经过观察或解算得到相对准确的鱼雷实际弹道预测散布,则应以实际弹道预测散布为基准实施。

上述综合防御策略的制定主要是基于以下一些方面的考虑:

① 水面舰艇综合防御 B_1 和综合防御 B_2 时的规避策略具有一定相似性。观察图 2.28、图 2.29 组合弹道预测散布可以看出,当水面舰艇转向将鱼雷置异舷规避时,若能成功走出 B_2 的直航搜索弹道散布及其所对应的自导搜索带,则也可成功走出 B_1 的直航弹道散布。因此可认

为基于 B_2 确定的规避航路包含了针对 B_1 的防御,并在此基础上兼顾对 B_4 的防御。

② 水面舰艇按照防御 B_2 的两段制航路确定防御 $B_1B_2B_4$ 的规避航路时,航路 I 的存在可能会增加 B_4 攻击的风险,但适时转入航路 II 后能有效提高对 B_4 线导导引弹道的预见性,并获得较高的硬杀伤遮拦效果,这在报警距离较远态势下是可取的。

③ 对于水面舰艇转入航路 II 后向舰尾布放的悬浮深弹拦截阵或择机发射的 ATT 而言,既可对指向本舰当前方位的 B_1 直航攻击弹道、B_2 直航搜索弹道、B_4 线导导引弹道构成有效遮拦,也可对 B_2、B_4 捕获本舰后的声自导追踪弹道或尾流自导追踪弹道构成有效遮拦,具备较好的通用对抗效果。

2. 近程报警

当来袭鱼雷距离较近时,水面舰艇可能已经位于 B_1 直航弹道预测散布,或无法走出 B_2 自导搜索带,或即将被 B_4 自导装置捕获。这种情况下,水面舰艇应考虑以"防护能力最强"作为主要对抗目的,即沿来袭鱼雷方位线投放硬杀伤器材。在硬杀伤器材提供的保护扇面内,本舰则转向将鱼雷置于舰尾舷角并远离,同时向本舰尾流中投放硬杀伤器材,以形成兼具对抗 B_1、B_2、B_4 的综合防御态势。由于态势紧迫,若将干扰或诱骗 B_4 穿越至本舰异舷,或诱骗 B_2 偏离原航线也视为对抗成功,且不存在声学冲突的前提下,也可考虑软杀伤器材与硬杀伤器材的配合使用。

4.4.3 综合防御 $B_1B_3B_4$ 组合类型鱼雷

根据表 4.1,在防御直航鱼雷 B_1、尾流自导鱼雷 B_3、线导鱼雷 B_4 的组合类型 $B_1B_3B_4$ 过程中,水面舰艇可选的软杀伤器材是低频噪声干扰器、硬杀伤器材为悬浮深弹和 ATT,声诱饵也可与噪声干扰器配合使用以形成互补对抗 B_4 的效果。下面按照鱼雷距离的远近并结合本舰规避机动策略展开分析。

1. 中远程报警

对于水面舰艇确定 $B_1B_3B_4$ 鱼雷来袭且距离较远情形,主要是针对

B_1 的直航攻击弹道、B_3 的直航搜索弹道以及 B_4 的线导导引段弹道组织防御,可按照本舰保持原状态航行和采取规避机动两种态势讨论。

1) 保持原状态航行

根据对潜射线导鱼雷的弹道预测分析可知,当水面舰艇由于某些原因不宜采取规避机动而只能保持原状态航行时,对 B_4 的弹道预测本身就已经包含了 B_2、B_3 的弹道元素。因此运用悬浮深弹和 ATT 综合防御 $B_1B_3B_4$ 时,所考虑的弹道预测散布实际上与图 4.26 综合防御 B_1B_4、图 4.41 综合防御 $B_1B_2B_4$ 情形基本相同。也就是如图 4.44 所示按"毁伤概率最大"为主要对抗目的对 B_1、B_2、B_3、B_4 弹道预测散布均构成横向全覆盖,同时略向舰首一侧有所延宽,以应对直航鱼雷 B_1 可能的多枚齐射情形。随着鱼雷距离的接近,可再向本舰尾流内间隔投放悬浮深弹(或择机发射 ATT),以对可能的尾流自导鱼雷 B_3 和线导 + 尾流自导鱼雷追踪弹道构成进一步拦截。

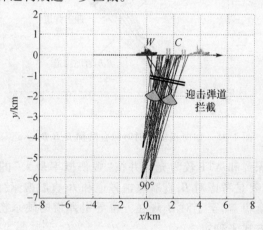

图 4.44　原状态航行时综合防御 $B_1B_3B_4$ 示意

在满足相干性约束的前提下,低频噪声干扰器主要以"增大线导误差"为目的沿来袭鱼雷方位线形成横向干扰屏障(见图 4.15),其落点位置不受 B_1、B_3 弹道散布的影响。在对敌艇导引声纳形成了压制性干扰后,可再采用火箭助飞声诱饵对线导 + 声自导鱼雷进一步构成诱骗。拖曳声诱饵在鱼雷距离较远时应禁止采用,以防在 B_2 未发现本舰的情况下过早将其诱向本舰。

2）采取规避机动

在鱼雷距离较远时，水面舰艇针对 $B_1B_3B_4$ 的规避机动以及硬杀伤拦截可参考综合防御 B_1 情形实施。如图 4.45 和图 4.46 所示，也就是按照防御 B_1 的两段式航路采取规避机动，转入航路 II 后再向舰尾布放悬浮深弹拦截阵（或择机发射 ATT），其中航路 II 规避方向的选择是以 B_4 方位为基准确定（原理详见图 4.27、图 4.28 及相关分析）。若确认本舰处于 B_1 弹道预测散布之外，例如当鱼雷从较远的正横附近方向入射时，可由原航向直接转入航路 II 并择机沿舰尾投放硬杀伤器材。

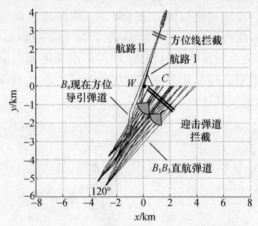

图 4.45　偏向正横入射时综合防御 $B_1B_3B_4$ 示意

当悬浮深弹和 ATT 较为充足并按"毁伤概率最大"的辅助对抗目的投放时，主要是考虑对 B_1 直航攻击弹道和 B_3 直航搜索弹道的预测散布构成横向全覆盖，至于对 B_4 现在方位导引弹道的硬杀伤拦截则需结合本舰规避方式来确定。

在满足相干性约束的前提下，低频噪声干扰器可布放于航路 I 与鱼雷方位之间，以便对处于航路 I 上的本舰形成噪声掩蔽；火箭助飞声诱饵则以"诱骗鱼雷远离"为目的配合噪声干扰器对抗 B_4；拖曳声诱饵在鱼雷距离较远时应禁止采用，以防在 B_2 未发现本舰的情况下过早将其诱向本舰。这种态势下硬杀伤器材和软杀伤器材对抗 B_4 目的存在相互冲突，需要结合具体装备性能和试验数据加以协调，或者避免两类器材的同时运用。

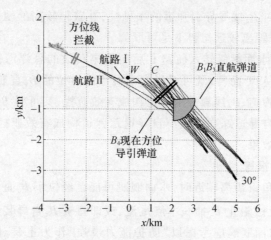

图 4.46　偏向舰首入射时综合防御 $B_1B_3B_4$ 示意

以上分析是以 $B_1B_3B_4$ 组合类型鱼雷的似然弹道预测散布为基准，实际对抗中若经过观察或解算得到相对准确的鱼雷实际弹道预测散布，则应以实际弹道预测散布为基准实施。

上述综合防御策略的制定主要是基于以下一些方面的考虑：

① 在制导类型未明情况下，水面舰艇若采取对抗 B_3 时的向雷转向诱雷远离规避、背转后停车规避等策略，均有可能加剧受 B_1、B_4 攻击的风险。而在某些态势下，例如图 4.11 中 I 区和 II 区内报警时，对抗 B_3 的背雷转向远离规避则与综合防御 B_1 的两段式规避航路、综合防御 B_4 的规避航路相似。

② 航路 I 有时会在鱼雷攻击方向上形成新的尾流投影，例如图 4.46 偏向舰首附近入射情形，这可能加剧被 B_3 捕获尾流的风险。但若 B_1 从较小舷角入射，则水面舰艇将采取向雷转向方式进入航路 I（见图 4.4），这种情况下的航路 I 也兼具对抗 B_3 时的向雷转向诱雷远离功能；若 B_1 从较大舷角入射，则水面舰艇将采取背雷转向方式进入航路 I（见图 4.3），这时并未在鱼雷攻击方向上形成新的尾流投影，因此也是值得考虑的。

③ 水面舰艇按照防御 B_1 的两段制航路确定防御 $B_1B_3B_4$ 的规避航路时，航路 I 的存在可能会增加 B_4 攻击的风险，但适时转入航路 II 后

能有效提高对 B_4 线导导引弹道的预见性,并获得较高的硬杀伤遮拦效果,这在报警距离较远态势下是可取的。

④ 对于水面舰艇转入航路 Ⅱ 后向舰尾布放的悬浮深弹拦截阵或择机发射的 ATT 而言,既可对指向本舰当前方位的 B_1 直航攻击弹道、B_3 直航搜索弹道、B_4 线导导引弹道构成有效遮拦,又可对 B_3、B_4 捕获本舰后的尾流自导追踪弹道或声自导追踪弹道构成有效遮拦,具备较好的通用对抗效果。

2. 近程报警

当来袭鱼雷距离较近时,水面舰艇可能已经位于 B_1 直航弹道预测散布内,或无法阻止 B_3 捕获本舰尾流,或即将被 B_4 自导装置捕获。这种情况下,水面舰艇应考虑以"防护能力最强"作为主要对抗目的,即沿来袭鱼雷方位线投放硬杀伤器材。在硬杀伤器材提供的保护扇面内,本舰则转向将鱼雷置于舰尾舷角并远离,同时向本舰尾流中投放硬杀伤器材,以形成兼具对抗 B_1、B_3、B_4 的综合防御态势。由于态势紧迫,若将干扰或诱骗 B_4 穿越至本舰异舷也视为对抗成功,且不存在声学冲突的前提下,也可考虑软杀伤器材与硬杀伤器材的配合使用。

4.4.4 综合防御 $B_2 B_3 B_4$ 组合类型鱼雷

根据表 4.1,在防御声自导鱼雷 B_2、尾流自导鱼雷 B_3、线导鱼雷 B_4 的组合类型 $B_2 B_3 B_4$ 过程中,水面舰艇可选的软杀伤器材是低频噪声干扰器、火箭助飞声诱饵、拖曳声诱饵,可选的硬杀伤器材是悬浮深弹和 ATT。下面按照鱼雷距离的远近并结合本舰规避机动策略展开分析。

1. 中远程报警

对于水面舰艇确定 $B_2 B_3 B_4$ 鱼雷来袭且距离较远情形,主要是针对 B_2 和 B_3 的直航搜索弹道、B_4 的线导导引段弹道组织防御,可按照本舰保持原状态航行和采取规避机动两种态势讨论。

1)保持原状态航行

根据对潜射线导鱼雷的弹道预测分析可知,当水面舰艇由于某些原因不宜采取规避机动而只能保持原状态航行时,对 B_4 的弹道预测本身就已经包含了 B_2、B_3 的弹道元素。因此运用悬浮深弹和 ATT 综合防

御 $B_2B_3B_4$ 时,所考虑的弹道预测散布实际上与图 4.14 综合防御 B_4、图 4.32 综合防御 B_2B_4、图 4.35 综合防御 B_3B_4 情形基本相同,也就是如图 4.47 所示按"毁伤概率最大"为主要对抗目的对 B_2、B_3、B_4 弹道预测散布均构成横向全覆盖。随着鱼雷距离的接近,可再向本舰尾流内间隔投放悬浮深弹(或择机发射 ATT),以对可能的尾流自导鱼雷 B_3 和线导 + 尾流自导鱼雷追踪弹道构成进一步拦截。

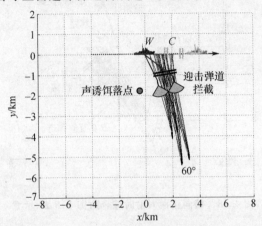

图 4.47　原状态航行时综合防御 $B_2B_3B_4$ 示意

软杀伤器材的使用与前述综合防御 B_2B_4、$B_1B_2B_4$ 情形基本相同。在满足相干性约束的前提下,低频噪声干扰器主要以"增大线导误差"为目的沿来袭鱼雷方位线形成横向干扰屏障(见图 4.15),其落点位置不受 B_2、B_3 弹道散布的影响。在对敌艇导引声纳形成了压制性干扰后,可再采用火箭助飞声诱饵对线导 + 声自导鱼雷进一步构成诱骗,或寻求同时对抗 B_2 与 B_4 的共用落点,若能同时发射多枚,则可分别按照对抗 B_2、B_4 确定落点。拖曳声诱饵在鱼雷距离较远时应禁止采用,以防在 B_2 未发现本舰的情况下过早将其诱向本舰。

2）采取规避机动

在鱼雷距离较远时,水面舰艇针对 $B_2B_3B_4$ 的规避机动以及硬杀伤拦截可参考综合防御 B_2 情形实施。如图 4.48 和图 4.49 所示,也就是按照防御 B_2 的两段式航路采取规避机动,转入航路Ⅱ后再向舰尾布放悬浮深弹拦截阵(或择机发射 ATT),其中航路 Ⅱ 规避方向的选择是以 B_4 方位为基准确定(原理详见图 4.27、图 4.28 及相关分析)。若确认本舰处于 B_2 自导搜索带之外,例如当鱼雷从较远的正横附近方向入射时,可由原航向直接转入航路 Ⅱ 并择机沿舰尾投放硬杀伤器材。

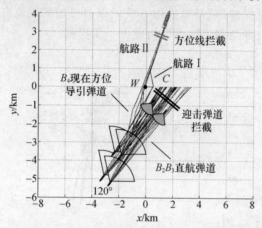

图 4.48　偏向正横入射时综合防御 $B_2 B_3 B_4$ 示意

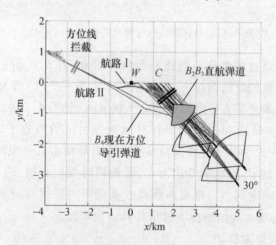

图 4.49　偏向舰首入射时综合防御 $B_2 B_3 B_4$ 示意

当悬浮深弹和 ATT 较为充足并按"毁伤概率最大"的辅助对抗目的投放时,主要是考虑对 B_2 和 B_3 直航搜索弹道的预测散布构成横向全覆盖,至于对 B_4 现在方位导引弹道的硬杀伤拦截,则需结合本舰规避方式来确定。

在满足相干性约束的前提下,低频噪声干扰器可布放于航路 I 与鱼雷方位之间,以便对处于航路 I 上的本舰形成噪声掩蔽;火箭助飞声诱饵的运用则兼具对 B_2 和 B_4 形成诱雷远离的作用效果;拖曳声诱饵在鱼雷距离较远时应禁止采用,以防在 B_2 未发现本舰的情况下过早将其诱向本舰。这种态势下硬杀伤器材和软杀伤器材对抗 B_4 目的存在相互冲突,需要结合具体装备性能和试验数据加以协调,或者避免两类器材的同时运用。

以上分析是以 $B_2B_3B_4$ 组合类型鱼雷的似然弹道预测散布为基准,实际对抗中若经过观察或解算得到相对准确的鱼雷实际弹道预测散布,则应以实际弹道预测散布为基准实施。

上述综合防御策略的制定主要是基于以下一些方面的考虑:

① 在制导类型未明情况下,水面舰艇若采取对抗 B_3 时的向雷转向诱雷远离规避、背转后停车规避等策略,均有可能加剧受 B_2、B_4 攻击的风险。而在某些态势下,例如图 4.11 中 I 区和 II 区内报警时,对抗 B_3 的背雷转向远离规避则与综合防御 B_2 的两段式规避航路、综合防御 B_4 的规避航路相似。

② 水面舰艇按照防御 B_2 的两段制航路确定防御 $B_2B_3B_4$ 的规避航路时,航路 I 的存在可能会增加 B_4 攻击的风险,但适时转入航路 II 后能有效提高对 B_4 线导导引弹道的预见性,并获得较高的硬杀伤遮拦效果,这在报警距离较远态势下是可取的。

③ 航路 I 有时会在鱼雷攻击方向上形成新的尾流投影,例如图 4.49 偏向舰首附近入射情形,这可能加剧被 B_3 捕获尾流的风险。但若 B_2 从较小舷角入射,则水面舰艇将采取向雷转向方式进入航路 I(见图 4.8),这种情况下的航路 I 也兼具对抗 B_3 时的向雷转向诱雷远离功能;若 B_2 从较大舷角入射,水面舰艇将采取背雷转向方式进入航路 I(见图 4.7),这时并未在鱼雷攻击方向上形成新的尾流投影,因此也是值得考虑的。

④ 对于水面舰艇转入航路 II 后向舰尾布放的悬浮深弹拦截阵或择机发射的 ATT 而言,既可对指向本舰当前方位的 B_2 和 B_3 直航搜索

弹道、B_4 线导导引弹道构成有效遮拦,也可对 B_2、B_3、B_4 捕获本舰后的追踪弹道构成有效遮拦,具备较好的通用对抗效果。

2. 近程报警

当来袭鱼雷距离较近时,水面舰艇可能无法走出 B_2 自导搜索带,或无法阻止 B_3 捕获本舰尾流,或即将被 B_4 自导装置捕获。这种情况下,水面舰艇应考虑以"防护能力最强"作为主要对抗目的,即沿来袭鱼雷方位线投放硬杀伤器材。在硬杀伤器材提供的保护扇面内,本舰转向将鱼雷置于舰尾舷角并远离,同时向本舰尾流中投放硬杀伤器材,以形成兼具对抗 B_2、B_3、B_4 的综合防御态势。由于态势紧迫,若将干扰或诱骗 B_4 穿越至本舰异舷,或诱骗 B_2 偏离原航线也视为对抗成功,且不存在声学冲突的前提下,也可考虑软杀伤器材与硬杀伤器材的配合使用。

4.5 综合防御 $B_1B_2B_3B_4$ 类型鱼雷

当水面舰艇对来袭鱼雷的制导类型完全未知时,应针对直航鱼雷 B_1、声自导鱼雷 B_2、尾流自导鱼雷 B_3、线导鱼雷 B_4 的全选组合类型 $B_1B_2B_3B_4$ 实施防御。根据表 4.1,水面舰艇在防御 $B_1B_2B_3B_4$ 过程中可选的软杀伤器材是低频噪声干扰器、火箭助飞声诱饵、拖曳声诱饵,可选的硬杀伤器材是悬浮深弹和 ATT。下面按照鱼雷距离的远近并结合本舰规避机动策略展开定性分析,其中用于态势生成的来袭鱼雷弹道主要按 2.3 节似然弹道预测想定仿真给出。

1. 中远程报警

对于水面舰艇确定 $B_1B_2B_3B_4$ 鱼雷来袭且距离较远情形,主要是针对 B_1 的直航攻击弹道、B_2 和 B_3 的直航搜索弹道以及 B_4 的线导导引段弹道组织防御,可按照本舰保持原状态航行和采取规避机动 2 种态势讨论。

1)保持原状态航行

根据对潜射线导鱼雷的弹道预测分析可知,当水面舰艇由于某些原因不宜采取规避机动而只能保持原状态航行时,对 B_4 的弹道预测本身就已经包含了 B_2、B_3 的弹道元素。因此运用悬浮深弹和 ATT 综合防

御 $B_1B_2B_3B_4$ 时,所考虑的弹道预测散布实际上是与图 4.26 综合防御 B_1B_4、图 4.41 综合防御 $B_1B_2B_4$、图 4.44 综合防御 $B_1B_3B_4$ 情形基本相同。也就是如图 4.50 所示按"毁伤概率最大"为主要对抗目的对 B_1、B_2、B_3、B_4 弹道预测散布均构成横向全覆盖,同时略向舰首一侧有所延宽以应对直航鱼雷 B_1 可能的多枚齐射情形。随着鱼雷距离的接近,可再向本舰尾流内间隔投放悬浮深弹(或择机发射 ATT),以对可能的尾流自导鱼雷 B_3 和线导 + 尾流自导鱼雷追踪弹道构成进一步拦截。

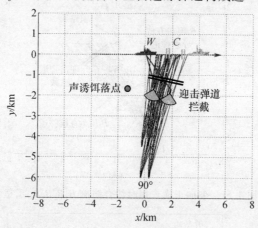

图 4.50　原状态航行时综合防御 $B_1B_2B_3B_4$ 示意

软杀伤器材的使用与前述综合防御 B_2B_4、$B_1B_2B_4$、$B_2B_3B_4$ 情形基本相同。在满足相干性约束的前提下,低频噪声干扰器主要以"增大线导误差"为目的沿来袭鱼雷方位线形成横向干扰屏障(见图 4.15),其落点位置不受 B_1、B_2、B_3 弹道散布的影响。在对敌艇导引声纳形成了压制性干扰后,可再采用火箭助飞声诱饵对线导 + 声自导鱼雷进一步构成诱骗,或寻求同时对抗 B_2 与 B_4 的共用落点,若能同时发射多枚,则可分别按照对抗 B_2、B_4 确定落点。拖曳声诱饵在鱼雷距离较远时应禁止采用,以防在 B_2 未发现本舰的情况下过早将其诱向本舰。

　　2)采取规避机动

　　在鱼雷距离较远时,水面舰艇针对 $B_1B_2B_3B_4$ 的规避机动以及硬杀伤拦截可参考综合防御 B_2 情形实施。如图 4.51 和图 4.52 所示,也就

是按照防御 B_2 的两段式航路采取规避机动,转入航路Ⅱ后再向舰尾布放悬浮深弹拦截阵(或择机发射 ATT),其中航路Ⅱ规避方向的选择是以 B_4 方位为基准确定(原理详见图 4.27、图 4.28 及相关分析)。若确认本舰处于 B_2 自导搜索带之外,例如当鱼雷从较远的正横附近方向入射时,可由原航向直接转入航路Ⅱ并择机沿舰尾投放硬杀伤器材。

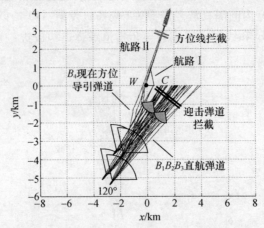

图 4.51　偏向正横入射时综合防御 $B_1B_2B_3B_4$ 示意

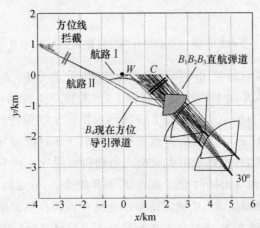

图 4.52　偏向舰首入射时综合防御 $B_1B_2B_3B_4$ 示意

当悬浮深弹和 ATT 较为充足并按"毁伤概率最大"的辅助对抗目的投放时,主要是考虑对 B_1 直航攻击弹道和 B_2、B_3 直航搜索弹道的预测散布构成横向全覆盖,至于对 B_4 现在方位导引弹道的硬杀伤拦截则需结合本舰规避方式来确定。

在满足相干性约束的前提下,低频噪声干扰器可布放于航路 Ⅰ 与鱼雷方位之间,以便对处于航路 Ⅰ 上的本舰形成噪声掩蔽;火箭助飞声诱饵的运用则兼具对 B_2 和 B_4 形成诱雷远离的作用效果;拖曳声诱饵在鱼雷距离较远时应禁止采用,以防在 B_2 未发现本舰的情况下过早将其诱向本舰。这种态势下硬杀伤器材和软杀伤器材对抗 B_4 目的存在相互冲突,需要结合具体装备性能和试验数据加以协调,或者避免两类器材的同时运用。

以上分析是以 $B_1B_2B_3B_4$ 组合类型鱼雷的似然弹道预测散布为基准,实际对抗中若经过观察或解算得到相对准确的鱼雷实际弹道预测散布时,则应以实际弹道预测散布为基准实施。

上述综合防御策略的制定主要是基于以下一些方面的考虑:

① 水面舰艇综合防御 B_1 和综合防御 B_2 时的规避策略具有一定相似性。观察图 2.28、图 2.29 组合弹道预测散布可以看出,当水面舰艇转向将鱼雷置异舷规避时,若能成功走出 B_2 的直航搜索弹道散布及其所对应的自导搜索带,则也可成功走出 B_1 的直航弹道散布,因此可认为基于 B_2 确定的规避航路包含了针对 B_1 的防御,并在此基础上兼顾对 B_3、B_4 的防御。

② 在制导类型未明情况下,水面舰艇若采取对抗 B_3 时的向雷转向诱雷远离规避、背转后停车规避等策略时,均有可能加剧受 B_1、B_2、B_4 攻击的风险。而在某些态势下,例如图 4.11 中 Ⅰ 区和 Ⅱ 区内报警时,对抗 B_3 的背雷转向远离规避则与综合防御 B_1 或 B_2 的两段式规避航路、综合防御 B_4 的规避航路相似。

③ 水面舰艇按照防御 B_2 的两段制航路确定防御 $B_1B_2B_3B_4$ 的规避航路时,航路 Ⅰ 的存在可能会增加 B_4 攻击的风险,但适时转入航路 Ⅱ 后能有效提高对 B_4 线导导引弹道的预见性,并获得较高的硬杀伤遮拦效果,这在报警距离较远态势下是可取的。

④ 航路 Ⅰ 有时会在鱼雷攻击方向上形成新的尾流投影,例如图 4.52 偏向舰首附近入射情形,这可能加剧被 B_3 捕获尾流的风险。但若 B_1、B_2 从较小舷角入射,则水面舰艇将采取向雷转向方式进入航路

Ⅰ,这种情况下的航路Ⅰ也兼具对抗B_3时的向雷转向诱雷远离功能;若B_1、B_2从较大舷角入射,则水面舰艇将采取背雷转向方式进入航路Ⅰ,这时并未在鱼雷攻击方向上形成新的尾流投影,因此也是值得考虑的。

⑤ 对于水面舰艇转入航路Ⅱ后向舰尾布放的悬浮深弹拦截阵或择机发射的 ATT 而言,既可对指向本舰当前方位的B_1直航攻击弹道、B_2和B_3直航搜索弹道、B_4线导导引弹道构成有效遮拦,也可对B_2、B_3、B_4捕获本舰后的追踪弹道构成有效遮拦,具备较好的通用对抗效果。

2. 近程报警

当来袭鱼雷距离较近时,水面舰艇可能已经位于B_1直航弹道预测散布,或无法走出B_2自导搜索带,或无法阻止B_3捕获本舰尾流,或即将被B_4自导装置捕获。这种情况下,水面舰艇应考虑以"防护能力最强"作为主要对抗目的,即沿来袭鱼雷方位线投放硬杀伤器材。在硬杀伤器材提供的保护扇面内,本舰则转向将鱼雷置于舰尾舷角并远离,同时向本舰尾流中投放硬杀伤器材,以形成兼具对抗B_1、B_2、B_3、B_4的综合防御态势。由于态势紧迫,若将干扰或诱骗B_4穿越至本舰异舷,或诱骗B_2偏离原航线也视为对抗成功,且不存在声学冲突的前提下,也可考虑软杀伤器材与硬杀伤器材的配合使用。

4.6 综合防御运用小结

关于多手段防御鱼雷的综合运用问题并没有固定的解决模式,当态势感知与生成的途径不同(例如观测或解算得出了鱼雷实际弹道预测散布时)、遵循的综合防御原则不同(例如采取了威胁优先原则或信度优先原则时)、具体平台的装备类型或使命任务不同甚至决策者的性格偏好不同时,均会影响到综合防御策略的制定与实施。本章仅以 15 种制导类型识别结果的似然弹道预测散布为例,对多手段防御鱼雷综合运用技术展开了探讨,重点分析了典型态势下综合防御策略制定过程中的共性规律、相干因素以及关注重点。鉴于本章内容相对分散,下面按照鱼雷距离的远近并结合本舰规避机动策略进一步加以归纳。

1. 中远程报警

当鱼雷距离较远时,水面舰艇防御鱼雷的关注重点在于对敌艇占位机动和火控解算规律的分析、对来袭鱼雷制导方式和弹道特征的判断[98-99]。下面主要按照本舰保持原状态航行和采取规避机动两种态势来概括。

1）保持原状态航行

这种态势下水面舰艇综合防御策略主要围绕软硬杀伤器材的综合运用而展开，旨在对鱼雷攻击提前点 C 的散布范围构成可靠防护。

硬杀伤器材运用方式主要以"毁伤概率最大"为目的沿来袭鱼雷弹道预测散布为基准确定。软杀伤器材则是依据来袭鱼雷制导类型识别中是否包含 B_2 和 B_4 进行选择，并在满足战技相干性约束前提下力求通过干扰或诱骗的方式改变鱼雷航行方向。

实际对抗中，水面舰艇发现鱼雷报警后继续保持原状态航行的情况并不具有代表性，但这是开展鱼雷防御理论研究的一个基本态势，相关结论能够与规避机动态势下的综合防御策略形成对比，从而能加深对综合防御运用技术的理解。

2）采取规避机动

这种态势下水面舰艇综合防御策略主要以规避机动为主、硬杀伤次之、软杀伤为辅的原则而展开，旨在通过规避机动实现"远离弹道散布"或"延缓命中时间"的目的，同时利用软硬杀伤器材形成对本舰规避航路的进一步防护。

当类型组合中包含 B_1 或 B_2 时，水面舰艇应力争走出并远离鱼雷弹道散布或自导搜索带。前述对抗 B_1、B_2 时的两段式规避航路具有一定通用性价值，尤其综合防御 B_2 时的航路 I（见图 4.7、图 4.8）在很大程度上也适用于对抗 B_1 和一定条件下的 B_3，航路 II 则在很大程度上也适用于对抗 B_3、B_4，在综合防御技术实践中须对此予以重点关注。而关于航路 I 和航路 II 的量化求解问题，则需参考防御 B_2 时"可规避预警距离"以及"最优规避策略"等问题来讨论①。

在综合防御组合类型鱼雷时，应剔除那些仅适用于对抗某一类型鱼雷但却会严重加剧其他类型鱼雷威胁程度的对抗方式——除非是按

---

① 关于水面舰艇对抗声自导鱼雷 B_2 时的"可规避预警距离"以及"最优规避策略"等问题，在文献[4]中 4.2 节有详细论述。

照"威胁优先或信度优先"原则针对人工指定的某种确定类型鱼雷实施防御。例如：水面舰艇对中远程 B_3 或 B_4 的纯机动规避方式针对性较强、普适性较差[①]，因此当多选组合类型中包含有 B_3 或 B_4 时，就不能简单地套用 B_3 或 B_4 的纯机动规避策略，而应在兼顾对组合中的其他类型鱼雷也构成有效防御的同时，充分利用本舰规避机动所造成鱼雷弹道变化的连锁效应实现对 B_3 或 B_4 精准硬杀伤，从而获得 $1+1>2$ 的综合防御效果，但若认为其中的 B_4 最具威胁性或可信度最大时，也可由人工指定按照对抗确定类型鱼雷 B_4 的方式组织防御。

2. 近程报警

当鱼雷距离较近时，水面舰艇防御鱼雷的关注重点在于对鱼雷自导逻辑以及追踪弹道的判断。这种态势下的综合防御策略主要以硬杀伤为主、以软杀伤和规避机动为辅的原则而展开，旨在对本舰当前位置点和规避航路构成可靠防护。

在可靠性得以保障的前提下，硬杀伤器材应重点考虑沿来袭鱼雷方位线投放，若类型组合中没有排除 B_3 或 B_4 中的尾流制导情形，则还应兼顾对本舰尾流区域也构成硬杀伤遮拦。规避机动应在硬杀伤器材提供的保护扇面内展开，以辅助提高硬杀伤器材的遮拦效果为目的，或兼顾"增大鱼雷脱靶概率""避免重要部位迎雷"等应急防御目的。软杀伤器材的选择需要依据类型组合中是否包含 B_2 或 B_4 而定，并在满足相干性约束前提下确定综合运用方式。

近程防御存在更多的不确定因素，由于态势紧迫，此时多手段综合运用无须追求 $1+1>2$ 的对抗效果，即便只有 $1+1>1$ 也是可以考虑的，这也涉及了更近距离内的相干性分析、归一化评估以及对抗目的整合等问题。

3. 结束语

在综合防御策略的具体制定与实施中，还存在很多细节问题需做量化探讨，例如本舰保持原状态航行时火箭助飞声诱饵的最佳落点问题、中远程综合防御与近程综合防御的距离界定问题、有限手段（即多

---

① 关于水面舰艇纯机动规避尾流自导鱼雷 B_3 或线导鱼雷 B_4 的方法，在文献[4]中5.3节、6.2节分别有详细论述。

手段的不同组合情形)防御组合类型鱼雷的策略优化问题,等等。但从整体架构来看,随着本章内容的完成,开展综合防御鱼雷技术研发所涉及的主要指控功能——包括来袭鱼雷制导类型识别模型、弹道预测求解模型、软硬杀伤器材独立运用模型、本舰纯机动规避模型以及综合防御运用技术都得到了系统化探讨,并由文献[4]和本书共同构成了一套相对完整的理论体系。该理论体系是基于当前世界上现有或在研的一些典型装备性能而构建的,随着未来在水下探测技术和水下攻防手段方面不断取得新的突破,只有在批判中继承、在创新中超越,才能确保这一理论体系内在活力的延续性。

参 考 文 献

[1] 商务印书馆辞书研究中心. 新华词典［W］. 4 版. 北京：商务印书馆，2013.

[2] （德）康德. 逻辑学讲义［M］. 许景行，译. 北京：商务印书馆，2011.

[3] 郭贵春. 自然辩证法概论［M］. 北京：高等教育出版社，2013.

[4] 陈颜辉. 水面舰艇防御鱼雷原理与应用［M］. 北京：国防工业出版社，2015.

[5] 任志良. 武器对抗原理［M］. 北京：海潮出版社，2005.

[6] 何心怡，卢军，张思宇，等. 国外鱼雷现状与启示［J］. 数字海洋与水下攻防，2020，3（2）：
87 – 93.

[7] 陈雪琦. "状态 – 6"双核鱼雷与应对策略［J］. 舰船知识，2019（2）：70 – 74.

[8] 陈颜辉，赵晓哲，黄文斌. 基于潜射鱼雷弹道特征的搜潜区域判定方法［J］. 弹道学报，
2007，19（2）：44 – 47.

[9] 陈颜辉，盛蕾，强超超. 水面舰艇综合防御鱼雷研究架构与技术发展［J］. 舰船工程研究，
2019（2）：46 – 52.

[10] 陈颜辉，王在刚，洪浩. 水面舰艇综合防御潜射鱼雷理论分析［J］. 火力与指挥控制，
2014，39（1）：71 – 74.

[11] 陈敬军. 水面舰艇鱼雷防御系统中的鱼雷报警纵览［J］. 声学技术，2013，32（3）：257 –
262.

[12] 肖昌美，李恒，彭佩. 国外水面舰艇鱼雷防御系统发展现状及趋势［J］. 鱼雷技术，
2014，22（2）：150 – 156.

[13] 金彦丰，谢植广. 国外水面舰水声对抗技术及其发展趋势［J］. 船电技术，2017，37
（4）：71 – 73.

[14] 田恒斗，房毅. 水面舰艇反鱼雷技术发展趋势的思考［J］. 兵器装备工程学报，2017，
38（7）：8 – 10.

[15] 陈峰，曹洪涛，刘洋，等. 国外舰艇综合电力系统研究综述［J］. 舰船科学技术，2017，
39（9）：1 – 5.

[16] 曹雷，鲍广宇，陈国友，等. 指挥信息系统［M］. 2 版. 北京：国防工业出版社，2016.

[17] 夏佩伦，李长文. 水下目标跟踪与攻击新理论［M］. 北京：国防工业出版社，2016.

[18] 王明洲，杨芸. 水下武器探测和信息处理的综合化与平台多样化［J］. 鱼雷技术，2006，
14（3）：1 – 6.

[19] WAITE A D. 实用声纳工程［M］. 3 版. 王德石，等，译. 北京：电子工业出版社，2004.

[20] FUNNELL C, HOLLOSI C. Jane's Underwater Warfare Systems2010—2011[M]. London: Jane's Information Group Limited.

[21] 陈颜辉. 水面舰艇如何防御声自导鱼雷[J]. 舰船知识, 2019(11):73 - 79.

[22] 陈颜辉, 赵晓哲, 黄文斌. 潜射鱼雷类型识别系统建模与数值仿真[J]. 弹道学报, 2007,19(4):82 - 85.

[23] 黄文斌, 陈颜辉, 薛昌友. 来袭鱼雷类型识别指标提取与算法设计[J]. 南京理工大学学报, 2011,35(2):199 - 203.

[24] 陈颜辉, 洪浩. 潜射鱼雷类型识别证据的作用机理[J]. 鱼雷技术, 2013,21(1): 71 - 75.

[25] 陈颜辉. 水面舰艇综合防御鱼雷决策关键技术[J]. 火力与指挥控制, 2019,44(6): 102 - 105.

[26] 中国船舶工业总公司. 舰艇及其装备术语:指挥控制系统:GJB175.5—87[S]. 北京:国防科学技术工业委员会, 1987.

[27] 邢昌风. 海军武器系统概论[M]. 北京:海潮出版社, 2006.

[28] 戴自立, 谢荣铭, 虞汉民. 现代舰艇作战系统[M]. 北京:国防工业出版社, 1999.

[29] 潘镜芙, 董晓明. 水面舰艇作战系统的回顾与展望[J]. 中国舰船研究, 2016,11(1): 8 - 11.

[30] 肖继刚, 周强. 舰载指控系统三种体系结构的可靠性建模与比较[J]. 中国舰船研究, 2013,8(4):103 - 108.

[31] 董晓明, 冯浩, 石朝明, 等. 全舰计算环境体系结构和系统集成框架[J]. 中国舰船研究, 2014,9(1):8 - 13.

[32] 李恒劭, 秦立富. 战场信息系统[M]. 北京:国防工业出版社, 2003.

[33] 赵登平, 魏刚, 李恒劭, 等. 现代舰艇火控系统[M]. 北京:国防工业出版社, 2008.

[34] 詹广平, 黄玉清. 舰艇自防御系统浅析[J]. 舰船电子工程, 2010,30(7):4 - 7.

[35] 中国船舶重工集团公司. 舰艇作战系统的分系统陆上联调试验规程——通信系统: GJB5205.7—2002[S]. 北京:国防科学技术工业委员会, 2002.

[36] 中国船舶重工集团公司. 舰艇作战系统的分系统陆上联调试验规程——综合导航系统: GJB5205.8—2003[S]. 北京:国防科学技术工业委员会, 2003.

[37] 陈颜辉, 王元斌, 强超超. 舰船水下自防御系统及其指控功能设计初探[J]. 火力与指挥控制, 2020,45(3):95 - 99.

[38] 李烨. 美海军舰艇作战系统发展趋势分析[J]. 舰船电子工程, 2013,33(7):11 - 14.

[39] 杨露菁, 陈志刚, 李煜. 作战辅助决策理论与应用[M]. 北京:国防工业出版社, 2016.

[40] (德)克劳塞维茨. 战争论[M]. 中国人民解放军军事科学院, 译. 北京:解放军出版社, 2005.

[41] 杨国华, 张永峰, 储泽国. 水下激光探测与告警[J]. 舰船电子工程, 2017,37(12): 134 - 136.

[42] 胡群星. 美国 AN/AES - 1 机载激光水雷探测系统[J]. 兵器知识, 2018(4):36 - 39.

[43] 李伟,汪洪生,田德海.基于舰艇水下先期防御的来袭鱼雷报警系统[J].鱼雷技术,2011,19(1):72-76.

[44] 刘圣松.基于纯方位估计的远程被动定位技术研究[D].北京:中国舰船研究院,2014.

[45] 熊鑫,章新华,高成志,等.水中目标被动定位技术综述[J].舰船科学技术,2010,32(7):140-143.

[46] 张小凤,张光斌.双/多基声纳系统[M].北京:科学出版社,2014.

[47] 赵炜.水下移动平台双阵被动测距方法研究[D].青岛:中国海洋大学.2012.

[48] 陈颜辉,强超超.来袭鱼雷弹道散布的解算原理与仿真分析[J].弹道学报,2018,30(2):81-85.

[49] 赵正业.潜艇火控原理[M].北京:国防工业出版社,2003.

[50] 董志荣.舰船信息融合与目标运动分析[M].北京:国防工业出版社,2016.

[51] 陈颜辉,朱伟良,杜毅.潜射鱼雷弹道预测模型与仿真[J].海军工程大学学报,2013,25(2):57-61.

[52] 司广宇,袁富宇,赵建亭,等.潜艇指控系统理论与应用[M].北京:电子工业出版社,2018.

[53] 张静远.鱼雷作战使用与作战能力分析[M].北京:国防工业出版社,2005.

[54] 李刚强,黄文斌.线导鱼雷导引方法综述[J].鱼雷技术,2003,11(2):38-42.

[55] 张宇文.鱼雷弹道与弹道设计[M].西安:西北工业大学出版社,1999.

[56] 陈颜辉.水面舰艇对抗潜射线导鱼雷攻击新策略[J].海军大连舰艇学院学报,2008,31(1):24-26.

[57] 陈颜辉,强超超.来袭鱼雷弹道散布的算法比对与仿真分析[J].潜艇学术研究,2019,37(2):47-51.

[58] 新一代"水下幽灵"反鱼雷鱼雷悄然浮现[J].鱼雷技术,2002,10(2):52-53.

[59] First Carrier Countermeasure Anti-Torpedo Launched [EB/OL].(2013-6-6)[2016-9-7].http://www.navy.mil/submit/display.asp? story_id=74665.

[60] Surface Ship Anti-Torpedo Hard-Kill Capability [EB/OL].(2013-3-7)[2016-9-7].http://www.kmimediagroup.com/navy-air-sea-peo-forum/445-articles-npeo/surface-ship-anti-torpedo-hard-kill-capability/6469-surface-ship-anti-torpedo-hard-kill-capability.

[61] 美航母反鱼雷系统遭弃用[N].参考消息,2019-4-15(6).

[62] 张信学,郭隆华,梁栋国,等.国外舰船装备与技术发展报告2016[M].北京:中国船舶重工集团公司,2017.

[63] SeaSpider™ by ATLAS Elektronik [EB/OL].(2016-5-26)[2016-9-5].http://www.seaspider.info.

[64] Magellan and ATLAS Elektronik Partner for SeaSpider Project [EB/OL].(2016-6-3)[2016-9-5].http://www.design-engineering.com/seaspider-anti-torpedo-1004023761-1004023761.

238

[65] 李凝，杨飙. 德国轻型超空泡鱼雷研发现状及展望[J]. 鱼雷技术，2008,16(2):1-4.

[66] 钱东，张起. 欧洲反鱼雷鱼雷研发展望[J]. 鱼雷技术，2006,14(5):1-5.

[67] Russia to Equip Subs with Anti-Torpedoes [EB/OL]. (2015-11-8)[2016-9-5]. http://mil. today/2015/Armament2/.

[68] Paket-E/NK Small-Size Anti-torpedo System [EB/OL]. (2015-7-8)[2016-9-5]. http://militaryforces. ru/weapon-2-36-216. html.

[69] Paket-E Anti-Submarine System-Tactical Missiles Corporation JSC [EB/OL]. (2016-7-5)[2016-9-5]. http://eng. ktrv. ru/production_eng/323/507/525.

[70] 崔贵平. 国外反鱼雷鱼雷技术发展及趋势[J]. 舰船科学技术，2013,35(3):138-141.

[71] GALLETTI P, SIGNORINI M. Anti-Torpedo Torpedo (HK): Effectiveness vs PayloadSpeed & Maneuverability[G]. UDT Europe 2004 Conference Proceedings, 2004.

[72] 范路，王志杰，曹小娟. 反鱼雷鱼雷拦截弹道导引方法研究[J]. 舰船科学技术，2012,20(6):77-81.

[73] 李晓宁，明星，朱若寒. 反鱼雷鱼雷拦截弹道及拦截概率[J]. 鱼雷技术，2008,16(3):9-12.

[74] 由大德，徐德民. 反鱼雷鱼雷拦截概率影响因素仿真分析[J]. 鱼雷技术，2010,18(4):312-315.

[75] 萧丛杉，杨惠珍. 反鱼雷鱼雷末制导捕获概率建模与仿真[J]. 鱼雷技术，2015,23(6):454-460.

[76] 陈颜辉，黄文斌. 反鱼雷鱼雷拦截直航鱼雷方法仿真比较分析[J]. 潜艇学术研究，2018,36(2):34-37.

[77] 王新宏，刘庆，刘建国. 基于相遇区域的反鱼雷鱼雷拦截弹道[J]. 鱼雷技术，2013,21(4):241-245.

[78] 刘庆，王新宏，刘建国. 反鱼雷鱼雷发射角的讨论[J]. 声学技术，2011,30(4):7-9.

[79] 丁永忠. 基于BTT的反鱼雷鱼雷拦截弹道研究[J]. 现代电子技术，2014,37(23):51-53.

[80] 张锐，袁志勇，刘忠乐，等. 反鱼雷鱼雷变指令周期导引律设计[J]. 海军工程大学学报，2019,31(4):36-41.

[81] 陈卫伟，闵绍荣，李明辉，等. 舰载反鱼雷鱼雷对抗行为分析与建模[J]. 中国舰船研究，2014,9(5):110-114.

[82] 陈颜辉，陆铭华. 反鱼雷鱼雷拦截声自导鱼雷原理与仿真[J]. 潜艇学术研究，2018,36(3):40-44.

[83] 陈颜辉，张建清. ATT对声自导鱼雷拦截方式变更的临界雷舰距离[J]. 弹道学报，2019,31(3):86-91.

[84] 陈颜辉，刘剑. 反鱼雷鱼雷拦截尾流自导鱼雷原理与仿真[J]. 潜艇学术研究，2018,36(4):32-35.

[85] 陈颜辉，吴金平. 反鱼雷鱼雷拦截线导鱼雷原理与仿真[J]. 潜艇学术研究，2018,36

(5):36 - 39.

[86] 陈颜辉. 美军为何中止列装反鱼雷鱼雷[J]. 舰船知识,2020(12):39 - 43.

[87] 陈颜辉,孙振新,刘剑. 火箭助飞声诱饵有效射击区域建模与仿真分析[J]. 海军大连舰艇学院学报,2013,36(3):35 - 39.

[88] 陈颜辉,洪浩,孙振新. 水面舰艇规避声自导鱼雷安全预警距离研究[J]. 海军大连舰艇学报,2014,37(1):16 - 19.

[89] 陈颜辉,黄文斌,孙振新. 最优规避鱼雷策略与最小可规避预警距离研究[J]. 海军工程大学学报,2014,26(2):76 - 79.

[90] 陈颜辉,李海英. 两种悬浮深弹拦截尾流自导鱼雷的应用[J]. 舰船科学技术,2011,33(1):85 - 87.

[91] 陈颜辉,孙振新. 火箭悬浮深弹拦截尾流自导鱼雷研究[J]. 指挥控制与仿真,2013,35(3):71 - 73.

[92] 陈颜辉,孙振新. 水面舰艇纯机动规避尾流自导鱼雷方法[J]. 鱼雷技术,2010,18(1):68 - 71.

[93] 黄文斌,陈颜辉,孙振新. 水面舰艇规避尾流自导鱼雷模型[J]. 火力与指挥控制,2010,35(9):120 - 123.

[94] 潘新祥,陈颜辉. 水面舰艇规避线导鱼雷策略[J]. 舰船科学技术,2011,33(11):100 - 103.

[95] 陈颜辉,谷秀明. 水面舰艇纯机动规避线导鱼雷航向研究[J]. 指挥控制与仿真,2013,35(1):38 - 41.

[96] 沈云峰,黄文斌,陈颜辉. 基于线导鱼雷导引方式的搜潜区域判定方法[J]. 火力与指挥控制,2010,35(10):74 - 77.

[97] 赵晓哲,陈颜辉. 水面舰艇应加强防潜行动中反击作战研究[J]. 海军学术研究,2006(8):38 - 41.

[98] 韩超,陈颜辉. 潜艇反舰与单舰反潜的攻击占位对比分析[J]. 舰船电子工程,2019,39(1):22 - 25.

[99] 黄文斌,陈颜辉,吴文龙. 水面舰艇多武器防御潜射鱼雷综合运用分析[J]. 火力与指挥控制,2014,39(2):115 - 118.

内 容 简 介

本书是《水面舰艇防御鱼雷原理与应用》一书的续著,主要围绕水面舰艇综合防御鱼雷理论与技术展开探索。第1章介绍了水面舰艇采用多手段综合防御鱼雷的基础理论,围绕综合防御的器材分类、行动划分、技术发展、研究内涵与系统架构等内容展开了深层次探讨;第2章从实际弹道预测、似然弹道预测两个方向分析了对来袭鱼雷弹道信息的求解原理,这与前部专著中"鱼雷制导类型识别"内容相互衔接,共同构成了对鱼雷防御态势生成问题的完整表述;第3章论述了反鱼雷鱼雷(ATT)拦截4种确定类型鱼雷的基本原理,并定性探讨了硬杀伤器材拦截运用中的几个关键性问题,这是跟踪当前最新技术发展而对前部专著中单一手段对抗原理的补充完善;第4章围绕多手段综合防御不同类型鱼雷的共性规律及相干因素展开了定性分析,旨在揭示不同态势下综合防御鱼雷的研究思路和关注重点。

本书可供从事水面舰艇反潜技术与鱼雷防御技术开发的科技人员,以及此领域内从事生产、试验和使用的科技人员参考,也可供高等学校相关专业师生参考。

This book, as a sequel to the *Principle and Application of Surface Ship Torpedo Defense*, is mainly concerned about the theory and technology of integrated torpedo defense for surface ship. Chapter 1 deals with the basic theory of surface ship defending against torpedoes by multiple means synthetically. It provides an in-depth discussion about equipment classification, action classification, technology development, research connotation and the system architecture of integrated torpedo defense. The principles that solve actual trajectory prediction (ATP) and likelihood trajectory prediction (LTP) of incoming torpedo are included within Chapter 2, as a counterpart of torpedo guidance mode classification in the last book, which yields to a full description about the situational generation of torpedo defense. Chapter 3 discusses the basic theory about ATT intercepting four types of torpedo, and some critical questions about the application of hard – killing weapons, which supplements and perfects the part of torpedo single defense in the last book. Some common laws and coherence factors on defense against different torpedoes by multiple means are analyzed qualitatively in Chapter 4 in order to reveal the basic ideas and points of interest for integrated torpedo defense in various situations.

This book can be used as a reference for those who are engaged in scientific research on anti – submarine technology and torpedo defense technology of surface ships, or for those who specialize in production, test and application in the above fields. It is also helpful for college students and teachers of some concerned specialties.